理解基础教育评价体系：
理论与实践的视角

LIJIE JICHU JIAOYU PINGJIA TIXI
LILUN YU SHIJIAN DE SHIJIAO

庞春敏　著

广东高等教育出版社
Guangdong Higher Education Press
·广州·

图书在版编目（CIP）数据

理解基础教育评价体系：理论与实践的视角/庞春敏著. -- 广州：广东高等教育出版社，2024.12
ISBN 978-7-5361-7841-0

Ⅰ. G639.2

中国国家版本馆 CIP 数据核字第 2024LF0798 号

出版发行	广东高等教育出版社
	地址：广州市天河区林和西横路
	邮政编码：510500 电话：(020) 87553735
	http://www.gdgjs.com.cn
印　　刷	广州方迪数字印刷有限公司
开　　本	787 毫米×1 092 毫米 1/16
印　　张	15
字　　数	269 千
版　　次	2024 年 12 月第 1 版
印　　次	2024 年 12 月第 1 次印刷
定　　价	45.00 元

序

在教育发展的历史长河中，教育评价从未缺席。从我国古代的非制度化考核"一年视离经辨志，三年视敬业乐群，五年视博习亲师，七年视论学取友……九年知类通达"到制度化的科举考试，无一不在人才选拔当中发挥重要作用。西方教育测评理论和技术发展为现代教育评价体系的建立奠定了坚实的基础，从费舍（Fisher）的《作业量表集》、莱斯（Rice）的《拼字测验》、桑代克（Thorndike）的教育测量理论、比纳（Binet）的智力量表、泰勒（Tyler）的八年研究、布鲁姆（Bloom）的教育目标分类学、斯塔弗尔比姆（Stufflebeam）的CIPP模式到库巴（Cuba）和林肯（Lincoln）的协商模式，现代教育评价理论发展经历了以测量为主的第一代教育评价、以描述为主的第二代教育评价、以判断为主的第三代教育评价和以建构为主的第四代教育评价。

随着教育评价理论和教育测量技术的日臻成熟，以教育督导、教育评估、教育质量监测为主要手段的现代教育评价体系在公共管理当中发挥越来越重要的作用。世界各国如英国、美国、德国等国纷纷建立了教育评价体系，跨国组织如经济合作与发展组织（Organization for Economic Co-operation and Development，OECD）和世界银行（World Bank Group，WBG）也参与到教育评价活动当中来，教育评价已经成为公认的具有较高科学性的教育质量保障手段。改革开放后，我国也积极重建教育评价体系，1977年恢复高考、1991年颁布《教育督导暂行规定》、2002年印发《教育部关于积极推进中小学评价与考试制度改革的通知》、2012年颁布《教育督导条例》和印发《县域义务教育均衡发展督导评估暂行办法》、2013年印发《推进中小学教育质量综合评价改革的意见》、2014年印发《关于深化考试招生制度改革的实施意见》、2015年印发《国家义务教育质量监测方案》，具有中国特色的基础教育评价体系正在逐步完善。尽管如此，我国教育评价依然存在"唯分数、唯升学、唯文凭、唯论文、唯帽子"等顽瘴痼疾有待破除，为尽快破"五唯"，2020年中共中央、国务院印发了具有划时代意义的《深化新时代教育评价改革总体方案》，从政府评价、学校评价、学生评价、教师评价、用人评价五个方面提出改革要求，开启了我国教育评价改革的新篇章。

开展教育评价理论研究固然重要，但是服务教育决策也是教育管理研究者的重要使命。站在教育评价改革的新起点，系统研究基础教育评价体系对于推动新时代评价改革任务落实有重要意义。本书回应了这一现实需求，从理论与实践的双重视角对基础教育评价体系进行研究，共包含三篇九章内容。

第一篇为"理解基础教育评价体系"，共包含"理论基础""政策脉络""机构沿革"三章。回顾教育评价的发展史我们不难发现，教育评价理论的演变逻辑与公共管理理论的发展步调高度一致，公共管理理论是影响教育评价的关键"上层建筑"，有必要从更为宏观的公共管理理论出发构建对基础教育评价政策体系的理解。第一章"理论基础"介绍了科学管理理论、科层管理理论、行为科学管理理论、新公共管理理论，以测量为主的第一代教育评价、以描述为主的第二代教育评价、以判断为主的第三代教育评价、以建构为主的第四代教育评价理论；第二章"政策脉络"借助文本分析法对1987—2022年间的《教育部工作要点》进行分析，描绘我国教育评价政策发展的总体概况；第三章"机构沿革"从组织角度出发，对中国古代、近代、当代教育评价机构进行了研究。

第二篇为"构建新时代基础教育评价体系"，共包含"政府评价""学校评价""学生评价""教师评价"四章。新时代教育评价改革聚焦政府评价、学校评价、学生评价、教师评价、用人评价五个领域，其中前四个领域与基础教育管理密切相关。第四章"政府评价"从探讨不同政治体制的政府形态切入，剖析政府以及政府评价的内涵，进而梳理了我国政府评价的发展历程和创新举措；第五章"学校评价"对义务教育学校和普通高中学校评价进行讨论，分析了基础教育学校评价的历史、现状与未来；第六章"学生评价"回顾了中华人民共和国成立以来对学生发展的政策要求，重点探讨了学生评价的重点领域——高考改革，并提出发展建议；第七章"教师评价"从理论视角和政策话语两个角度阐释了教师评价的内涵，从职前教师、合格教师、专业教师、优秀教师四个层面对教师评价标准开展研究，提出教师评价的改革方向。

第三篇为"展望新时代基础教育评价体系"，共包含"体系借鉴：英国经验""理论前沿"两章。基础教育评价体系是教育评价体系的一部分，其改革发展受到教育评价体系的约束，第八章"体系借鉴：英国经验"以英国教育评价体系为例，剖析英国教育评价体系特点，从而为我国教育评价体系的完善提供借鉴；理论是引领基础教育评价创新的思想来源，第九章"理论前沿"利用可视化分析工具Citespace对国际、国内教育评价研究进行了综述，描绘近十五年教育评价研究的发展现状与趋势，揭示基础教育评价体系的演变逻辑与前进方向。

由于教育对象的复杂性以及教育测评技术的局限性，教育评价历来被视为世界难题，要建立科学、可行、有效的基础教育评价体系并不容易。本书从理论与实践的角度开展对话，既有利于理论研究者理解我国现行的基础教育评价实践体系，又可以拓宽实践研究者的理论视野。

胡中锋
2024年6月6日

（本序作者胡中锋现任华南师范大学基础教育学院院长、教授、博士生导师，中国教育学会基础教育评价专业委员会常务理事，广东省教育管理专业委员会副理事长，广东省教育评估协会副会长、基础教育分会理事长）

目 录

第一篇　理解基础教育评价体系

第一章　理论基础 ... 3

第一节　管理学理论 ... 3
一、科学管理理论 ... 3
二、科层管理理论 ... 7
三、行为科学管理理论 ... 9
四、新公共管理理论 ... 15

第二节　教育评价理论 ... 18
一、第一代教育评价：测量时期 ... 19
二、第二代教育评价：描述时期 ... 20
三、第三代教育评价：判断时期 ... 22
四、第四代教育评价：建构时期 ... 24

第二章　政策脉络 ... 27

第一节　分析视角 ... 28
一、政策文本选取 ... 28
二、分析方法与工具 ... 28
三、分析框架 ... 29
四、分类逻辑 ... 30

第二节　政策演进逻辑 ·· 31
　　一、教育评价政策注意力的纵向分析 ························ 31
　　二、教育评价政策注意力的横向分析 ························ 35

第三节　政策完善建议 ·· 39
　　一、提高教育评价政策的注意力水平 ························ 39
　　二、彰显"公平"与"质量"价值取向 ······················ 40
　　三、以聚焦学生发展为核心评价任务 ························ 40
　　四、突破路径依赖，完善评价支持体系 ······················ 41

第三章　机构沿革 ·· 42

第一节　古代教育评价机构 ·· 42
　　一、官府 ··· 43
　　二、教育机构 ·· 43

第二节　近代教育评价机构 ·· 44
　　一、中国教育会 ··· 44
　　二、视学处 ·· 44
　　三、中华教育改进社 ·· 45

第三节　当代教育评价机构 ·· 46
　　一、教育评价行政机构 ······································ 46
　　二、教育评价专业组织 ······································ 47
　　三、教育评价行业协会 ······································ 49

第二篇　构建新时代基础教育评价体系

第四章　政府评价：从基本普及走向优质均衡 ················ 53

第一节　政府与政府评价 ·· 53
　　一、理解"政府" ·· 53
　　二、理解"政府评价" ······································· 57

第二节　政府评价的国家行动 ········· 61
一、政府评价的机制建设 ············· 61
二、政府评价的阶段特点 ············· 63

第三节　政府评价的创新举措 ········· 68
一、何为教育质量监测 ··············· 68
二、教育质量监测何以成为政府评价的手段 ·········· 72
三、教育质量监测如何更好地服务于政府评价 ········ 82

第五章　学校评价：从规模走向内涵 ········· 88

第一节　义务教育学校评价 ··········· 88
一、历史：从等级评估走向标准化建设 ········ 88
二、当下：面临"双减"与评价改革双重挑战 ······· 90
三、未来：强化内部评价 ············· 96

第二节　普通高中学校评价 ··········· 103
一、普通高中评价的国际标准 ········· 103
二、普通高中评价的中国实践 ········· 114
三、普通高中评价的发展趋势 ········· 118

第六章　学生评价：从片面走向全面 ········· 123

第一节　学生评价的政策导向 ········· 123
一、德智体发展的劳动者 ············· 123
二、全面发展的社会主义现代化接班人 ········ 124
三、具备"核心素养"的储备人才 ····· 126
四、五育并举的时代新人 ············· 128

第二节　学生评价的重点领域：高考改革 ······· 129
一、高考改革的政策历程 ············· 129
二、高考改革的政策逻辑 ············· 133
三、高考改革下的课程改革 ··········· 134
四、高考改革下的个体规划 ··········· 152

第三节　学生评价的优化路径 ……………………………………… 166
　　一、完善"德体美劳"评价政策 …………………………………… 166
　　二、增强多元评价的合法性 ………………………………………… 167
　　三、全面推进增值评价 ……………………………………………… 168

第七章　教师评价：从奖惩走向发展 …………………………… 169

第一节　教师评价的多维解析 ……………………………………… 169
　　一、理论阐释 ………………………………………………………… 169
　　二、政策话语 ………………………………………………………… 172

第二节　教师评价的政策标准 ……………………………………… 173
　　一、职前教师的评价标准 …………………………………………… 173
　　二、合格教师的评价标准 …………………………………………… 175
　　三、专业教师的评价标准 …………………………………………… 177
　　四、优秀教师的评价标准 …………………………………………… 180

第三节　教师评价的改革方向 ……………………………………… 182
　　一、改革的政策导向 ………………………………………………… 182
　　二、改革的实施路径 ………………………………………………… 183

第三篇　展望新时代基础教育评价体系

第八章　体系借鉴：英国经验 …………………………………… 189

第一节　英国教育评价特点 ………………………………………… 189
　　一、组织建设注重"独立" ………………………………………… 190
　　二、评价工作强调"专业" ………………………………………… 191
　　三、评价重点落脚"内涵" ………………………………………… 192
　　四、结果应用突出"高利害" ……………………………………… 193
　　五、评价系统实现"开放" ………………………………………… 195

第二节 借鉴意义 ... 196
一、加快推进"管办评分离" ... 196
二、构建教育评价管理专业模式 ... 197
三、从注重规模走向关注内涵 ... 197
四、完善评价结果应用机制 ... 198
五、保持开放和持续优化 ... 198

第九章 理论前沿 ... 200

第一节 教育评价研究的现状描绘 ... 200
一、数据来源 ... 200
二、文献分布 ... 201
三、国家与机构发文分析 ... 202
四、研究热点分析 ... 206

第二节 教育评价研究的趋势分析 ... 206
一、教育评价研究主题的演进图谱 ... 206
二、教育评价研究的新进热点 ... 208

第三节 政策启示 ... 210
一、彰显中国特色 ... 210
二、重视顶层设计 ... 210
三、回应社会发展趋势 ... 211

参考文献 ... 212
后记 ... 225

第一篇

理解基础教育评价体系

第一章 理论基础

作为一项行政管理手段，教育评价既是教育管理体系的组成部分，也是公共服务体系的重要一支，从理念、技术、应用等层面都受到理论体系的制约，其中尤以管理学理论和教育评价理论影响最大。理解新时代基础教育评价体系，需从理论基础入手。

第一节 管理学理论

一、科学管理理论

一般认为系统化、科学化的现代管理体系建立于20世纪初，以"科学管理之父"——美国著名管理实践家、古典管理学家弗雷德里克·温斯洛·泰勒（Frederick Winslow Taylor，1856—1915）提出的"科学管理理论"为基础建立。19世纪末至20世纪初，美国社会生产力快速发展、生产方式发生质的转变、生产规模前所未有的扩大、资本主义经济腾飞，美国迅速转型为工业化国家，而此时美国社会以经验式管理为主的传统模式没有转变，工厂管理者普遍缺乏工业化生产背景下所需的管理能力和科学技术，从而导致劳动生产率低、劳资关系紧张、工人"磨洋工"的现象普遍存在，如何有效提高劳动生产率成为当时美国社会发展的关键议题。泰勒当过工人、绘图员、工程师和管理顾问，他在工厂积极开展管理实验，探索适应经济社会发展需要的科学管理模式。他在工厂中实施了"搬铁块实验""铁锹试验""金属切削试验"三大实验，在多年的管理实践的基础上提出了科学管理理论。科学管理理论思想在泰勒的著作《计件工资制》（1895年）、《工厂管理》（1903年）、《科学管理理论》（1911年）有充分体现。科学管理理论的核心主张主要有以下几点。

（一）管理的核心追求是"效率"

科学管理理论诞生于工业经济快速发展而管理模式落后的时代。18世纪的工业革命使资本主义国家从手工业时代跨入了大机器生产时代，生产的基本组织形式由手工作坊向工厂转变；发生于19世纪中后期的第二次工业革命促使石油、钢铁等产业迅速发展，资本主义经济生产规模不断扩大，为了满足市场经济发展，急需提高劳动生产率。而此时的管理模式没有实现变革，仍然以手工作坊时代的经验式管理为主，从而形成了"传统管理模式难以满足生产力快速发展需要"的社会矛盾，社会经济发展要求必须进行以提高劳动生产率为核心的管理模式革新。泰勒作为资本主义工业经济迅速发展的时代浪潮当中的一员，充分见证了管理模式陈旧、工人工作积极性低对劳动生产率和社会经济发展带来的危害，他积极强调管理模式变革，特别关注提高劳动生产率的重要意义。泰勒认为，生产率的巨大增长是区分文明国家和不文明国家的标志，正是生产率的增长使得当今的普通劳动者的生活几乎同数百年前的国王一样好。因此，一切管理的变革，必须以提高劳动生产率为主要目的。

（二）管理手段以科学方法取代个人经验

泰勒认为经验式管理的最大弊端在于管理者缺乏科学有效的管理手段，而总是凭借经验进行放任式的管理方式比较依赖于管理者个人的经验水平和个性特征，同时管理效果也容易受到被管理者的经验和责任心的影响。在没有科学标准与有效管理的情况下，工人容易陷入孤军作战、自寻策略的困境，从而影响生产的总体效率。因此，泰勒强调要转变传统的做法，管理手段要以科学方法取代个人经验。在科学管理理论中，泰勒提出一套具有科学性的管理方法。

1. 标准化管理

泰勒强调要建立标准化的工作方式，对工人在工作时所采用的工具、机器设备、材料和操作程序等形成标准化的操作方法，从而提高生产效率。泰勒在著名的"搬铁块实验"中对工人在工作过程中的每一个动作和所需时间进行了细致的观察和分析，并将工人的操作程序逐一分解，消除那些费时、不必要、错误的操作，从而形成高效的标准化操作程序。泰勒认为，科学管理虽然看起来并不鼓励工人发挥聪明才智，但事实是在科学管理下操作必须标准化而不允许工人随便使用自己认为合适的工具和办法，是更好的工作方法。

2. 计件工资制

泰勒认为造成工人"磨洋工"的根本原因是薪酬制度缺乏激励性，无论工人做多做少、做好做坏获得的报酬都是一样的，这样不利于发挥工人的劳动积极性。为了解决这一问题，泰勒提出实行具有激励性的差别计件工资制度，目的是刺激工人的工作积极性和主动性，同时促使工人与工厂双方达成共识："差别工资制和适当地制定定额机构的最大优点，是使工人与管理人员之间具有良好的思想感情……最大限度的合作，尽力使每日的产量达到最高水平，是劳资双方的共同利益。这种共同利益，可以迅速地代替对立情绪，建立友好的感情。"①

3. 重视岗前培训

进行岗前培训是实现工人标准化管理的前提，泰勒提出要科学地挑选一流的工人并进行岗前培训。一流的工人是指人岗匹配程度高的工人，他们可以匹配到与个人能力相适合的岗位之上，实现人尽其才；同时形成标准的岗前培训制度、教会工人科学的工作方法，造就标准化的工人。

除此以外，科学管理理论强调要将计划与执行职能分离，即形成独立的计划部门与职能部门，各司其职，同时主张在管理层建立工长制，每个工长只承担一种管理职能，从而实现管理的专业化。

（三）管理的第一位是体制建立

科学管理理论认为以"体制管人"替代"人管人"是管理模式从经验式走向科学式的重要体现。特质理论认为领导能力是天生的，领导人的品格是与生俱来的，泰勒并不认同这种说法，泰勒认为，寄希望于伟大人物的管理理念是有风险的，经验式管理容易导致管理成效因人而异，随意性强，任何伟大的人物都不能和一批经过适当组织能够有效协作的团体相比较。泰勒强调体制在科学管理当中的重要作用，他认为科学的管理应当以体制的建立为先，要通过建立科学合理的体制框定组织的行动规范。但是泰勒也强调体制的首要作用并非否定人才的关键作用，在体制建立的基础上发掘和选拔第一流的人才到适当的领导岗位之上才能驱动组织高效实现目标，二者必不可少："过去，人是第一位的，将来，体制必须是第一位的。这并不意味着不

---

① 泰勒. 科学管理理论 [M]. 胡隆昶，冼子恩，曹丽顺，译. 北京：中国社会科学出版社，1984：21.

再需要伟大人物，而恰恰相反，任何好体制的第一位目标必须是发掘第一流的人才，并在系统管理之下，使最佳人才能比以前更有把握和更迅速地提升到领导岗位上来。"①

（四）劳资双方"合作"与"共赢"

科学管理理论反对传统资本主义工厂劳资关系紧张、资本家剥削工人的现象，主张劳资双方建立密切合作关系，实现劳资双方的共赢："科学管理则恰恰相反，它的真正基础在于相信两者的利益是一致的；除非雇员也富裕起来，雇主的富裕是不会长久的，反之亦然"；劳资双方的紧密合作是科学管理的实质所在："资方和工人的紧密、亲切和个人之间的协作，是现代科学或责任管理的精髓。"② 如何建立劳资双方的良性共赢关系，泰勒认为需要一次"完全的思想革命"，而所谓的思想革命是指劳资双方不再将盈利分配看作是最重要的事情，而是将注意力转移到如何增加盈利上，当劳资双方以友好合作、相互促进代替剑拔弩张和敌对情绪时，就能创造出比以往更多更大的价值，而价值的创造既增加了工人的收入，也增加了资本方的利润，所以合作必将促进共赢。泰勒认为，如果这些新的思想、新的观点不能成为劳资双方的共识，没有实现以和平共建代替对立和斗争，那么就谈不上是真正的科学管理。

正如泰勒所言，诸多要素而不是个别要素构成科学管理，概括起来有几个关键词：科学，不是单凭经验的方法；协调，不是不和；合作，不是个人主义；最高的产量，取代有限的产量；发挥每个人最高的效率，实现最大的富裕。

（五）科学管理理论对教育的影响

科学管理理论的形成和发展对教育提出了新的要求。首先，科学管理下社会生产力的快速发展要求劳动者群体具备更高的素质，科学管理模式的实行也对劳动者提出了更高的要求，因此随着科学管理理论的诞生和科学管理模式的普及，教育普及化的步伐大大加快，资本主义国家重视普及义务教育，学校数量迅速增长。其次，在科学管理理论的影响下，教育发展不仅关

---

① 泰勒. 科学管理理论［M］. 胡隆昶，冼子恩，曹丽顺，译. 北京：中国社会科学出版社，1984：155.
② 泰勒. 科学管理理论［M］. 胡隆昶，冼子恩，曹丽顺，译. 北京：中国社会科学出版社，1984：157-164.

注规模扩大，还注重效益的考核，并强调要把办学效益作为衡量学校管理水平的重要指标，而如何评价学校效益，按照科学管理理论的思想则需要对学校管理工作、教学工作、人员选聘等方面进行标准化，如确定毕业生标准、规定工作准则、确定教师资格标准等，这些均推动了教育评价的发展。

二、科层管理理论

科层管理理论由德国经济学家、社会学家马克斯·韦伯（Max Weber）提出，科层管理理论与科学管理理论同样产生于资本主义工业迅猛发展的阶段，目的都在于提高组织管理绩效、促进社会生产力提升。不同的是科学管理理论主要关注生产一线的操作标准化和职能管理，而科层管理理论则更为关注组织管理层面的制度化、理性化，因此韦伯也被称为"组织理论之父"。组织的科层制又称为"官僚制"，官僚体制并非贬义，而是指层级分明、制度严格、权责清晰的组织模式。科层管理理论的主要思想包括以下几点。[1][2]

（一）权力分层

层级化是官僚体制的典型特征，科层管理理论的核心观点就是组织内部要实现权力分层，按照等级划分的原则，从组织的顶层到基层形成一条权利线，每个层级都有不同的职责。高层是决策层，它的主要职能是负责决策；中层是管理层，主要职责为贯彻决策；低层为行政人员，主要职责为执行决策。而这个体系就称为科层体系或官僚体系。

（二）职位分类

每个组织都有其使命和任务，而任务的完成必须依赖各个部门，各个部门则由若干工作岗位构成，每一个具体的岗位都应实现专业化，按照个体受过的训练、技能、经验来委派任务，并明确岗位的权责范围。

（三）理性决策

科层体制是一种理性和强调效率的管理体制，它强调组织决策的理性，主张组织成员之间关系的理性、去人格化、非感性化。在科层组织当中，要

---

[1] 陈孝斌，高洪源. 教育管理学 [M]. 3版. 北京：北京师范大学出版社，2008：43.
[2] 林高标，林叶舒. 浅论科层管理理论在学校管理中的应用 [J]. 肇庆学院学报，2006（8）：91-92，96.

实现公私分明，不得滥用职权，个人情绪不能影响组织决策，讲规章制度，要照章办事确保组织目标的实现。

（四）法定资格

有效率的科层组织要求组织成员必须是称职的，因此组织以"法"的形式规定每个职位的任职资格，并确定每个岗位的考核办法。

（五）委其责任

除了按照规章制度规定必须通过选举产生的人员以外，科层体制下的官员采取委任制，委任即指委其责任，确定官员的职责范畴，且规定下级官员的行为必须对上级及组织负责。

（六）固定薪资

法制与规章严明的科层体系有合法依规的薪酬管理制度和明文的升迁规定，不同岗位的官员按工取酬，不应当获取工资以外的报酬。

（七）科层管理理论对教育的影响

科层管理理论作为最具影响力的组织理论之一，它对现代学校管理有深远的影响，甚至可以说为现代学校管理体制的形成描绘了雏形。当前学校管理体系有许多科层管理理论的痕迹，如学校当中强调有明确的办学目标，有严明的纪律和规章制度，教职工之间权责明确、分工明晰，行政与教学分离并形成层级明确的内部管理体系，职工按岗取酬，等等，都是科层管理理论在学校管理当中的体现，科层管理理论对我国当前推行的校长负责制、教师聘任制、工资制度等也有很强的指导价值。但是在讨论科层管理理论对教育的影响时必须明确一点，即学校与官僚化的组织还是存在一些本质区别，例如，政府组织是一元的权力结构而学校是行政权力与学术权力共存的二元结构，在学校当中学术权力甚至可能超越行政权力；政府组织作为行政机构更加强调规章制度以及行为的合法性，但是学校作为育人机构则彰显更浓烈的人文色彩，行政化的管理理念未必适合于教师队伍。因此在教育管理领域，对科层管理体系过于僵化、程式化、缺乏人文关怀的批判也是存在的。

三、行为科学管理理论

尽管科学管理理论与科层管理理论在提高社会生产效率方面做出了杰出的贡献，但是由于此种管理模式过于强调官僚机制、层级关系、工作效率，从而忽略了成员的主观感受，长此以往导致组织内部人际关系恶化、劳资双方矛盾激化，成为影响组织绩效的关键问题。20世纪20年代起，人际关系研究开始成为管理学领域关注的问题，美国学者乔治·埃尔顿·梅奥（George Elton Mayo）基于霍桑实验提出了"社会人"的人性假说和"社会心理因素对个人行为影响更大"的观点。根据梅奥提出的理论，人是社会人，是复杂社会系统的成员之一，因而人的行为是复杂的，不仅受到生理和环境因素影响，也受到心理因素影响；既然人是复杂的，就不能对其进行一刀切的管理，而要考虑人的心理需求；每个人都要生活在一定的群体当中，群体行为对个体行为有直接的影响，群体氛围是影响组织成员工作绩效的关键因素，影响工人工资的不仅是工作制度、条件和报酬，人与人之间的和谐关系也非常重要。梅奥的人际关系学说对推动管理学理论发展具有划时代的意义，它在科学管理理论和科层管理理论之外开辟了一个新的领域，并且提出了截然不同的观点，推动管理学理论发展进入新的阶段。尽管在梅奥的理论当中并未正式提出"行为科学"这一概念，但是由于梅奥的人际关系理论是管理学理论迈向行为科学研究的重要台阶，因此一般认为行为科学管理理论起源于梅奥的人际关系学说。

"二战"以后，行为科学迅速发展，行为科学的概念也被正式提出。广义来看，凡是用科学方法研究人类行为的学科都具有行为科学的性质，如社会学、人类学、心理学、经济学等；也有狭义的观点认为行为科学是研究人的行为产生、发展和转化规律，以便预测人的行为进而控制人的行为的科学。[1] 简而言之，行为科学是研究人的行为的科学，随着行为科学研究的不断进步，逐步形成了针对个体、群体、组织层面的聚焦于人性假设、激励机制、群体行为和领导行为的行为科学管理理论体系。

（一）人性假设理论

人性即人的属性，人性假设理论是讨论人的属性为何的理论。管理活动是管理者与被管理者共同参与的活动，人是管理的主体也是被管理的主体，

---

[1] 陈孝斌，高洪源. 教育管理学 [M]. 3版. 北京：北京师范大学出版社，2008：46.

因而关于人性是什么的问题一直是管理学理论的核心问题。在众多的西方管理学理论当中，比较具有代表性的人性假设理论有经济人、社会人、自我实现人、复杂人假设理论。[①] 管理学的经济人假设借鉴于经济学领域，经济人假设理论认为人是理性的，其行为的目的都在于追求自身利益的最大化，人类行为所反映的潜在心理需求是经济利益，经济手段是调动人的积极性的主要手段，泰勒的科学管理理论就是建立在经济人假设的基础之上。社会人假设对经济人假设持批判态度，社会人假设理论认为人并非完全理性的，人的情绪、态度、感受对人的行为有重要影响，在驱动人类行为的潜在心理机制当中，心理需求的满足甚至超越经济需要的重要性，关注人对组织以及人际关系当中对归属、良好关系的期待才有可能提高组织绩效。自我实现人的人性假设基于需要层次理论提出，该假设认为，外在利益如声望、地位、金钱都不是人的终极目标，人的根本追求是自我实现，自我实现的需求是驱动人的行为的根本需求，组织要通过提供自我实现机会的方式激励人的工作积极性。复杂人假设理论对以上三种人性假设进行了归纳，在分析综合以上人性假设理论的基础上提出，该人性说认为人具有差异性和复杂性，并非是千人一面的，不同层次的人有不同的需求，且每个人的需求随环境的变化而变化；在同一组织当中不同的人会有不同的动机模式，何种动机模式取决于家庭环境、个人需求以及它们之间的相互作用；人的需求随组织环境的变化而变化。[②] 总而言之，复杂人假设理论强调个体的差异性，提示同一个体在不同环境或者不同个体在同一环境都可能有各异的表现，人性有千面，管理要因人而异。

（二）激励理论

行为科学管理理论认为人是管理的核心，如何干预组织当中人的行为成为行为科学管理理论的重要内容。行为科学管理承认人的主观性、尊重人的情感，因此主张通过激励而非规制的方式调动人的工作积极性，激励理论是行为科学管理理论体系当中的重要一脉。人性假设理论是激励理论的前提，与古典管理理论将人视为"经济人"不同，行为科学管理理论倾向于采取社会人、自我实现人、复杂人的人性假设，围绕"是什么激发或驱动人的行

---

① 王汉斌,方守林. 西方管理学人性假设的逻辑进程［J］. 商业时代，2011(30)：75-76.

② 蒋晓婷. 行为科学管理理论在互联网企业人力资源管理中的应用研究［D］. 杭州：浙江大学，2017：13.

为""如何引导行为方向""是什么使行为得到维持"三个关键问题构建理论。①

1. 需要理论——对行为动机的理解

有动机才有行为，动机是驱动个体行为的直接心理因素，而需要则是影响动机形成的内推性因素。影响较大的有美国人本主义心理学家马斯洛（Masslow）提出的需要层次理论、赫兹伯格（Herzberg）提出的双因素理论和艾尔德弗（Alderfer）提出的ERG理论。马斯洛的需要层次理论是最广为熟知的需要层次理论，他提出人的需要可划分为五个层次，从低到高依次为生理需要（维持生存的基本需要，包括空气、食物、水、性等）、安全需要（保护自己免受生理和心理伤害的需要）、社交需要（包括爱、规避、接纳和友谊）、尊重需要（受尊重、被关注、认可）、自我实现需要（最大限度地发挥自己潜能的需要），只有低层次需要获得满足后，高一层次的需要才会成为主导性需要。赫兹伯格的双因素理论也称为"激励—保健理论"，该理论提出人生活在特定的社会环境当中，行为受到许多因素的影响，这些因素可以划分为两类：一类称之为保健因素或情境因素，包括政策、人际关系、工作条件、薪酬等，这类因素不能产生激励作用，但是如果缺少则会导致员工的不满；另一类为激励因素，包括工作挑战性、成就、认可等，这类因素可以提高员工满意度并起到激励作用。艾尔德弗的ERG理论与马斯洛的需要层次理论有相似之处，它将人的需要划分为三类：生存需要、交往需要和成长需要。生存需要是指生理方面的需要，相当于马斯洛理论中的第一、二层次的需要；交往需要是人际和社会交往方面的需要，类似于马斯洛理论中的第三、四层次的需要；成长需要是指个人自我发展方面内在本能的一种欲望，相当于马斯洛理论中第五层次的需要。不同的是艾尔德弗认为不同层次的需要构成连续体而不是层次分明的结构，有需要就能产生动机而并非一定要低层次需要获得满足之后，高层次需要才能产生激励作用。②

2. 目标与期望理论——对行为动力的理解

行为科学管理理论认为目标与期望是引导行为方向的重要心理机制。美国心理学家埃德温·洛克（Edwin Locke）提出了目标设置理论，该理论的中心论点主要是强调目标在行为中的作用。目标设置理论认为驱动个体行为的动因是个体为本身设置的目标，通过目标引导行为的方向并驱动个体付出努力，最终引导朝向具体目标奋进。美国心理学家维克多·弗鲁姆（Victor

---

① 张小永. 激励理论的综述及其启示 [J]. 当代教育科学，2004（6）：48 - 49.
② 郭惠容. 激励理论综述 [J]. 企业经济，2001（6）：32 - 34.

H. Vroom）提出期望也是引导行为发生的重要因素，期望理论通过考察人们主观努力和预期价值之间的因果关系研究激励，该理论认为工作积极性的高低取决于预期对心理需求的满足程度，它的激励效应可以用公式来表示[①]：

$$M = E \times X$$

M 表示激励力度，E 代表期望值，V 则代表价值/效价。虽然所阐释的具体观点不同，但是目标设置理论与期望理论的共同点在于均强调个体对工作的预期是激励行为、引导行为方向的关键因素，提示在管理当中要注意帮助下属合理确定目标以及引导价值期望。

3. 强化理论——对行为维持的理解

在行为科学研究当中，除了研究行为动因、行为导向，还关注如何维持行为的强度。美国行为主义代表人物、心理学家伯尔赫斯·弗雷德里克·斯金纳（Burrhus Frederic Skinner）认为行为必须强化才能维持，所谓强化是指增加行为发生的频率。斯金纳将强化分为正强化和负强化，正强化是指通过奖励性措施提高行为的发生频率，负强化则指通过降低厌恶性因素的影响从而提高行为发生的频率，无论是正或负的强化，其主要目的都是提高积极行为发生的频率，而使消极行为消退的措施称之为"惩罚"。美国心理学家约翰·斯塔希·亚当斯（John Stacey Adams）特别关注员工对组织内薪酬分配公平性的感知在强化或消退行为当中的影响，在此基础上他提出了公平理论。公平理论认为，人们不仅关注自身付出努力后获得多少报酬，同时也关心所得报酬的公平程度，影响员工积极性的不仅是薪酬水平还有薪酬分配是否公平，当员工认为组织薪酬分配是公平的，其行为积极性就会提高，但当员工感受到不公平时，则会产生消极心理，从而导致行为动机减弱、工作绩效下降甚至出现逆反行为。

（三）领导行为理论

组织当中的管理活动由不同的角色共同实施，其中领导者作为群体行为的规划者和管理者，对员工行为以及组织绩效有直接影响，领导角色至关重要。在行为科学管理理论中，领导行为理论主要包括领导特质理论、领导风格理论、领导类型理论等子理论。早期的领导特质理论有一个隐含的假设，即领导者具有与生俱来的品质，它认为伟人是天生的而不是后天培养的；随着理论的发展，领导特质理论逐渐将情境因素纳入讨论范围，但是该理论关注的核心议题还是具备什么样的特质的人可以成为领导者或者领导者应当具

---

① 汪罗，弗鲁姆. 期望理论的奠基人 [J]. 当年电力文化，2015 (11)：90 - 91.

备哪些特质，以及如何具备领导品质。有研究者对20世纪90年代之前的研究进行总结后发现，领导学理论当中提及的领导者关键特质包括富有活力的个性特征、聪明决断的能力品质、善于交往与合作的社会特质以及追求卓越的坚忍品质和责任感等。①

领导风格主要是指领导管理组织主要采取的行为模式，理论界对领导风格的讨论层出不穷，其中讨论较为广泛的有专制型领导、权威型领导、关系型领导、民主型领导等。专制型领导指强调服从的领导，此类领导讲究官僚与科层，对员工的感受缺乏关注、对组织的目标缺乏管理，较难激发员工的工作热情；权威型领导具有较强的业务能力与目标管理能力，能够成为员工的楷模与榜样，并能带领下属开拓创新，但是一旦武断专横则可能破坏团队士气；关系型领导重视组织内部情感纽带的建立，注重在组织当中营造积极活跃的氛围，以情感与人际关系作为主要手段激励员工积极性；民主型领导则重视沟通协作、注重形成共识，能够聆听员工的声音。

领导类型理论实际上也是根据一定的参照标准对领导的主要风格进行讨论，20世纪40年代美国俄亥俄州立大学学者在实证调查的基础上列出了一千多种刻画领导行为的因素，最后概括为"抓组织"和"关心人"两大类。"抓组织"以工作为中心，是指领导者只注意工作是否有效地完成，对下属进行严密控制，只重视组织管理、工作效率，而忽视员工的需求；"关心人"以人为中心，指领导者注重倾听下级意见和关心下级，强调在领导者与员工之间建立互相尊重、互相信任的关系。这两种领导行为在同一个体身上并不排斥，有时更多的是两种领导行为的结合，"抓组织"和"关心人"这两类领导行为在同一个领导者身上有时一致，有时并不一致。因此，他们认为领导行为是两类行为的具体结合，分为四种情况，如图1-1所示。②

---

① 文晓立，陈春花. 领导特质理论的第三次研究高峰［J］. 领导科学，2014 (35)：33-35.
② 林洁，陈志明. 浅析领导理论［J］. 科技信息，2007 (31)：197-198.

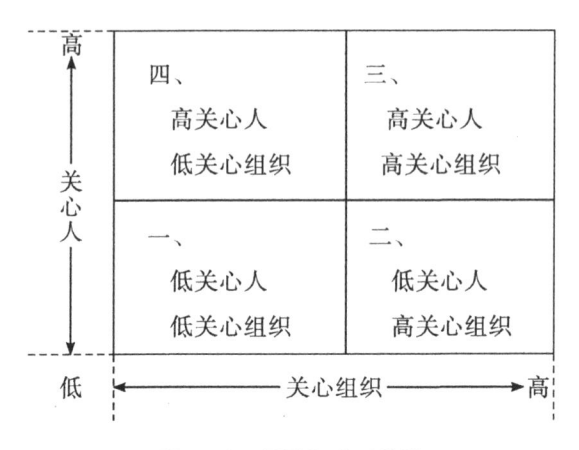

```
        ↑高
        │  ┌─────────┬─────────┐
        │  │ 四、     │ 三、     │
        │  │ 高关心人 │ 高关心人 │
    关  │  │ 低关心组织│ 高关心组织│
    心  │  ├─────────┼─────────┤
    人  │  │ 一、     │ 二、     │
        │  │ 低关心人 │ 低关心人 │
        │  │ 低关心组织│ 高关心组织│
        │  └─────────┴─────────┘
        低└──────关心组织──────→高
```

图 1-1　领导行为四分图

除此以外，有研究者基于四分图理论提出了领导方格图理论，他们进一步将横纵坐标细分为 9 个方格，形成 9×9 共 81 个小方格的结构图，其中横坐标表示领导对工作的关心程度，纵坐标表示领导对人的关心程度，分别在方格图的四角和正中位置确定五种主要的领导类型，即：（1,1）贫乏型领导，对人对事都不关心，导致组织管理低效；（1,9）俱乐部型领导，只关心人不关心工作，对下属一味迁就，对组织管理不力；（9,1）任务型领导，高度关心工作但不关心人，强调服从，容易导致组织氛围不佳；（5,5）中间型领导，对人和对工作的关心程度都保持在中间状态，安于现状，缺乏开拓创新精神；（9,9）协调型领导，既关心工作也关心人，能够营造良好的组织氛围也可以实现组织目标。[①]

（四）行为科学管理理论对教育的影响

行为科学管理理论以人本主义为指导，从社会学、心理学、管理学等多学科视角研究组织当中人性假设、个体需求、动机、领导行为等，将组织管理的中心从"事"向"人"转移，提高了人在管理活动当中的地位，冲击了早期以科层管理为主要理念的学校管理模式，创新了系列的管理理念和方法，促使学校内部进行变革，包括：主张学校教职工对学校管理应当具有发言权，教职员工可以参与学校决策、规章制度以及日常管理；管理层与教职工之间是平等关系，要与教职工平等对话、尊重他们的权益；要重视学校内部人际关系和氛围的营造，尊重教师的主体性和能动性，通过多种途径激励

[①]　毛云芳. 西方领导方式理论综述［J］. 企业改革与管理，2011（12）：12-15.

教师工作积极性；提倡增强团队意识和组织凝聚力，提高领导的人格魅力与专业影响力等，开辟了学校管理的新局面。

四、新公共管理理论

20世纪70年代，西方国家在经历了资本主义发展的"黄金时期"后开始面临经济发展放缓、通货膨胀严重、政府施政成本增加、政府公信力下降等社会经济危机，80年代起，以英、美等国为主的西方国家掀起了政府改革运动，这场改革以3E为改革目标，即Economy（经济）、Efficiency（效率）、Effectiveness（效益），主张改革行政管理体制，引入市场力量参与公共管理，从而提高政府效率和民众满意度。新公共管理理论是融合了企业管理学、经济学等多学科知识贡献的庞大的理论体系，由公共选择理论、治理理论等多个理论构成，核心思想涉及政府角色定位、公共价值理念、绩效意识、管理主体等方面。

（一）重塑政府——从"官僚"向"市场"转变

新公共管理核心主张是在行政管理当中引入企业管理模式，盘活官僚体制，以市场化的改革拯救政府失灵，其最为关键的一个主张即是认为官僚制已不适应时代发展要求，政府角色要从官僚型政府向企业型政府转变："这种官僚主义模式发展的时代同我们今天所经历的时代情况迥然不同，这种模式是在步子更慢的社会里发展起来的，事物变化就像悠闲散步一样。这种模式是在等级时代里发展起来的，只有处在金字塔顶端的人才掌握足够的信息而做出熟悉情况的决定。这种模式发展在一个人们以体力劳动为主而不是以脑力劳动为主的社会中。这种模式发展在大众化市场时代里，大多数美国人都有相似的欲望和需求。今天，所有这一切均荡然无存。"[1] 为了适应时代的变化，必须改革政府，改革政府的目的不在于推翻以后的体制，也并非为了追求一个大政府或者小政府："我们需要一个更好的政府。说得更加精确一点，我们需要更好的政府治理。"[2] 更好的政府治理需要政府实现角色转换，美国学者戴维·奥斯本（David Osborne）和特德·

---

[1] 奥斯本，盖布勒. 改革政府 [M]. 周敦仁，汤国维，寿进文，等译. 上海：上海译文出版社，2006：12-13.

[2] 奥斯本，盖布勒. 改革政府 [M]. 周敦仁，汤国维，寿进文，等译. 上海：上海译文出版社，2006：20.

盖布勒（Ted Gaebler）的《改革政府》(*Reinventing Government*) 一书提出了政府改革思路：

1. 从划桨到掌舵

政府的职责是规划、制定政策、明确任务，而不是组织生产和提供服务，政府要集中精力做好掌舵者的角色，而非事必躬亲，"如果一个组织最佳的精力和智慧都用于划桨，掌舵将会很困难"①。

2. 从服务到授权、从垄断到竞争

政府要懂得放权、授权、实现职能转移，垄断公共服务最终将导致质量低下，应当将企业化的竞争机制引入公共服务领域，鼓励竞争、防止腐败。

3. 从投入到效果

提高公共部门绩效是政府改革的目的所在，只是对绩效的考核有不同的指向。官僚部门以政府投入为评价导向，而新公共管理主张产出导向的考核机制，评价的内容既面向政府部门，也包括顾客满意度、成本效益分析，聚焦于 Economy（经济）、Efficiency（效率）、Effectiveness（效益）。

4. 从官僚到顾客

新公共管理理论是顾客导向的管理理论，公众不仅是公共服务的受惠者，还是公共服务的购买者、参与者、评价者，有权评价公共服务质量，而执政的目的不是为了官僚服务而是为了公众满意。"最近在实践中对官僚模式的最大概念性的挑战，就是政府组织应该是以用户为驱动并且应该是服务性的"，"考虑用户的利益和服务的质量有助于公共部门主管关注他们负责的政府事务的运行情况"。②

5. 从管理到治理

与管理相比，治理的主要特点在于提倡多主体共治、强调多元主体参与、将公共服务视为公共责任："政府治理指的是我们共同解决自己的问题和满足我们社会需要的实施过程。"新公共管理提出"第三方政府"的概念，认为良好的治理模式既发挥政府在资源统筹方面的优势又利用私营部门之所长，为非政府组织参与公共服务提供机会。但是同时也强调，治理的多方协同参与是有度的，否则有可能损害社会正义和公共精神："我们可以把个别的掌舵性职能加以私有化，但是不能把治理的全过程都私有化。如果这

---

① 奥斯本，盖布勒. 改革政府[M]. 周敦仁，汤国维，寿进文，等译. 上海：上海译文出版社，2006：6.
② 巴泽雷. 突破官僚制：政府管理的新愿景[M]. 孔宪遂，王磊，刘忠慧，译. 北京：中国人民大学出版社，2002：6.

样做，我们就会失去作为集体共同决定的机制，就没有为市场制定规章条文的途径，就会失去强制执行行为规范的手段。我们就会丧失社会公平感和利他主义精神。"①

（二）从新公共管理走向新公共服务

新公共管理理论虽然影响了各国的行政体制变革，但是对它的批判与反思也是存在的，例如，有观点指出它的理论基础"公共选择理论"承认"经济人假设"从而可能导致公共管理者成为逐利者而损害公共利益；新公共管理理论混淆了公共部门与私营部门之间的界限，过于宣扬市场化的优势从而导致价值冲突，公共事业的合法性和合理性可能丧失；顾客导向的理念将政府与民众之间的关系视为生产者与消费者之间的关系不符合公共服务的价值本质，公众是政府的所有者而非顾客。②

21世纪初美国学者罗伯特·B. 丹哈特（Robert B. Denhardt）和珍妮特·V. 丹哈特（Janet V. Denhardt）提出了一个全新的管理理念——新公共服务理论："所谓新公共服务，指的是关于公共行政在以公民为中心的治理系统中所扮演的角色的一套理念。"③ 与以往管理理论主要聚焦于讨论权力配置不同，新公共服务将公民置身于管理体系的中心，认为公共管理的主要任务是提供服务，公共管理者的目的是实现公共利益而非驾驭社会。主要理论观点包括以下几点。

1. 政府应是服务而非掌舵

政府的角色重在帮助公民表达并实现公共利益，而不是通过简单的惩戒规则或者激励措施将人们引导到"合适的"方向上来；在与第三方的合作当中，政府的作用从控制转变为议程确定，作为中间人促成公共问题的解决，而这些角色转换要求政府具备协调、磋商和解决争议的技能。

2. 公共利益是主要目标而非副产品

公共行政人员必须致力于建造一个共享的、集体的公共利益观念，在确定愿景目标时，广泛的公众对话和协商是非常重要的，政府的作用是建立协商沟通机制，促成真诚的对话从而形成共识，并确保方案是公平公正的。

---

① 奥斯本，盖布勒. 改革政府 [M]. 周敦仁，汤国维，寿进文，等译. 上海：上海译文出版社，2006：20.

② 李治. 从新公共管理到新公共服务的理论发展 [J]. 湖北社会科学，2008（5）：28-32.

③ 丁煌. 西方行政学说史 [M]. 武汉：武汉大学出版社，1999：41-44.

3. 战略的思考，民主的行动

符合公共需要的政策和计划需要通过集体努力和协作才能够最有效地、最负责任地得到贯彻和执行。为了实现公共利益，就要进行目标分解、确定任务和行动步骤，关键是要通过激发公民的参与，提供各方共同创造的机会。

4. 服务于公民而不是顾客

重新审视政府与公民之间的关系，政府与企业家有本质区别，政府的责任是服务于公民而不是顾客，要建设政府与公民之间、公民与公民之间的信任和合作关系。

5. 责任不是单方的

公共管理者的行为受到一系列法制和规章的制约，在规范相互冲突或重叠的情况下可能陷入价值冲突之中，而解决这个问题不是公共管理者一方的责任，应该通过对话、向公民授权、邀请公民广泛参与予以解决，共同承担公共责任、维护公共利益。

（三）新公共管理理论对教育的影响

新公共管理理论或是新公共服务理论对传统管理理论的冲击主要体现在要求政府简政放权、强调多元主体、呼吁协作治理、主张公民参与、突出服务导向。在教育管理领域相应体现为：减少中央集权，下放教育权限，如加强地方和学校层面对课程的管理权限；引入市场力量办学，如鼓励民办教育发展、政府购买学位、允许择校等；教育行政部门职能转变，如实施教育管办评分离，鼓励第三方参与教育评价；重视公众参与，如将满意度相关指标纳入政府评价体系；突出教育的民生价值，如提出要办好人民满意的教育等。

第二节 教育评价理论

作为一种专业实践，教育评价是指专业人员或机构，基于评价学和测量学理论，遵循科学、合理的评价程序，对教育过程和结果做出有效、精确、公正的评价过程。从教育管理角度来说，教育评价作为监测教育质量、诊断教育问题、分析问题成因和改进教育现状的重要手段，是教育管理体系乃至公共管理体系的有机组成部分。教育评价理论的形成和发展受制于社会经济文化背景，也深受社会文化思潮和教育实践需求的影响。根据不同阶段的价值导向与技术手段的不同，一般认为教育评价理论发展经历了测量、描述、判断和建构四个阶段。①②

一、第一代教育评价：测量时期

19 世纪末至 20 世纪 30 年代是教育评价理论发展的建立时期，这一时期的教育评价理论主要关注教育测量技术的发展和应用，较为重视教育测验的开发和心理测量，故而称为教育评价的"测量时期"。教育测量在此阶段得到关注并获得发展有其社会背景原因。20 世纪初资本主义经济快速发展，在科学管理理论的影响下各行各业奉行"效率主义"，效率是对政府、学校、企业、工厂进行绩效考核的主要准则，从而导致教育领域也推行效率优先，主张通过科学的测量手段衡量学校办学成效；更为重要的是此时期欧美国家教育心理学发展迅速，教育测评理论和技术日趋成熟，各种统计、测量、实验技术发展，智力测验、学业测验、人格测试等工具频出，为教育测量提供了技术支持。1869 年，英国的弗朗西斯·高尔顿（Francis Galton）基于对个体差异的长期研究，发表了《遗传的天才》（*Hereditary Genius*）一书，开启了教育测量的时代，随后德国的威廉·冯特（Wilhelm Wundt）在莱比锡建立了心理实验室，美国的莱斯（Les）实施了拼字测验，赫尔曼·艾宾浩斯（Hermann Ebbinghaus）研究了学生智力。1904 年，美国著名心理学家爱德华·李·桑代克（Edward Lee Thorndike）出版了《心理与社会测量导论》一书，该书系统地介绍了统计方法以及测验编制原理，明确了测量的基本程序、测量程序所要求的信度、效度及其评定方法等系列规范，形成了较为成熟的操作模式，为教育测量理论的普及做出了杰出的贡献。在该书当中，桑代克提出了一个具有划时代意义的著名假设："无论什么东西，只要存在，总存在于数量之中。"美国另一位教育测量专家麦可尔（McCall）则提出"任何东西，存在于数量之中的，都可以被测量"，由此形成了"凡是存在的东西必有数量，凡有数量的东西都可测量"的评价公理。③

---

① 李雁冰. 论教育评价专业化 [J]. 教育研究, 2013（10）: 121 – 126.
② 史耀芳. 国外学校教育评价的历史沿革 [J]. 外国中小学教育, 1997（4）: 20 – 23.
③ 秦建平, 陈晓松, 周亚, 等. 科学进步视野下教育评价理论的代际发展审思 [J]. 教育导刊, 2022（12）: 5 – 12.

测量时期的教育评价有几个特点：首先，测评理念较为技术化、企业化，测评的目的是对学校进行"科学管理"，学校被视为"工厂"，学生被物化为"产品"，测量严格规定了学生的各种心理品质并给予明确而精准的指标，教育评价活动不像是对人的测评而更像是工厂产品质量把关，缺乏人文关怀；其次，教育测量的对象主要为学生，测量的指标主要为学生特征，缺乏对课程、教学、管理的相关因素的关注，难以诊断问题；最后，这一阶段的教育评价主要停留在"测（test）"的方面而忽略"评（evaluation）"的方面，主要进行客观描绘，缺乏价值判断。

二、第二代教育评价：描述时期

20世纪30年代，资本主义经济危机席卷全球，社会失业率急剧攀升，社会各界呼吁提高教育的实用性；同时由于经济危机导致美国教育发展面临财政困难，学校裁员盛行、学校规模缩减，引发社会各界对教育的反思与质疑。教育界的有识之士开始尝试借助新的思想武器武装教育，以逆转教育发展的颓势、提高教育的实用效应。约翰·杜威（John Dewey）的实用主义思想和行为主义心理学被视为解美国教育之困的法宝，教育界在实用主义思想和行为主义理论的指导下进行了诸多尝试，具有划时代意义的"八年研究"就是诞生在这样的背景之下。"八年研究"是1934—1942年美国进步教育协会在中学开展的一项调查研究活动，因历时八年而得名，研究的领衔者为美国著名教育家拉尔夫·泰勒（Ralph W. Tyler），研究的成果《史密斯—泰勒报告》被称为划时代的教育评价报告，泰勒也被视为现代教育评价之父。"八年研究"以课程评价为重点，突破第一代教育评价仅聚焦于学生特征测量的局限，将价值判断引入了教育评价领域，因而也有人认为真正的教育评价活动始于"八年研究"。《史密斯—泰勒报告》提出了教育评估工作的五个重要观点：①教育是使人的行动方式发生变化、得以改善的过程；②各种行动方式的变化都是教育的目标；③教育计划要以教育目标实际完成的水平加以评估；④人的行为是负载的，既不能用个别的名词概念来说明，也不能用单纯的测量来判断，对他的评价必须从多个方面加以综合才能完成；⑤要搞好评估，单靠纸笔是不够的，还应当用观察、谈话等多种方法。[①]

---

① 杨光富."八年研究"的贡献及其对我国教育改革的启示[J]. 外国教育研究，2003（2）：17-20.

"八年研究"对于教育评价理论发展更为重要的贡献在于泰勒在总结研究成果的基础之上提出了影响深远的"目标评价模式",也称为"泰勒模式"。泰勒指出:"教育评价的历程在本质上是一种测定教育目标在课程和教学方案中究竟被实现多少的历程。"教育评价活动由七个步骤构成,分别为:①确定教育计划的目标;②根据行为和内容来界定分解目标;③确定使用目标的情境;④设计呈现情境的方式;⑤设计获取记录的方式;⑥确定评定时使用的计分单位;⑦设计获取代表性样本的手段。为了能够使教育评价活动更好地服务于课程教学,泰勒认为课程编制的基本原理也应当坚持目标导向,并提出课程开发应当回应四个核心问题:①课程应当帮助学生达到什么教育目标?即帮助学生学习什么?②为了帮助学生达到教育目标应当提供什么学习经验?即怎样帮助学生学习预期的东西?③怎样组织学习经验使这些经验的积极效果最大?即怎样的学习顺序和学习经验的整体计划会有助于学生内化他们所学之物,并将其应用于环境?④怎样评价方案效果?即随后采取什么步骤以检查期望的学习活动发生情况?[1] 泰勒的目标评价模式将评价与课程教学统筹考虑,能够较好地实现教、学、评合一,且程序清晰、结构严密、操作性强,因而成为影响最大的教育评价思想。不过由于泰勒较为关注目标而忽略过程、较为强调客观评价而轻视主观评价、目标较为确定导致评价的灵活性不足,因此目标评价模式也存在诸多有待改进之处。

描述时期的教育评价理论以泰勒的目标评价模式为代表,也以深化泰勒理论为主线。继泰勒之后,美国教育心理学家本杰明·布鲁姆(Benjamin Bloom)进一步发展了教育评价的目标理论,形成了教育目标分类学说。布鲁姆将教育目标分为认知、情感和动作技能三个领域,不同的领域又划分为若干层次,如认知领域包括识记、领会、运用、分析、综合、评价六个层次,情感领域包括接受、反应、形成价值观念、组织价值观念系统、价值体系个性化五个层次,而动作技能领域则包括知觉、模仿、操作、准确、连贯、习惯化六个层次,三个领域多个层次的目标构成了布鲁姆的教育目标分类体系。

与测量时期相比,描述时期的教育评价关注的范围更广、问题解决能力更强,除了借助测量手段观测学生表现以外,还对数据进行深入的描述和解释,对教育评价从目标设立到数据收集再到教育教学反馈进行了理论构建,总体来说,描述时期的教育评价理论实用价值更高。不过,以目标为导向的教育评价活动极其依赖于目标的科学性,一旦目标存在偏差则可能导致教育

---

[1] 张伟."泰勒模式"述评[J]. 辽宁教育学院学报, 1995 (3): 34-36.

评价活动的效用降低；另外，虽然描述时期的教育评价有了价值判断的意识，但是以目标为导向的价值判断实际上是单一的，在如何实现价值多元方面还面临挑战。

三、第三代教育评价：判断时期

20世纪60年代，随着新公共管理理论的发展，社会多元价值逐渐确立，教育评价领域也逐渐注重价值多元化的体现，主张对以目标为中心的教育评价模式进行变革，随之提出以价值判断为重点的教育评价模式，可以说，判断时期的教育评价理念是对描述时期以目标为中心的评价理论的质疑和超越。判断时期的教育评价理论有几个核心观点：一是反对预设，强调关注评价过程本身价值。在评价活动当中，目标的确立固然是必不可少且尤为重要的，但如果只强调评价目标、课程目标的预设性，忽略教育过程的发展性和学习的生成性，则可能导致评价活动的僵化，不符合教育规律。二是反对科学主义，关注评价的价值判断属性。评价如果只注重利用科学手段对教育结果进行客观描述，则容易导致科学主义，忽略了那些不可量化、难以观测的特性，而这些特性恰恰是学生发展的重要方面。三是强调评价的情境性，认为评价既应该关注目标的达成也要注重过程性评价，要在具体的情境下开展教育评价。

与描述时期以目标评价模式为主导不同，判断时期的教育评价理论进入了繁荣发展阶段，形成了包括CIPP评价模式、目标游离模式和应答评价模式等多种主流评价理论。CIPP评价模式即背景（Context）—输入（Input）—过程（Process）—输出（Product）模式，由美国学者斯塔弗尔比姆（Stufflebeam）提出。CIPP评价模式认为教育评价活动应该面向背景、输入、过程、输出四个环节进行评价。其中背景评价聚焦于需求调查，明确教育目标的适当性和合理性；输入评价则可理解为对具体措施的评价，如为了实现目标应当具备的条件和程序，这些条件和程序是否得当、是否最佳；过程评价是对教育实施过程的评价，指跟踪教育方案的实施过程从而发现问题；输出评价是面向目标的评价，考察教育活动在多大程度上达成了预先确定目标，是一种终结性的评价。尽管CIPP评价模式同样强调对目标的评价，但是与目标评价模式相比，CIPP评价模式同时关注背景、输入、过程环节，是综合体现了过程性评价和终结性评价理念的评价模式，对教育的评价更加全面，为决策提供参考的能力更高。

目标游离（Goal Free）模式由美国学者斯克里文（Scriven）提出，他认为教育活动存在许多非预期后果,而这些非预期后果也是教育评价的主要部分,教育评价活动应当将目标与评价活动分离,降低预设目标对评价活动的影响程度,关注实际的教育结果而非预设的教育结果,所以称之为目标游离模式。目标游离模式提出评价活动应遵循 18 个步骤,分别为"说明、当事人、受评价者和评价的背景、资源、功能、输送系统、消费者、需要与价值、标准、历程、成果、概括、成本、比较、重要性、建议、报告、后设评价",这些程序是灵活的、循环的。目标游离模式与目标评价模式、CIPP 评价模式最大的区别在于它主张的是教育当事人的意图而非教育计划制定者的意图,突破了目标的限制,是一种更为民主的评价模式;目标游离模式提出了评价活动的循环操作步骤,是形成性评价和总结性评价的相结合;目标游离模式具备元评价的意识,它的其中一个评价环节为"后设评价",即是对评价的评价,有利于反思评价活动本身从而提高评价的科学性。[①] 目标游离模式的弊端在于主张多方话语但是容易导致价值冲突而难以调和的问题,以及评价活动去目标化可能使得评价活动失去标准而难以操作。

应答评价模式(responsive evaluation)由美国学者斯塔克(Stake)提出,应答评价模式是指以回应多方利益需求为主的教育评价模式,应答评价模式理论认为既有的评价理论依然没有突破以教育目标为主要价值取向的评价方式,而教育评价活动具有生成性、开放性、复杂性,不应当采取预设的方式和单一的方法去开展教育评价,而要保持教育评价活动的弹性和应变性,才能全面收集教育信息,才能适应复杂活动需要和满足多方利益者的需求。应答评价模式的优点在于提高了教育活动的实际参与者在评价活动当中的地位,拒绝权威话语,有利于教师掌握评价的主动权;主张回应多元价值,体现多方治理的理念,更为民主和科学;重视质性方法在评价活动当中的必要性,主张质性方法与量化方法紧密结合。只是从实践层面来看,应答评价模式数据采集困难、耗时、成本高,不如标准化的量化测评便携、高效,因此操作性较差,推广也存在难度。

第三代教育评价理论彰显了多元价值、追求多元治理,体现新公共管理理论的科学化、民主化的价值诉求以及人本主义的人文价值,克服了第二代教育评价理论漠视利益相关者诉求、追求一元价值、重结果而轻过程的弊端,大大提高了教育评价的科学性。

---

① 一帆. 教育评价的目标游离模式[J]. 教育测量与评价(理论版), 2013(2): 64.

四、第四代教育评价：建构时期

发端于20世纪70年代末、以后现代主义和建构主义思想为理论基础的教育评价理论被称为第四代教育评价理论，它的创立者是美国印第安纳大学教育学院的库巴（Cuba）教授和维德比尔特大学的林肯（Lincoln）教授。后现代主义思想以反思和批判现代主义的思想、文化为基本特征，提出以新的话语、新的思想来解释世界，主张彻底的多元化，反对任何统一的企图以及将自己的选择强加于别人的霸权。[1] 第四代教育评价理论根植于体现后现代主义的建构主义理论，它假定社会现实是参与者不断建构的，存在多重因果关系结构，强调价值多元化，强调评价必须重视利益相关者的感受，并对利益相关者的价值诉求、利益和争执等做出应答。[2] 库巴和林肯基于后现代思想提出了他们的核心主张："评价就是对被评事物赋予价值，它本质上是一种心理建构，评价描述的并不是事物真正的、客观的状态，而是参与评构。"[3] 第四代教育评价理论认为传统的以心理测验为中心的评价模式已经无法解决教育评价当中的复杂问题，需要纳入新的哲学基础、理论思维和方法论。总的来说，第四代教育评价理论具有三个主要特点：第一，反对评价的管理主义倾向，让教育评价成为协商、对话、相互理解和合作建构教育意义的过程，传统的管理主义评价取向主张主客体之间的二元对立，不可避免使教育评价成为控制性强的活动，而第四代教育评价采取多元主义的价值观，尊重多方利益；第二，反思量化评价，倡导质性评价，建构取向的教育评价理论并不否定量化评价，但是提倡在评价活动当中引入新的范式，用以更好地解释、理解、彰显评价的价值和意义；第三，超越科学范式，让教育评价建立在多学科背景之上，第四代教育评价不再以自然科学作为理解评价的唯一学科基础，而是借鉴广大学科如法学、新闻学、艺术学、批判理论、后现代理论等，大大拓宽了教育评价的理论视野。[4]

---

[1] 陈向明. 质的研究方法与社会科学研究［M］. 北京：教育科学出版社，2000：43－44.

[2] 杜瑛. 西方教育评价理论发展的社会文化基础探析［J］. 教育测量与评价，2012（10）：22－27.

[3] 秦建平，陈晓松，周亚，等. 科学进步视野下教育评价理论的代际发展审思［J］. 教育导刊，2022（12）：5－12.

[4] 李雁冰. 论教育评价专业化［J］. 教育研究，2013（10）：121－126.

为了增强第四代教育评价理论的操作性，库巴和林肯对评价的程序进行了研究，归纳了12个相互联系、循环发展的操作步骤，如表1-1所示。[1]

表1-1 建构取向的教育评价操作步骤

步骤	工作要点
1. 制定协议	与评价资助者或评价结果使用者订立协议
2. 组织评价	培训评价人员做好深入现场获取信息的安排及评价逻辑结构安排
3. 明辨利益相关各方	确定评价方、受益方和受伤害方，研究评价活动策略形成相关制约条件
4. 形成每一方的共识	建立解释辩证循环图，检验评价信、效程度等
5. 以新信息增进理解，扩大共识	再次形成诠释图，广泛使用已有信息，形成评价者的初步建构
6. 厘清分歧	整理各方需求、担忧和问题，找出共同点，搁置共同点，提出不同点
7. 确定优先评价点	在不同点中确定优先评价问题，确定过程与方法，列出优先问题
8. 收集信息，增进认识	就优先问题收集信息，专题研究评价信息
9. 准备协商方案	协商人员提出解释、支持和反驳意见，检验协商方案
10. 进行协商	针对不同意见建立诠释卷，通过协商建立共同建构，决定应采取的行动
11. 提出报告	案例总报告，各利益方报告
12. 再循环	整个过程的再循环

---

[1] 史耀芳. 国外学校教育评价的历史沿革 [J]. 外国中小学教育，1997（4）：20-23.

随着第四代教育评价理论的发展，参与式评价、校本评价、发展性评价等评价模式纷纷出现，较好地服务了当时的教育改革与发展。但是，建构时期的教育评价也存在一些不足：一是主张多元价值、反对二元对立容易使评价陷入相对主义和主观唯心主义的误区；二是建构时期的教育评价方法和流程复杂，质性评价方法对评价者和评价对象有较高要求，实施难度较大；三是建构时期的教育评价既强调价值多元又重申达成共识，导致教育评价容易陷入两难境地而难以推动。①

---

① 李雄鹰，张瑞宁. 教育评价理论发展视角下的高考评价改革审视［J］. 石家庄学院学报，2018（9）：141－145.

第二章 政策脉络

教育评价政策体系改革是新时代教育治理能力与教育治理体系现代化的重要环节，《深化新时代教育评价改革总体方案》（以下简称《总体方案》）的印发使教育评价改革成为焦点，如何采取妥当的决策行动以回应改革要求成为当前迫切需要解决的问题。任何教育改革的演进都离不开教育政策的推动，决策是有限理性的行动[1]，它的本质是选择，是注意力配置的结果："所有的决策都必定会涉及选择性，因为它们都包括分解出那些不重要的（东西）……当注意力转变时，决策所依赖的那些价值观也会转变……但如注意力发生了变化，那么选择也会变化。"[2] 赫伯特·亚历山大·西蒙（Herbert Alexander Simon）将注意力定义为"管理者选择性地关注某些信息而忽略其他部分的过程"[3]，它体现了政府决策者对特定议题的关注程度[4]，在很大程度上决定了决策活动[5]。如何优化政策注意力配置是决定改革科学性、有效性的重要议题，回溯我国教育评价政策注意力配置概况，对于理解基础教育评价体系和推进基础教育评价政策改革具有重要意义。

---

[1] SIMON H A. A behavioral model of rational choice [J]. The Quarterly Journal of Economic, 1955 (69): 99-118.

[2] 琼斯. 再思民主政治中的决策的制定：注意力、选择和公共政策 [M]. 北京：北京大学出版社，2010：58.

[3] 刘景江，王文星. 管理者注意力研究：一个最新综述 [J]. 浙江大学学报（人文社会科学版），2010（2）：80.

[4] 叶良海，吴湘玲. 政策注意力争夺：一种减少地方政府政策执行失效的分析思路 [J]. 青海社会科学，2017（2）：82-87.

[5] 周雪光. 组织社会学十讲 [M]. 北京：社会科学文献出版社，2003：167.

第一节 分析视角

一、政策文本选取

既往出台的教育评价政策蕴含了大量的决策信息，本研究选取《教育部工作要点》（以下简称《工作要点》）作为分析对象，梳理我国教育评价政策注意力配置的历史面貌，剖析存在的问题进而为教育评价决策的进一步优化提供参考和依据。选取《工作要点》作为分析对象的缘由：第一，《工作要点》具有宏观性、全局性，可从教育全局发展的角度出发考察教育评价政策注意力的演变；第二，《工作要点》是介于政策顶层设计与具体执行之间的行动指南，体现了实际运行的教育评价政策，有利于我们分析教育评价政策注意力配置的真实动向；第三，《工作要点》为官方公开发布的文本，具有权威性、可获得性、连续性的特点，是做政策研究的理想材料；第四，目前教育评价研究中尚缺乏以《工作要点》为研究对象的实证研究，而既往研究证明《工作要点》作为政策分析对象具有研究价值[1][2][3]。

二、分析方法与工具

本研究采用的主要方法为文本分析法。文本分析法是一项重要的实证研究方法，是将复杂、凌乱的资料解构组成元素，再通过编码、删减、分类和重构等程序来获得对资料更为深入的理解的研究方法。[4] 文本分析在政策研究当中具有独特的优势，"对教育政策文本进行分析不仅可以增进对政策的

---

[1] 周珂，乔石磊. 我国学校体育政策注意力配置的现状与优化 [J]. 体育学刊，2022（1）：76-83.

[2] 李文平. 我国政策话语对高等教育质量的关注及演变：基于1987—2016年《教育部工作要点》的文本分析 [J]. 教育发展研究，2016（11）：21-29.

[3] 王换芳，林一钢. 我国教师教育政策的检视与反思：基于1987—2019年《教育部工作要点》的文本分析 [J]. 教师教育研究，2021（3）：57-64.

[4] 蒋逸民. 社会科学方法论 [M]. 重庆：重庆大学出版社，2011：259.

认知，同时也可以理出制度演进逻辑和路径、构建本土政策理论"①。研究以Nvivo11作为分析工具，具体运用如下：一是从教育部官网获取1987—2022年的《工作要点》共35份（2020年缺失），通过Nvivo11的"数据—文档"功能将其导入内部资料；二是确定分析框架，利用"节点"功能将分析框架录入，建立类属；三是以"督导、评估、评价、监测、考试"为关键词对选定材料进行同义词搜索，在仔细研读原始文本的基础之上将符合分析框架的参考点进行编码；四是进行材料来源、参考点、词频的统计分析。

三、分析框架

框架是定性研究中的重要分析工具，是认知和解释客观世界的基本结构；作为理解经验的工具，框架使社会互动中不同行动片段的意义变得组织化、系统化，进而影响行动者的参与卷入程度，社会互动正因这些框架变得富有意义②。分析框架具有社会性、经验性，是研究者与文本材料互动的结果，是基于研究目标的意义建构。政策分析理论认为政策分析的目的不仅限于提供事实描述，还应设法提供关于价值及可取行动方法的信息③。在综合政策分析理论、研究目的以及文本材料的基础上，本书将教育评价政策注意力配置分析的基本维度确定为反映教育评价价值取向的"目标维度"、反映基本事实的"任务维度"以及反映行动方法的"路径维度"；同时，在对文本材料进行逐级编码的基础上探索形成十三个要素，从而构成"三维度十三要素"的分析框架。具体来说，目标维度包括"规范发展、质量提升、保障公平、人民满意"，任务维度包括"政府评价、学校评价、教师评价、学生评价、用人评价"，路径维度包括"机制建设、制度建设、组织建设、信息化建设"（见表2-1）。三维度之间逻辑清晰、关系紧密。目标维度"高屋建瓴"，统筹指引任务维度和路径维度；任务维度是重点，是落实目标维度的基本行动；路径维度则是保障，为目标与任务的实现提供支撑。

---

① 涂端午. 教育政策文本分析及其应用[J]. 复旦教育论坛, 2009 (5)：22 – 27.
② 王晴锋. 框架分析：作为一种社会研究方法[J]. 湖南社会科学, 2020 (3)：151 – 159.
③ 段培新. 政策分析研究方法文献综述[J]. 社会科学管理与评论, 2013 (1)：88 – 93.

表2-1 教育评价政策注意力"三维度十三要素"分析框架

维度	要素
目标维度	规范发展、质量提升、保障公平、人民满意
任务维度	政府评价、学校评价、教师评价、学生评价、用人评价
路径维度	机制建设、制度建设、组织建设、信息化建设

四、分类逻辑

在依照分析框架对文本进行编码的过程中主要遵循两个原则：一是以关键要义为核心原则，如若一个句子中既提及目标，又提及任务和路径，则根据句子的关键要义或核心任务进行编码，突出语义重点；二是只进一个门原则，一个句子只归入与其关系最为紧密的类别。

表2-2 编码举例

材料来源	文本内容	所属要素	所属维度
1994年	完善教师队伍规范化管理，改进教师职务评定和教师聘任制	制度建设	路径维度
2007年	以评促建、以评促改、评建结合，重在建设	质量提升	目标维度
2015年	全面实施普通高中学业水平考试和综合素质评价	学生评价	任务维度

在"三维度十三要素"的分析框架下对1987—2022年的35份《工作要点》（2020年缺失）进行编码并进行基本的统计分析，得出教育评价政策注意力配置的基本情况。统计发现，35份《工作要点》在教育评价领域共有705个参考点，其中路径维度最多，为321个参考点，占45.53%；其次为任务维度，有304个参考点，占43.12%，目标维度有80个参考点，占11.35%。在要素当中，路径维度中的"制度建设"要素的关注度最高，有258个参考点，占总体的36.60%；其次为任务维度中的"学校评价"要素，有108个参考点，占总体的15.32%；关注度最低的为目标维度中的"人民满意"要素，仅有2个参考点，占总体的0.28%（见表2-3）。

表 2-3 1987—2022《工作要点》（2020 年缺失）教育评价政策注意力配置情况编码统计

一级节点	二级节点	材料来源	参考点 数量/个	参考点 百分比/%
目标维度	规范发展	21	36	5.11
	质量提升	15	24	3.40
	促进公平	12	18	2.55
	人民满意	2	2	0.28
任务维度	政府评价	30	70	9.93
	学校评价	30	108	15.32
	教师评价	26	51	7.23
	学生评价	31	64	9.08
	用人评价	8	10	1.42
路径维度	机制建设	17	32	4.54
	制度建设	34	258	36.60
	组织建设	14	20	2.84
	信息化建设	9	11	1.56

第二节 政策演进逻辑

一、教育评价政策注意力的纵向分析

从纵向来看，《工作要点》在教育评价上的注意力配置呈现波折上升的总体趋势。其中，参考点数是指各年度《工作要点》被编码的参考点数量，反映了《工作要点》对教育评价政策注意力配置的绝对趋势；覆盖率是指被编码的文本占年度《工作要点》文本的比例，反映了《工作要点》对教育评价政策注意力配置的相对变化情况。从图 2-1 可知，参考点数与覆盖率大致上呈现共同趋势，如 1989、1994、1996、1998、2007、2012、2014、2017 年参考点数与文本占比均处于高峰，表明以上年份《工作要点》在教育评价政策上有较高的注意力配置；1991、2010 等年度虽然编码节点较多但

是文本占比较低，1999—2003 年间更是呈现了"双低"的发展状态，表明该时期《工作要点》对教育评价政策的注意力配置较低。根据注意力配置的高低以及政策重点的不同，本书将我国教育评价政策注意力配置的发展划分为三个阶段。

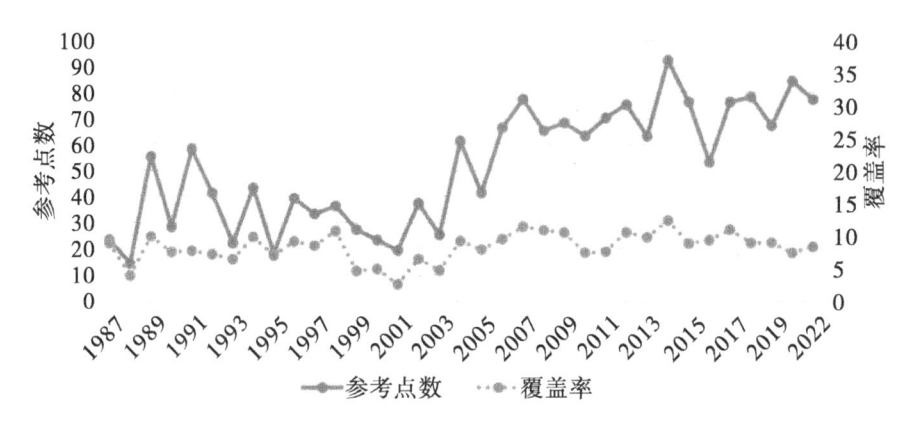

图 2-1　1987—2022 年教育评价政策编码参考点及覆盖率统计

（一）以体系建立为重点的恢复阶段（1987—2003 年）

20 世纪 70 年代末我国教育事业重新起步，但是从教育评价领域来说，改革起步于 80 年代后期。[①] 结合政策注意力的演变以及政策重点，我们将 1987—2003 划定为以体系建立为重点的恢复发展阶段，从图 2-1 可知，这一阶段的政策注意力呈先升后降的发展趋势，1989、1991 年处于高峰，1995 年、2001 年处于低点。1987 年《工作要点》仅提及了教育督导、教师考核、中学阶段招生考试等领域的制度建设与工作推进；1988 年仅关注了教育督导和招生考试；1989 年政策注意力急剧攀升，众多议题进入政策视野，其中组织建设、法制建设是重点，提出要"建立、健全教育督导机构，充实一批督导人员""着手组建教育考试院""起草《普通高等学校教育评估暂行办法》"等，招生考试、教育督导是主流，较为"边缘"的自学考试、远程教育等领域也获得了关注。此后十几年间，以督导、评估为主要手段的，覆盖各级各类教育的评价体系逐渐形成，满足教育改革发展需求的议题也得到评价政策的积极回应。如 2000 年提出"制定并实施素质教育评估检查制度"；

---

① 涂端午. 教育评价改革的政策推进、问题与建议：政策文本与实践的"对话"[J]. 复旦教育论坛，2020（2）：79-85.

2002年提出"根据新的课程体系,积极推动中小学考试评价制度的改革";在人事制度改革的背景下,反复提及推动以聘任制为重点的中小学人事制度改革、制定教师聘任办法等。根据词频统计可知,本阶段制度建设是焦点,督导、评估、考试是重要手段,教师、学校、考试、招生等评价领域较受关注(见图2-2)。

图2-2 编码文本词频分析

(二)强调"公平"与"多元评价"的改进阶段(2004—2013年)

2004—2013年教育评价政策进入加速发展阶段,从编码数量可明显看出参考点呈现攀升的趋势。受《2003—2007年教育振兴行动计划》,国家教育发展"十一五""十二五"规划等上位政策影响,此时期的教育评价政策尤其关注公平问题、开始关注多元评价问题。落实"两基"检查依然作为评价工作的重要任务被反复提及,实施高校"阳光工程"、建立地方政府履职督导制度、开展县域义务教育基本均衡发展督导评估作为促进教育公平的重要举措受到持续的关注。综合素质评价于2007年走进政策视野,"要积极推行初中毕业生学业考试与综合素质评价相结合的招生制度";同年,义务教育质量监测开始试点、国家教育质量监测中心得以建立,至此教育评价由政府主导、学生评价依赖统一考试的局面逐渐打破,教育评价从政策内容和政策主体上实现了改革创新。2010年后,在《国家中长期教育改革和发展规划纲要(2010—2020年)》的驱动下,评价机制改革开始受到关注,高考改革进入筹备阶段;2011年提出要按照管办评分离的要求理顺政府和学校的关系,要探索建立有利于拔尖创新人才选拔培养的高考机制和办法;2012提出要指导各地区探索高考改革;2013年提出要研究制定高考改革的总体目标和基本框架。词频统计发现,此阶段"制度建设"不再是政策注意力的焦点,考试、招生成为政策关注的重点领域，制度建设、评估手段等依然保有较高的关注度（见图2-3）。

图2-3 编码文本词频分析

（三）关注机制改革与系统优化的完善阶段（2014—2022年）

党的十八大以来我国社会发展进入全新阶段，教育评价为应对新时代的挑战加速改革，政策注意力一直保持在较高的水平。随着改革的深入发展，触及评价体系内核的机制改革受到政策的关注，其中以教育管办评分离为重点。2014年《工作要点》提出"以转变职能和简政放权为重点，研究制定关于推进教育管办评分离的若干意见"；2015年提出要发布《关于推进管办评分离提高教育治理水平的若干意见》；2016年提出"要做好教育管办评分离改革试点工作"；2017年提出"总结推广教育管办评分离改革试点工作经验"；2019年提出要印发《关于深化新时代教育督导体制机制改革的意见》；2020年，为系统推进教育评价改革，中共中央、国务院印发《总体方案》，从政府评价、学校评价、教师评价、学生评价、用人评价五个方面规定了教育评价改革任务，并提出以"构建政府、学校、社会等多元参与的评价体系，建立健全教育督导部门统一负责的教育评估监测机制，发挥专业机构和社会组织作用"作为落实《总体方案》的重要举措。根据词频统计可知，"制度"不再是此阶段的关注焦点，"改革"一直是主旋律，"督导、评估、考试"依然稳居教育评价政策注意力的中心，"质量"逐级从边缘走向中心，"评价"作为新兴词汇获得了较高的注意力配置（见图2-4）。总的来说，政策注意力的配置"稳中求进"，正随着时代发展逐渐转移，逐渐迈向以系统优化为目标的新评价改革阶段。

图 2-4　编码文本词频分析

二、教育评价政策注意力的横向分析

教育评价政策注意力不同维度上的分配在不同的年份有所差异，总体来看路径维度的关注度最高，其次为任务维度，目标维度的关注度最低。路径维度与任务维度呈现交错上升的发展趋势，1995 年之前路径维度高于任务维度，1996—2000 年之间任务维度反超，进入 21 世纪后路径维度长期居于高位，直至 2018 年任务维度再度攀升并与路径维度拉开差距。而目标维度的总体关注度偏离任务维度、路径维度，且为不随时间变化而增减的非规律性发展状态（见图 2-5）。

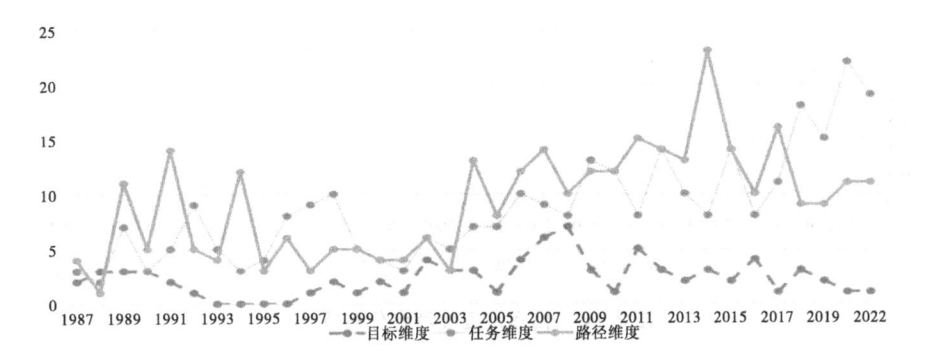

图 2-5　各维度参考点演变趋势

（一）目标维度从规范管理、保障质量走向关注公平

通过对参考点的逐年统计可以描绘教育评价政策目标维度注意力的变化图像，统计发现，我国教育评价政策早期较为关注规范发展，1995 年以后质量提升逐渐受到重视，2010 年后保障公平成为最为关注的要素。具体来看，1987 年《工作要点》提出"要大力纠正片面追求升学率的倾向""建立督导制度，改革高中、初中考试招生制度，促进中小学教育质量全面的提高"；1988 年提出"坚决纠正那些明显违背教育方针和教育规律的错误做法"，此后，"纠正不正之风""严格招生考试工作管理""进一步清理规范高考加分""重在建设""完善高等教育质量保障体系"等频繁出现在《工作要点》当中；2000 年后促进公平的价值导向开始出现并日趋处于重要地位，2000 年提出要加强对少数民族地区普及初等教育的督导检查；2002 年提出要集中力量对农村义务教育实行专项督导；2005 年起反复提及要深入实施高校招生"阳光工程"；2009 年启动义务教育发展基本均衡评估试点，至 2019 年全国 95.32% 的县（市、区）通过了国家义务教育基本均衡发展评估认定[①]。尽管当前我国强调以办人民满意的教育为宗旨，但是在教育评价政策目标维度对人民满意关注度低，仅在 2006 年、2009 年提及（见图 2-6）。教育评价政策的目标一定程度上反映了不同时期教育发展的核心任务与关键问题，20 世纪我国教育处于恢复发展阶段，确保规范、保证质量是重点任务，进入 21

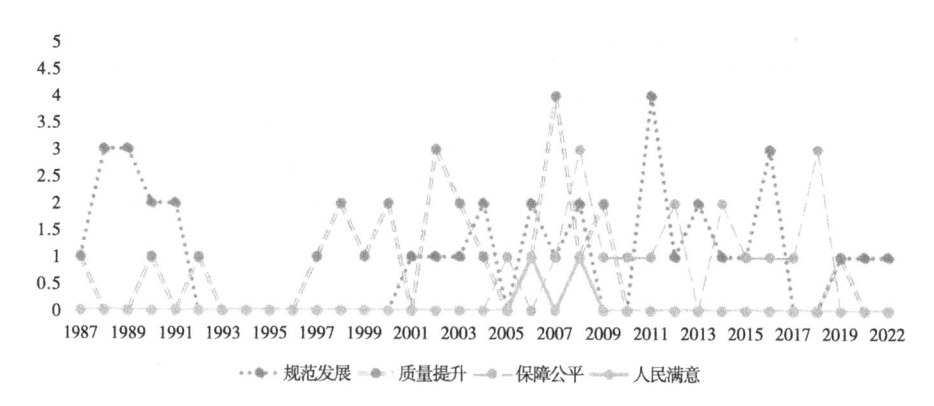

图 2-6 目标维度参考点分布情况

[①] 教育部. 2019 年全国义务教育均衡发展督导评估工作报告发布 [EB/OL]. (2020-02-13) [2022-10-15]. http://www.moe.gov.cn/fbh/live/2020/51997/mtbd/202005/t20200520_456693.html.

世纪，在贫富差距、阶层固化、城乡差异等社会矛盾的影响下，保障公平成为迫切需要解决的难题，因此关注度逐渐提高。

（二）任务维度聚焦学校、政府和学生评价，用人评价关注度较低

学校评价、学生评价、政府评价一直是我国教育评价政策关注的重点领域，其中以学校评价的关注度最高，学生评价和政府评价次之，用人评价的关注度最低。总体来看，无论是学校评价或学生评价、政府评价、教师评价、用人评价，关注度均呈现上升的趋势（见图2-7）。学校评价是较早获得重点关注的领域，20世纪80年代末已有建立覆盖基础教育、职业教育、高等教育的学校评价体系的意识，如1987年提出要在部分高校进行全面的教育质量评估试点，1988年提出要对中小学校开展简易可行的督导评估，1989年提出要分期分批对现有的职业技术学校进行评估验收。通过文本搜索发现，在学校评价的参考点中，高等学校评估出现51次、基础教育学校评估出现36次、职业院校评估出现13次，其他8次，可见高校评价是学校评价领域的重点关注对象（见图2-7）；在学生评价领域，招生考试的关注度占有绝对的主导地位，64个参考点中有48个参考点关注招生考试，此外，学生德育、体育评价较早获得政策注意。1987年的《工作要点》提出要制定学生体育合格标准实施办法；1990年提出制定中小学生思想品德鉴定考核办法，此后对德育、体育评价反复提及；2007年开始提出要开展学业情况监测；2014年提出建立完善的艺术教育工作评价制度；2016年强调健全青少年法治教育评价机制、2019年提出开展劳动教育情况考核评估和督导。总体来看，政策注意力从关注学业考试向五育并举发展；教师评价聚焦于教师资

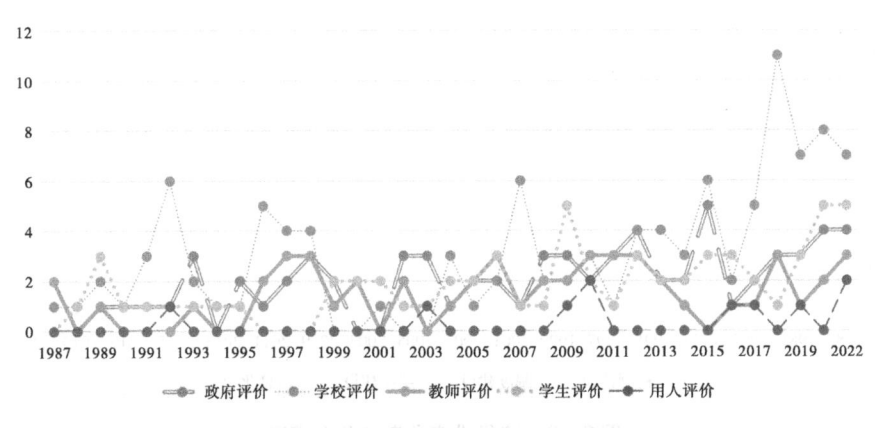

图2-7 任务维度参考点分布情况

格考试、职称评定、职业道德规范等基础性、合格性的评价,凸显新时代教师专业素养需求的评价体系有待建立;政府评价的重点从强调规范走向促进公平,2008 年以前主要关注脱盲、"普九"、"两基"、执法、经费使用、履行教育职责等方面,2008 年以后义务教育均衡发展督导评估成为教育督导的重点;用人评价主要关注领导干部、校长的选拔任用,对教师队伍缺乏关注。结合对目标维度的分析可以发现,任务维度的注意力配置趋势一定程度上与目标维度一致,目标先行于任务。

(三) 路径维度制度建设是重点,机制建设、组织建设和信息化建设有待加强

我国教育评价政策高度关注制度建设,321 个参考点有 258 个被编入制度建设节点,机制建设、组织建设和信息化建设仅分别为 32、20、11 个参考点。从不同要素的纵向发展来看,制度建设的关注度一直高于其他要素,2014 年达到最高点;机制建设和组织建设虽然早有提及,但是关注度不高;信息化建设则是 2000 年左右才开始提及(见图 2-8)。在制度建设节点中,关注度由高至低依次为学生评价制度、学校评价制度、政府评价制度、教师评价制度和用人评价制度,分别有 86、56、55、41、15 个参考点;在组织建设当中,机构建设的关注度高于队伍建设的关注度,其中督导机构建设和督学队伍建设是重点;机制建设维度既关注教育评价机制的整体调适也关注专项工作机制的建立,但是机制建设获得的政策注意力过低;信息化建设同样关注不多,并且主要停留在借助信息技术解决评价工作的操作性问题,如招生录取、数据管理,对基于大数据的、伴随式的高阶评价模式的关注缺乏,科技创新服务教育评价的程度有待提高。

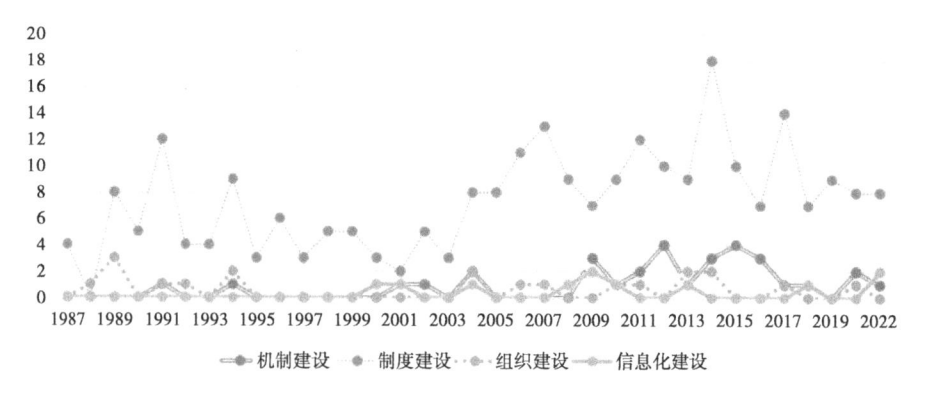

图 2-8 路径维度参考点分布情况

第三节 政策完善建议

决策的有限理性决定了决策主体注意力配置必然是管理以及决策当中的一个重要变量,在信息丰富的时期更是如此。[①] 在中国特色社会主义国家管理体制下,教育部作为我国最高的教育行政管理部门,其决策体现了国家层面在教育领域的价值取向和资源分配倾向。通过上文的分析发现,在权威话语的支配下,教育评价政策的注意力分配既有重点领域也有薄弱环节,这种资源配置模式是否合理还需进一步研究。结合教育评价改革总体要求以及教育评价发展的应然取向,我国教育评价政策的注意力配置可从以下方面改进。

一、提高教育评价政策的注意力水平

根据对编码参考点以及文本覆盖率的统计可以得知,《工作要点》在教育评价上的参考点数量不断攀升,但是从覆盖率来看,《工作要点》对教育评价的关注并无明显提升,尽管在新时代教育评价改革的背景下,教育评价政策依然没有获得比此前更高的关注,一方面说明新时代教育改革热点繁多,教育政策注意力配置无暇"优待"教育评价,另一方面也可能表明教育评价改革"雷声大雨点小",实际的改革行动并未如预期。在时代教育评价改革背景下,《总体方案》释放了史无前例的强大政治势能信号和表达了不同以往的改革决心,赋予了各级行政部门强大的评价改革动力。依据多源流理论,我国教育评价政策改革的政治源流、问题源流已经具备,只待政策源流形成,三流汇合"政策之窗"开启,政策随之发生改变。[②] 因此,如何抓住时代机遇提升教育评价政策的注意力,从而在纷繁的教育改革浪潮当中争取更丰富更优质的资源配置是迫切需要关注的问题。建议系统反思教育评价政策体系本身,识别政策缺位,精准分析教育评价领域悬而未决的政策问

[①] 向玉琼. 注意力竞争的生成与反思:论政策议程中的注意力生产[J]. 行政论坛,2021,28(1):74-81.

[②] 姜艳华,李兆友. 多源流理论在我国公共政策研究中的应用述论[J]. 江苏社会科学,2019(1):114-121.

题，借助《总体方案》的强大政治势能，积极主动推进政策体系的完善，提升教育评价政策的注意力。

二、彰显"公平"与"质量"价值取向

文本计量分析结果显示，教育评价政策的注意力配置趋于路径维度和任务维度，在目标维度上的配置过低，这一现象一方面说明我国高度重视教育评价支持体系的建立以及评价实践的发展，另一方面也揭示了我国教育评价政策疏于目标管理，对于政策目标建设重视程度不够。政策目标是政策活动所要达到的目的，是一项政策的核心，规定着政策活动的方向[①]；不仅如此，政策目标还承载着政策愿景和价值取向，在政策体系当中发挥着引领作用。因此，在未来的工作当中，各级行政部门不仅除了对路径维度和任务维度保持持续的关注，还需加快提高对目标维度的关注度，避免陷入"只知埋头苦干不知抬头看路"的困境。在目标维度的具体要素中，尽管"规范发展"是教育评价需要保证的质量底线，但是随着党的十九大报告提出"努力让每个孩子都能享有公平而有质量的教育"，"公平"与"质量"已经成为新时代教育评价价值的生命线。所以，加快调整教育评价政策目标取向，提高对"公平"与"质量"的关注程度，才能发挥好教育评价指挥棒的作用，牵引新时代教育朝向"公平而有质量"的目标迈进。

三、以聚焦学生发展为核心评价任务

文本计量分析结果显示在任务维度中学校评价获得了较高的关注，其次是政府评价与学生评价，教师评价与用人评价的关注程度相对较低。这一现状一方面是我国在教育评价政策目标上长期重视规范发展的反映，另一方面也与我国教育过去长期处于规模发展阶段有关：政府、学校作为教育管理主体和办学主体，是规范评价的主要对象，因此在注重教育规范发展的阶段二者受关注程度自然较高；在教育规模发展阶段，政府与学校投入主体，也是教育评价重点关注的对象。但是这种停留在宏观层面的评价实际上是教育评价异化的表现，它使教育评价沦为教育管理和政策工具，丧失了教育性。[②]

[①] 王春福，孙裕德. 政策目标的理性分析 [J]. 理论探讨，1999（2）：85 - 87.

[②] 张应强，黄捷扬. 培养大学生核心素养与深化高等教育评价改革 [J]. 厦门大学学报（哲学社会科学版），2021（6）：62 - 71.

随着我国教育进入内涵发展阶段，在以人为本、立德树人、五育并举等核心理念的引领下，教育评价需回归初心、彰显本真。因此，未来需要重构政府、学校、学生、教师、用人评价之间的关系，使五者之间从当前扁平化的并列关系向"一个中心四个基点"的立体关系转变，突出学生评价在教育评价当中的中心地位，建立以学生发展为核心的教育评价新体系，充分发挥教育评价的教育性与发展性，推动新时代育人目标的实现。

四、突破路径依赖，完善评价支持体系

从对《工作要点》的分析来看，我国教育评价政策高度关注制度建设，对机制建设、组织建设和信息化建设的关注不足，一方面说明我国教育评价制度取得了长足的进展，另一方面也表明我国教育评价发展路径选择单一，支持体系有待完善。制度是静态的政策文本，机制是"事物或现象之间的一种相互关系及其运行方式"①，制度要靠机制去落实，教育评价要从管理走向治理，机制创新是关键。因此，首先，未来教育评价政策要提高对评价机制的关注程度，坚持"放、管、服"发展方向，破除管办评分离存在的障碍，真正构建政府、学校、社会等主体多元参与的评价体系；其次，要制定组织与队伍建设标准，完善督导、评估、监测三位一体的组织机构体系，在继续健全督导机构的基础上大力支持专业性评估监测机构的建设，从质与量两方面加大教育评价队伍建设力度，提高教育评价队伍的专业水平，推动教育评价由重视奖惩的行政模式向促进改进的专业模式发展②；最后，教育评价政策要注重吸收应用社会科技创新成果，从评价平台建设、数据存储信息化走向技术赋能的教育评价，打造数据采集更为便捷、报告形成更为智能、评价反馈更为及时、评价结果更易获取、信息公开更加充分的新型教育评价模式。

---

① 孙绵涛. 教育管理学 [M]. 北京：人民教育出版社，2006：285.
② 庞春敏. 英国教育评价特点与启示 [J]. 上海教育评估研究，2021（10）：57-68.

第三章 机构沿革

教育评价机构是教育评价实践的基本行动单元,是贯彻落实教育评价理念、政策的重要枢纽,也是教育评价活动走向专门化、专业化的重要标志。机构建设是新时代教育评价改革的核心任务之一,教育部印发的《关于深入推进教育管办评分离促进政府职能转变的若干意见》,中共中央、国务院印发的《深化新时代教育评价改革总体方案》均关注专业机构建设,提出要支持专业机构和社会组织规范开展教育评价,大力培育专业教育服务机构,整合教育质量监测评估机构,完善监测评估体系,扩大行业协会、专业学会、基金会等各类社会组织参与教育评价;要建立健全教育督导部门统一负责的教育评估监测机制,发挥专业机构和社会组织作用。回顾我国教育评价机构的发展历程,厘清教育评价机构的发展脉络,对于理解我国基础教育评价体系的发展以及完善新时代基础教育评价组织体系有重要的参考价值。

第一节 古代教育评价机构

现代意义上的教育评价通常是指依据一定的评价标准、采用一定的评价手段对评价对象进行价值判断的过程。它涉及标准、人员、方法、技术、结果等多方面的内容。严格意义上讲,古代没有现代意义的教育评价,但是在实际的教育实践中对各种教育活动提出的有关标准和做出的价值判断还是存在的,这些有关标准和价值判断以各种形式呈现,被认为是中国古代教育评价的实践萌芽和发展轨迹。[1] 中国古代教育在不同的时期呈现不同的形态,

---

[1] 孙崇文,伍伟民,赵慧. 中国教育评估史稿[M]. 北京:高等教育出版社,2010:2.

在不同的发展阶段教育评估的机构各不相同。总体而言，古代的教育评估机构主要由官府和教育机构来组成。

一、官府

秦朝以后官府逐渐加强了对教育的控制，教育的发展经历了官学主导、官学与私学并兴等不同的阶段。官方对教育的评价主要体现在大规模的人才选拔考试以及对地方教育、学校的管理方面。科举制度是中国古代影响最大的人才选拔制度，始于隋朝大业三年（607年），兴于唐朝，于清朝光绪三十一年（1905年）废除，经历了约1 300年的时间，从现代教育的角度出发，科举制度可视为学生学业能力评估的一种手段。古代科举考试在不同的阶段由不同层次的官府来组织，官府通过对人才选拔制度的掌控来控制教育的发展。

郡县官学制度被认为是中国古代较早建立的官府对地方教育和学校管理的制度，被视为中国古代教育史上第一份学校评估文件。此外，还有宋代朱熹书写的《白鹿洞书院揭示》，南宋理学家吕祖谦制定的《明道书院规程》，这些制度都被认为是当时官府对教育机构进行评估的标准。

二、教育机构

古代以教育机构为主体的评价萌芽较早，并贯穿于整个中国古代教育史。以教育机构为主体开展的教育评价多为微观评估，着眼于学校或者学生，面较小。古籍上记载的许多教育史实都被视为是我国古代教育评价思想的体现。其中，《学记》中对学生管理和考核的内容被认为是古代较早的教育评价思想。《学记》记载："比年入学，中年考校，一年视离经辨志，三年视敬业乐群，五年视博习亲师，七年视论学取友，谓之小成。九年知类通达，强立而不反，谓之大成。"[①] 明确规定入学后不同的时期有不同的考评内容，不仅关注学生的知识方面，也注重考评学生的德行。此外，西周时期的"五射"、战国时期荀子提出的"俗儒、雅儒、大儒说"都可认为是中国古代学校对学生进行学业评价的标准和手段。

---

① 孙培青. 中国教育史［M］. 上海：华东师范大学出版社，2000：21.

第二节 近代教育评价机构

鸦片战争以后中国闭关锁国的局面被打破，西方国家开始通过各种方式影响中国的发展，教育领域也不例外，中国近代教育史是一段中西交汇、不断探索发展的历史，教育评估机构的发展在这一时期也呈现出中西文化交互影响的状态，经历了由西方主导到中方掌握的过程。

一、中国教育会

《南京条约》签订以后，基督教学校开始在中国萌芽并获得迅速发展，在晚清时期占有重要的地位，对中国近代教育有极其重要的影响。"中国教育会"是这一时期的产物，它的前身是于1877年第一次来华传教士大会后成立的基督教"学校教科书委员会"（the School and Text Books Series Committee），1980年第二次传教士大会后改组为"中国教育会"。这一时期的教育评价的范围主要涉及四大方面：在全国各级各类基督教学校进行相关调研，获取基础性材料；在基督教学校围绕教学的各个环节展开实地调研，找出存在的问题，借助教育团体的力量开展研究，进而组织统一教材的编写，提供统一的师资培训等；在基督教学校尤其是基督教大学开展办学质量评估，甚至细化到各个专业开展深入的专业评价然后超越教派、地域的界限提出整合与调整基督教学校尤其是基督教高等学校专业教育资源的建议；对中国当时现行的教育制度进行研究和评价，提出教育改革意见等。[1]

二、视学处

视学处是民国教育部设立的专门负责督查各地教育事业发展的专门管理机构，可以说是我国历史上第一个具有现代意义的教育督导和评估机构。视学处沿用了清末的视学制度，并在此基础上进行规范化和制度化。民国教育部于1913年1月颁布了《视学规程》之后，又陆续颁布了《视学处细则》

---

[1] 孙崇文，伍伟民，赵慧. 中国教育评估史稿 [M]. 北京：高等教育出版社，2010：79.

《视学留学部办事规程》《视学室办事细则》等一系列规章制度，对中央一级的教育督导机构的设置、职能、任务和职权做出了明确的界定和规范。视学有两种类型：一种是定期的视学，时间为每年的8月下旬到第二年的6月上旬；另一种是临时的视学，要随时完成教育总长教派的任务。视学处设专职视学16人，专门负责"承长官之命掌学务之视察"[①]，每省设4~6名省视学，各县设1~3名县视学，必须专职，不能兼任。虽然"视学制度"随着民国时期局势的发展几度更名，但是这个于民国初期建立起来的全国教育督导与评估体系一直影响着民国教育的发展，也对当代教育评价机构的发展有一定的影响。

三、中华教育改进社

1921年12月，新教育共进社、《新教育》杂志社、实际教育调查社三大教育团体合并组成中华教育改进社，是当时最大的教育学术机构，"既有机关社员一百一十九人，个人社员四百七十九个人"[②]。中华教育改进社从教育评价科学研究和教育评价实践探索两个方面推动我国近代教育评价事业的发展。一方面，中国教育学者们致力于引进西方教育测量最新理论并探索建立本土的教育测量理论体系，如费培杰翻译了法国比奈、西蒙著的《儿童心智发达测量法》，张秉洁、胡国钰编的《教育测量》，华超编的《教育测量纲要》等；另一方面，中华教育改进社致力于全国教育从业者教育评价专业水平的提高，聘请国内外教育测量知名专家为全国视学、教育局局长、学校校长、师范学校教育心理学教师做专题培训，并在此基础上对全国多个省市、乡镇开展大规模的教育调查，充分运用教育测量的手段，对客观评价中国教育现状做出了突出的贡献。

---

① 陈元晖. 中国近代教育史资料汇编（教育行政机构及教育团体卷）[M]. 上海：上海教育出版社，2007：114.

② 陈元晖. 中国近代教育史资料汇编（教育行政机构及教育团体卷）[M]. 上海：上海教育出版社，2007：579.

第三节　当代教育评价机构

中华人民共和国成立初期基本延续了民国时期的教育督导制度，此后相当长的一段时间里，中国的教育评价理论和实践基本上处于停滞的状态。改革开放以后，中国教育评价重新恢复发展，逐步建立了以教育督导为核心的基础教育评价制度。近年来，随着政府职能转变和教育评价机构的逐渐发展成熟，基础教育评价逐渐从以督导为主向"督导—评估—监测"三位一体转化，鼓励专门的教育评价机构参与评价工作。从组织类别来看，当代中国教育评价机构主要由以各级政府教育督导机构为主的教育评价行政机构、教育评价专业组织和教育评价行业协会三类构成。

一、教育评价行政机构

1984年8月，国务院批准教育部设视导室，负责巡视、检查和指导全国各地的普教工作；1986年9月，国务院批准国家教委设立督导司，负责全国教育督导工作；1991年10月，国家教委颁布了《教育督导暂行规定》，改规定对教育督导的任务、性质、督导的范围、督导机构的设置、督学人员的权利和义务作了明确规定；1995年3月，第八届全国人大第三次会议审议通过了《教育法》，明确规定"国家实行教育督导制度和学校及其他教育机构教育评估制度"，奠定了教育督导不可撼动的法律地位。1998年7月，国务院批准教育部设立独立的教育督导团办公室，成为教育部18个职能司（厅）之一，主要职责是承办教育督导团的日常工作，组织国家督学对全国中等及中等以下教育的督导评估和检查验收，并宏观指导各地的教育督导工作。2000年1月，中编办批准将原国家教委教育督导团更名为国家教育督导团，主要职责是研究制定教育督导与评估的方针、政策、规章制度，对省级政府贯彻执行国家有关教育方针、政策的情况进行指导、监督、检查、评估。2016年2月，经中央机构编制委员会办公室批准，教育部教育督导团办公室更名为教育督导局，加挂国务院教育督导委员会办公室牌子，主要职责包括：拟定教育督导的规章制度和标准，指导全国教育督导工作；依法组织实施对各级各类教育的督导评估、检查验收、质量监测等工作；起草国家教育督导报告；承办国务院教育督导委员会的具体工作。目前，我国已经建立中央、省、市、县四级教育督导体系,截至2021年9月,共有各级督学14.7万名;有近三分之二的省、市、自治区和部分计划单列市出台了地方教育督导法规和规章,国家教育督导体系已经逐步完善。①

二、教育评价专业组织

我国教育评价专业组织最早设立于20世纪90年代后期,是伴随着政府职能转变和学校办学自主权的扩大产生的。高等学校与科研院所学位与研究生教育评估所被认为是我国成立的第一个全国性的官方教育评价专业组织,2003年更名为"教育部学位与研究生教育发展中心",主要接受教育部、国务院学位委员会委托开展学位与研究生教育的评估、评审工作。2004年,教育部成立了"教育部高等教育教学评估中心",负责组织实施高等学校本专科教育的评估工作;2022年更名为"教育部教育质量评估中心",新增学前教育、普通中小学教育、特殊教育、职业教育等各级各类教育质量评估监测业务等职能,正式由服务高等教育的专门评估机构转变为全口径、全学段、全类型的教育质量评估监测专业组织。随着2015年《教育部关于深入推进教育管办评分离促进政府职能转变的若干意见》印发,以及国家义务教育质量监测制度的确立,政府进行职能转变、地方加快成立第三方专业评估监测机构成为趋势。上海、江苏、广东、重庆等地陆续成立了专业性的教育评价组织,这些教育评价组织既有隶属于教育行政部门和高等学校或者科研院所的非营利性部门,也有私立的或纯属民间的营利性教育评价组织(见表3-1)。

表3-1 全国教育评估专业组织一览表

序号	省(市、自治区)	机构名称	成立时间
1	山西	山西省基础教育质量监测与评估中心	2007年
2	江苏	江苏省基础教育质量监测中心	2008年
3	江西	江西省基础教育质量监测与评估中心	2008年

---

① 石灯明. 我国教育督导制度的发展历史及其经验教训[J]. 教育督导, 2005 (10): 5-9.

续上表

序号	省（市、自治区）	机构名称	成立时间
4	上海	上海市教育评估院	2000 年
5		上海市教育督导（行政执法）事务中心	2008 年
6		上海市教育委员会基础教育质量监测中心	2009 年
7	重庆	重庆市基础教育质量监测中心	2009 年
8		重庆市教育评估院	2009 年
9	新疆	新疆基础教育质量监测中心	2010 年
10	安徽	安徽省教育评估中心	2010 年
11	云南	云南省教育评估院	2009 年
12		云南省基础教育质量监测中心	2010 年
13	北京	北京市教育督导与教育质量评价研究中心	2011 年
14	贵州	贵州省基础教育质量监测中心	2011 年
15	辽宁	辽宁省基础教育质量监测与评价中心	2012 年
16	四川	四川省基础教育监测评估中心	2012 年
17	浙江	浙江省中小学教育质量监测中心	2013 年
18	福建	福建省基础教育质量监测办公室	2013 年
19	湖南	湖南省基础教育质量监测中心	2013 年
20	内蒙古	内蒙古自治区教育督导评估中心	2013 年
21	吉林	吉林省基础教育质量监测中心	2014 年
22	海南	海南省基础教育质量监测中心	2014 年
23	天津	天津市教育质量评估监测中心	2014 年
24	河南	河南省教育评估中心	2014 年
25		河南省基础教育质量监测中心	2015 年
26	山东	山东省教科院教育评估所	2015 年
27	广东	广东省教育研究院教育评估室	2011 年
28		广东省基础教育质量监测中心	2016 年
29	黑龙江	黑龙江省基础教育质量监测中心	2016 年
30		黑龙江省教育评估院	2018 年
31	河北	河北省教育质量评估监测中心	2017 年
32	陕西	陕西省教育质量监测与经费监管中心	2017 年

续上表

序号	省（市、自治区）	机构名称	成立时间
33	湖北	湖北省义务教育质量监测中心	2018 年
34	广西	广西壮族自治区教育质量监测中心	2019 年
35	青海	青海省教育厅教育评估与质量监测中心	2019 年
36	甘肃	甘肃省教育科学研究所质量监测中心	2009 年
		甘肃省基础教育质量监测与评价中心（西北师大）	2013 年
		兰州大学教育质量监测评价研究中心	2015 年
		甘肃沁园教育培训监测评估中心	2015 年
37	香港	辅导视学处	1993 年
38		考试及评核局（考评局）	1977 年
39	台湾	大学评鉴指导委员会	2005 年
40		中华工程教育协会	2003 年
41	澳门	澳门高等教育辅助办公室（高教办）	1992 年

三、教育评价行业协会

根据社会发展和政府职能转变的需要，我国从中央到地方都鼓励加快培育发展社会组织，充分发挥行业协会、商会等社会组织在社会服务当中的作用。就教育领域而言，成立教育评价中介组织是教育发展的需要，《国家中长期教育改革和发展规划纲要（2010—2020 年）》指出"鼓励专门机构和社会中介机构对高校学科、专业、课程等水平和质量进行评估。建立科学、规范的评估制度"。上海市教育评估协会是较早成立的教育评估行业协会，由 18 个教育评估专业机构、25 所高等院校和 7 所中等学校以及 150 多名教育评估专家和科研人员组成。[1] 辽宁省于 2005 年 9 月成立了教育评价协会，作为辽宁省行政区域内从事教育评价政策、教育评价改革、教育评价工作及相关问题的研究，提供教育评价服务的专业性社会团体；2008 年 5 月中国教育学会基础教育评价专业委员会成立；2013 年 10 月 10 日广东省教育评估协会正式成立，成为广东省内首家，同时也是国内为数不多的教育评估组织中的

---

[1] 郑令德，金同康，李亚东. 开创上海教育评估事业新局面 [J]. 中国高等教育评估，2005（2）：17-20.

一员；2021年12月，为更好地观察落实新时代教育评价改革要求，中国教育发展战略学会正式批准由清华大学附属中学牵头成立教育评价专业委员会。教育评估行业协会的出现，对推动政府职能转变、实现教育管办评分离有重要意义，有利于分整合评估人才、信息、科研的资源优势，加强教育评估项目的统筹和协调，使教育评估更具有客观性、公开性和社会公正性。

从我国教育评价机构的发展脉络梳理中不难发现其中演变逻辑：第一，教育评价机构从无到有、从非规范化走向规范化。古代的教育评价活动融合在课程教学与人才选拔当中，并未正式设立规范的教育评价机构，而随着教育发展以及时代的需要，独立的、具有明确职能的、专人专职的评价机构开始出现，教育评价机构逐步实现规范发展。第二，教育评价机构从单一走向多元、从依附走向独立。早期教育评价机构主要为行政机构或者高度依附于行政机构开展工作，独立性、专业性较低，随着政府职能转移和管办评分离要求的提出，教育评价机构开始走向独立化，如除了教育督导机构以外，还存在多种形式设立的事业单位、行业协会等，共同参与教育评价的多元治理。第三，教育评价的专业性逐步提高。随着教育评价机构的规范性、独立性的加强，教育评价机构的专业性也逐步凸显，服务教育改革发展的能力也逐渐提升。总的来说，我国教育评价机构朝着独立、多元、专业的方向发展。

第二篇

构建新时代基础教育评价体系

第四章 政府评价：从基本普及走向优质均衡

政府评价历来是我国教育评价体系的核心部分，它是促进政府问责、完善政府决策与管理、改进政府激励的重要手段。[①] 自 20 世纪 80 年代恢复教育督导体系以来，我国逐渐建立了以"督政"为主要手段的政府教育评价模式。2020 年中共中央、国务院印发的《深化新时代教育评价改革总体方案》也将党委政府评价放在首要位置，提出要通过完善党对教育工作全面领导的体制机制、完善政府履行教育职责评价、坚决纠正片面追求升学率倾向等途径改革党委和政府教育工作评价、推进政府科学履行职责。

第一节 政府与政府评价

在教育评价领域，"政府"和"政府评价"时常作为一个政策用语或日常概念来使用，很少对它进行界定。而实际上如何理解"政府"是我们开展政府评价的逻辑起点，探讨政府评价从理解"政府"开始。

一、理解"政府"

（一）从概念上理解政府

什么是政府？"政府"是一个被广泛应用却很少进行专门讨论的概念。

[①] 施青军，司康德. 政府绩效评价：一种新的再认识 [J]. 中国行政管理，2016 (4)：23-26.

在我国古代，"政府"一词起源于唐宋时期的"政事堂"和宋朝的"二府"，是对"政事堂"和"二府"的合称。现代意义上的政府（government）实际上发端于西方，公元前4世纪柏拉图在《理想国》中就提出了政府的概念，柏拉图认为政府就是国家的统治机器。在不同的学科视域下不同的学者对政府的理解有所不同。地理学家将政府等同于土地；历史学家视政府为一个民族的概念；社会学家把政府当作是社会进步的主导因素；法学家把政府归结为一个规范的体系；政治学家认为政府就是国家；在哲学家眼中政府是"一个本身有道德的实体"；经济学家把政府看作是制定总体计划的最高权力机构；诗人们则把政府说成是"一个最冷酷无情的庞然大物""一个盛开着鲜花和结满人道主义硕果的围墙里的花园"。[①] 可见，对于"什么是政府"，站在不同的立场、处于不同的时代、基于不同的目的可以有完全截然不同的理解。

当然，在讨论政府评价时我们绝不是以地理学家、历史学家或诗人的视角去理解政府，而是要从政治学、管理学、经济学或社会学的角度出发去理解政府作为现代社会一个公共组织的具体含义。从理想的角度来说，政府应当是代表公众管理公共事务、提供公共服务、维护社会正义的公共组织；从现实的角度来说，政府又是对国家进行统治并开展社会管理的机构；从组织边界来看，对政府的界定甚至可以形象化为五个层次：第一级政府＝国家＋社团＋民间组织，第二级政府＝国家＋社区政治机构，第三级政府＝国家立法机构＋国家行政机构＋国家司法机关，第四级政府＝国家行政机构，第五级政府＝中央政府。[②] 在教育评价领域当中所提的"政府"评价，一般是指对国家行政机构履行教育职责的评价。

（二）从结构上理解政府

从概念上看政府可能是抽象的，但是现实当中政府是一个组织实体，不管在何种政治体制下政府都是由一系列具有结构性、功能性的层次分明的组织构成的，从结构的角度出发有利于我们从实践层面去理解什么是政府、如何有效地评价政府。

政治体制是影响一个国家的政府结构的最直接因素，不同政治体制之下的政府体系有很大差异，以实行总统共和制的美国、君主立宪制的英国为例。美国实行三权分立的政治制度，立法、司法、行政三种权力分别独立、相互制衡，其中立法权归属美国国会，由参议院和众议院组成，拥有立法

[①][②] 肖勇. 论政府评价的标准 [J]. 乐山师范学院学报，2002（1）：9 – 15.

权、行政监督权、官员任命的审批和宪法修改等权限；司法权归属最高法院；行政权则交予由以美国总统为首的政府，下辖财务部、国防部、商务部、教育部、卫生和公共服务部等行政机构，对联邦的公共事务进行管理。在三权分立的政治制度的背景下，美国形成了重视法律、讲究法制和严格法治的政治氛围，法律在监督政府和评价政府当中发挥主导作用。

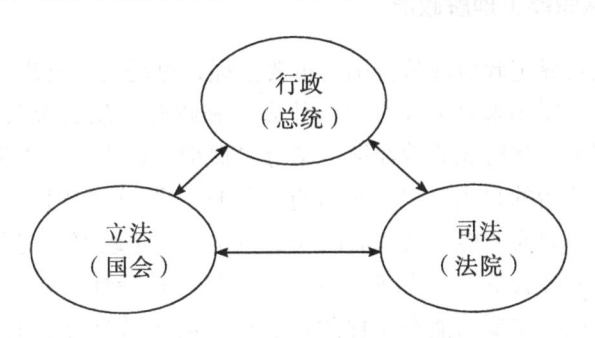

图4-1 美国的政治体制

英国同样实行三权分立制度，但是由于英国仍然保留君主制度，因此在分权上与美国存在差异，英国议会是最高立法机关，议会主要由君主（国王或女王）以及上议院、下议院组成。上议院是贵族议院，主要由王室后裔、贵族等组成，成员资格主要来源于任命、继承或者授予；而下议院则是平民议院，议员由选举产生，代表民众利益；英国的司法机关为法院，主要是由最高上诉法庭法官和司法委员会组成，上议院在司法机关当中有至关重要的影响；英国政府则是由首相领导，以内阁为领导核心、向议会负责，英国首相并非由选举产生，而是每届大选后由下议院中获得最多票数的党派领导担任，由英国君王任命，并宣誓成为国王的大臣。与美国法治至上的政治特色相比，作为西方民主国家代表的英国依然尊重君权权威，君权与法律是影响英国政府评价模式的重要文化因素和政治因素。

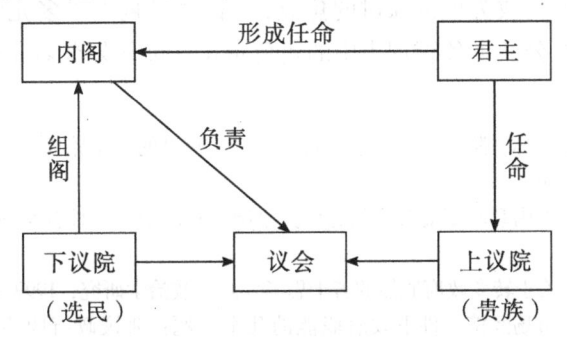

图4-2 英国的政治体制

由此可以看出，在不同的政治传统、国家体制之下政府的角色以及与外部权力机构的关系会有所不同，其所掌握的权力、履行的职责、约束机制也存在差异，政府不是一个国家唯一的权力机构，而是君权或法律授予公共管理权力的专门机构。

（三）从职能上理解政府

政府职能是界定政府评价范围的重要前提，也是公共管理研究的重要领域。政府职能主要用来界定政府"做什么"和政府"怎么做"，在西方政治历史发展过程中，政府职能曾经被定义为"保护公民安全""负责执行并维护社会的以及政治的自由""保护所有人的权利"；在中国，政府职能的定义更加丰富，如政府职能就是政府的职责与功能、是政府法定职责、是承担管理国家和服务社会的基本职能，具有公共性与社会性、动态性与稳定性、多样性与整体性，主要功能在于保障社会正常运转以及公平正义。[①] 关于政府职能的构成，有三职能、四职能、五职能的说法。三职能理论认为政府职能应该包括统治职能、管理职能和服务职能[②]；四职能理论认为政府职能主要有政治职能、经济职能、社会职能和文化职能四个方面[③]；五职能理论则提出政府职能由政治职能、经济职能、社会职能、文化职能和法制职能组成[④]。

从理论上看政府职能范围经历了从"划桨"到"掌舵"、从权力控制到公众导向的转变。近代管理理论发展的早期，以泰勒的科学管理理论和韦伯的科层管理理论为代表的古典管理理论强调制度、标准、权威、层级、职责、分工等要素在公共行政管理当中的主导作用，政府职能全面、权力范围大、公共事务庞大，政府不仅负责统筹规划公共事务还具体执行公共事务管理。20世纪中后期，传统官僚政府事务庞大、行政臃肿、低效引起了社会不满，以公共选择理论、治理理论、公共服务理论为代表的新公共管理理论兴起，政府职能转变成为理论探讨的焦点，"改革政府""多元治理"的呼声高涨，政府的在公共事务管理当中的角色定位逐渐从划桨者走向掌舵者，公

---

① 罗敏，张佳林，陈辉. 政府职能转变与政府建设的三维路向［J］. 社会科学家，2021（5）：145-149.

② 朱光磊. 中国政府职能转变问题研究论纲［J］. 中国高校社会科学，2013（4）：145-155，159.

③ 沈荣华. 关于转变政府职能的若干思考［J］. 政治学研究，1999（4）：54-60.

④ 刘作翔. 市场经济条件下政府职能的几个问题：兼议政府职能的法制化［J］. 政法论坛，1994（1）：73-77，87.

共事务范围逐渐缩减、政府职能转变，公共服务的价值取向也逐渐走向用户导向——也就是以公众需求为核心。

政府职能转变的实践逻辑则与理论逻辑基本一致，即是以简政放权为主要改革方向，只是在不同阶段改革的焦点有所不同。以中国为例，在中华人民共和国成立初期，受政治斗争与新生政权发展的需求影响，政治职能调整成为政府职能改革的中心，政治职能的完善是该阶段政府职能改革的主要目标；改革开放伊始，经济职能改革一跃成为政府职能改革的核心议题，探索政府与市场之间的良性关系成为政府职能转变的主要任务，完善"看得见的手"与"看不见的手"相互协作的经济发展模式成为政府职能改革的主要方向；进入 21 世纪以来，如何建立更好的政府、更完善的管理体制成为政府职能改革的核心问题，尤其是党的十八大以后，建立现代化的国家治理体系成为政府职能转变的主要目标，改革领域覆盖政治、经济、文化等领域，是全面的深化改革阶段。总体来看，中国政府的职能转变呈现几个特征：一是路径方面从依赖机构改革到立足职能转变；二是在职能范围上从全能政府走向有限政府；三是职能重心从政治职能、经济职能到全面职能；四是履职方式从官僚型政府到服务型政府。①

随着政府角色的转变以及政府职能的调整，政府在公共管理当中所承担的职责、能力、范围截然不同，其所具有的具体权力和义务也有所差异，从职能的角度去理解政府的样态是界定政府评价范畴的前提。

二、理解"政府评价"

（一）是政府评价还是政府绩效评价

"政府评价"是一个边界不甚清晰的概念，具体的定义也不多见。基于对评价活动以及西方国家的经验，20 世纪末期，有学者将政府评价定义为"指一个国家的各种政府行为评价主体在一定的政治体制、政治结构和政策体系前提下，依据特定的标准和尺度衡量政府各方面的情况，是针对政府行为以及结果并得出一定的结论（主要是价值判断）的认识活动或政治活动"。由于政府评价是以一定的价值标准作为依据的评价活动，因此它必然具有一定的民族特色和国家特色，体现一国的民族价值观和政治价值观，就

---

① 马英娟，李德旺. 我国政府职能转变的实践历程与未来方向 [J]. 浙江学刊，2019（3）：74-84.

中国而言，政府评价应当体现全心全意为人民服务的价值观念和价值标准，贯彻党的基本路线，以决策科学化、勤政廉政等作为评价的主要标准，以审议、述职、社会舆论评价作为主要手段。[1]

随着委托代理理论对公共管理领域的指导性逐渐加强，起源于经济领域的"绩效评价"理念逐渐被公共管理所接受并受到广泛应用，与政府评价相比，绩效评价或绩效考核更为具体、操作性更强，因此迅速成为政府评价理论与实践层面的主流概念。对于何为绩效，有人认为绩效是"过程"、有人认为绩效是"结果"，也有人提出绩效是"过程与结果"的统一。如尼尔·坎贝尔（Neal Cambell）认为绩效是与结果相区分的概念，它只包括与组织目标有关的行动或行为，可以用个人的熟练程度来测量[2]；墨菲（Murphey）也从行为的角度理解绩效，提出绩效是个人在组织当中采取的与目标有关的行为[3]。我国部分学者从结果或产出的角度理解绩效，认为绩效是一定的组织、群体或个体在一定的环境中从事某项活动所表现出来的成绩、效果和结果[4]；是一个机构或组织的相关活动的投入、产出和结果[5]。从综合的角度来看，将绩效理解为过程或结果都难免偏颇，所以有学者提出了绩效是"过程与结果统一"的观点，认为绩效不仅是结果的工具，行为本身也是结果，并且能与结果分开进行判断，在讨论绩效评估时既要考虑行为也要考虑结果。[6] 基于对"绩效"一词的多种理解，绩效评价的概念也非常多元，有人认为是对个体的评价，也有人视之为对组织的评价，还与绩效评估、绩效考核等概念交叉使用。我国财政部印发的《国际金融组织贷款项目绩效评价管理暂行办法》提出，绩效评价是运用一定的评价准则、评价指标和评价方法，对项目或政策的相关性、效率、效果、影响以及项目可持续性等进行客观、科学、公正的评价。简而言之，绩效评价是有标准、有方法的对过程与结果进行的客观、科学、公正的评价活动。

政府绩效评价作为公共管理的重要活动，受到公共管理主流理论与不同

---

[1] 柏维春，邵德门. 试论政府评价问题 [J]. 东北师大学报，1994（5）：12 – 16.

[2] SCHMITT N, BORMAN W C. Personnel selection in organizations [M]. San Francisco：Jossey-Bass，1923：253.

[3] 方晓东，等. 中国教育十大热点问题 [M]. 福州：福建教育出版社，2011：195.

[4] 安秀梅. 政府绩效评估体系研究：从政府公共支出的角度创设政府绩效评估体系 [M]. 北京：中国财经经济出版社，2019：13.

[5] 孟华. 政府绩效评估：美国的经验与中国的实践 [M]. 上海：上海人民出版社，2006：3.

[6] 范柏乃. 政府绩效评估与管理 [M]. 上海：复旦大学出版社，2007：6.

时代的价值理念的引领，因而在演变逻辑上呈现与理论发展规律具有方向上的一致性和阶段性特点。无论是西方主流国家如英国，还是中国，政府绩效评价实践均经历了以效率为中心、以服务为中心、以合作伙伴关系为中心的发展阶段。①② 以中国为例，20世纪90年代强调建立高效、廉洁的权威政府，精简、高效是这一阶段的改革重点，因而政府绩效评价也多讲"效率"，江泽民同志在党的十五大报告当中反复提出要"坚持效率优先、兼顾公平"，体现了以效率为核心的公共管理价值导向；进入21世纪以后，效能政府、质量政府、多元治理成为政府绩效评价的主要目的，2008年中共中央、国务院印发的《关于深化行政管理体制改革的意见》提出要"按照建设服务政府、责任政府、法治政府和廉洁政府的要求，着力转变职能、理顺关系、优化结构、提高效能，做到权责一致、分工合理、决策科学、执行顺畅、监督有力，为全面建设小康社会提供体制保障"；2016年《国务院关于印发2016年推进简政放权放管结合优化服务改革工作要点的通知》提出要"在更大范围、更深层次，以更有力举措推进简政放权、放管结合、优化服务改革，使市场在资源配置中起决定性作用和更好发挥政府作用"，"继续加大放权力度，把该放的权力放出去，能取消的要尽量取消，直接放给市场和社会"，以建立多元治理的、政府与市场相结合的现代化治理体系为目标。政府建设方向是政府绩效评价的方向标，因此在不同社会发展阶段政府绩效评价的价值导向、核心目标、具体手段都有所不同。

（二）是公共行政评价还是公共管理评价

尽管近年来政府绩效评价领域快速发展、成果丰富，理论也日臻成熟，但无论是理论还是方法方面，政府绩效评价依然存在一些关键问题没有得到很好的解决，其中之一即是政府绩效评价到底是"公共行政评价"还是"公共管理评价"的问题，甚至有学者直接指出该问题是政府绩效评价研究当中的两大理论缺陷之一。③ 从理论上看"公共行政"与"公共管理"似乎是公共管理学科发展的两个不同阶段，但是从政府绩效评价实践来看，它们实际上指代了不同的评价对象、评价内容和评价目标。

---

① 包国宪，周云飞. 英国政府绩效评价实践的最新进展［J］. 新视野，2011（1）：88-90.

② 包国宪，曹西安. 我国地方政府绩效评价的回顾与模式分析［J］. 兰州大学学报（社会科学版），2007（1）：34-39.

③ 杨缅昆. 政府绩效评价：理论和方法再研究［J］. 统计研究，2010，27（12）：39-45.

回溯公共管理学科的发展历史我们可以发现，公共行政研究已有百余年历史，公认最早的具有系统性、科学性的理论是泰勒提出的科学管理理论，它以效率为中心，关注的是管理与生产操作层面的标准化问题，在此基础上形成的公共行政管理模式同样以内部管理效率为核心，注重行政管理的标准化与制度化，基于公共行政的政府绩效评价指向组织内部（也就是政府内部），以评价政府组织的工作效率为重点。公共管理则以多组织参与、多元治理为特征，它基于"政府失灵"的问题而提出，核心在于建立政府与市场之间的新型治理关系，目的是优化公共服务体系，基于公共管理的政府绩效评价不仅聚焦于行政机构组织内部，同时考核政府与非行政组织之间以及非行政组织的公共服务水平，它的评价对象、评价内容更为宽泛。也有观点认为"公共行政"与"公共管理"主要区别在于强调过程或是侧重结果，公共行政是政府，特别是执行机关为公众提供服务的活动，关注的焦点是过程、程序以及将政策转变为实际的行动，而公共管理是公共组织提供公共物品和服务的活动，它主要关注的不是过程而更多的是取得的结果。[1] 虽然有观点认为在公共行政领域按章办事、提高行政效率是对政府行政人员的一种客观要求，不存在所谓的"绩效"问题，政府绩效应当是指政府在公共管理领域中的绩效，并提出政府绩效评价的目标是考核政府公共管理的指导思想是否"以人为本"，以及公共管理活动是否真正提高了社会成员社会经济福利水平。[2] 但是客观来看公共行政与公共管理不是对立的概念，从内涵上来看公共行政是公共管理体系的重要一部分，政府公共管理职能当中包含了公共行政职能，因此，主张政府绩效评价是指向对政府公共管理职能的评价是合理的，但是要注意政府公共行政效率、合法性的评价也是不可或缺的部分。

（三）是综合评价还是单项评价

从公共管理的角度来看，政府是受统治阶级或人民群众委托对公共事务进行管理的行政机构，它的管理职能涉及社会发展的方方面面。以中华人民共和国中央人民政府为例，它行使的职权包括：根据宪法和法律，规定行政措施，制定行政法规，发布决定和命令；规定各部和各委员会的任务和职责，统一领导各部和各委员会的工作；统一领导全国地方各级国家行政机关的工作，规定中央和省、自治区、直辖市的国家行政机关的职权的具体划

---

[1] 陈振明. 理解公共事务 [M]. 北京：北京大学出版社，2007：43.
[2] 杨缅昆. 政府绩效评价：理论和方法再研究 [J]. 统计研究，2010，27（12）：39–45.

分；领导和管理教育、科学、文化、卫生、体育和计划生育工作等十余项；由外交部、国防部、教育部、公安部、民政部等数十个机构共同组成，在中国共产党的领导下全面管理中国的公共事务。从理想的层面来说，政府评价应当是对政府职能的全面评价，但是从操作层面来说由于政府职能丰富、各项职能要求不一，因此更多的是基于一定的价值导向、施政方针、具体的工作领域或公务人员开展评价，也就是实施单项的评价，如政府履行教育职责评价、法治政府评价、服务型政府评价、知识型政府评价、公民导向政府评价、电子政府评价、干部考核评价等。

第二节 政府评价的国家行动

教育领域的政府评价是指以政府教育职责、教育活动为评价对象的教育评价活动。教育领域的政府评价是政府评价的一部分，也可以说，教育领域的政府评价是对政府履行教育职责的评价。无论是出于监督政府行为的合法性或是促进教育质量提升而言，政府评价都是必要且重要的。鉴于政治体制、文化传统、教育管理模式的不同，各国的政府评价模式有所差异。就中国而言，主要通过系统化的上级政府评价下级政府以及发挥群众的监督能力对政府履行教育职责的情况进行评价。

一、政府评价的机制建设

机制是事物或现象之间的一种相互关系及其运行方式[①]，评价机制是评价制度、机构、人员、实践互动构成的操作模式。在中国，教育督导当中的"督政（督导政府）"行为是专门开展政府评价的制度化行动，因此政府评价的机制建设主要是围绕教育督导机制开展。

教育督导是中国教育法规定的一项基本教育制度，它起源于清末，中华人民共和国成立以后几经更迭发展至今成为新时代中国教育评价体系的主体部分。1949年教育部成立，视导司成为教育部常设的五个司局之一。1955年教育部印发了《关于加强视察工作的通知》，进一步明确教育视导工作是我国教育行政的一个重要部分，是代表国家行使行政监督职权的行为，其主

[①] 孙绵涛. 教育管理学 [M]. 北京：人民教育出版社，2006：285.

要任务是对学校实行国家监督和指导。在此阶段，教育视导实现了制度化，但是其功能还比较单一、队伍也比较薄弱。改革开放以后，国务院批准教育部设立视导室，1986年更名为督导司。1991年，原国家教委颁布《教育督导暂行规定》，明确教育督导的任务是"对下级人民政府的教育工作、下级教育行政部门和学校的工作进行监督、检查、评估、指导，保证国家有关教育的方针、政策、法规的贯彻执行和教育目标的实现"，并要求县级以上人民政府均设立教育督导机构和专职督学，标志着以"督政""督学"为重点的中国教育督导制度基本确立。1993年中央编办批准在原国家教委设立教育督导团，2000年将"国家教委教育督导团"更名为"国家教育督导团"，教育督导机构的地位得到进一步提升。

  2012年，国务院成立教育督导委员会，由分管教育工作的国务院领导担任主任，同年《教育督导条例》正式施行，督导范围扩大到"法律、法规规定范围的各级各类教育"，督导内容包括"县级以上人民政府对下级人民政府落实教育法律、法规、规章和国家教育方针、政策的督导，县级以上地方人民政府对本行政区域内的学校和其他教育机构（以下统称学校）教育教学工作的督导"，教育督导工作在法治化道路上迈进了重要一步，标志着我国教育督导体制建设进入全新阶段。为了深化教育督导体制改革，进一步完善教育督导体系，2014年国家教育督导委员会办公室印发《深化教育督导改革转变教育管理方式意见的通知》，进一步完善了教育督导体系的职能架构和工作体系，正式提出中国教育督导的主要任务包括政府履行教育职责督导、学校教育教学工作督导、教育质量评估监测。其中政府履行教育职责督导重点建立地方政府履行教育职责制度、专项督导制度、对地方教育行政部门督导制度、开展义务教育均衡发展督导四项任务；学校教育教学工作督导主要任务为加强督学责任区建设、加强学校视导队伍建设、积极开展各级各类学校督导和针对教育热点难点问题开展专项督导；教育质量评估监测主要任务是统筹规划教育质量监测工作、根据实际工作需要开展教育质量监测以及培育和扶持一批专业评估机构。该文件的印发标志着新时代以"督政、督学、评估监测"三位一体的教育督导体系正式确立。2020年，中共中央办公厅、国务院办公厅印发《关于深化新时代教育督导体制机制改革的意见》，指出教育督导体系仍然存在机构不健全、权威性不够、结果运用不充分等突出问题，在重申"督政、督学、评估监测"三位一体的教育督导体系的基础上提出要大力强化信息技术手段应用、改进教育督导方式方法以适应新时代教育改革发展的需要。

二、政府评价的阶段特点

有什么样的评价制度就有什么样的政府行为，反之也成立，有什么样的施政目标就需要什么样的评价制度，政府评价是推动政府采取有效施政行为的重要手段。因此，政府评价总是呈现出与教育发展阶段需要相一致的特点，教育发展的重点任务不同，教育评价的具体目的也有所不同。改革开放以来，中国教育发展经历了以"有学上"为目标的温饱阶段、以"人人有学上"为目标的小康阶段以及以"人人上好学"为目标的富裕阶段，相应的，政府评价也呈现出以"教育普及"为重点的评价阶段、以"基本均衡"为重点的评价阶段以及以"优质均衡"为重点的评价阶段。

（一）以"教育普及"为重点的评价阶段

改革开放以后教育秩序需要重新建立，国民教育体系需要重新完善，基本的规范建设、确保教育普及成为了这一阶段的重点任务，政府评价自然围绕这些方面开展。自教育督导制度重建以来，政府评价长期处于"规范"阶段，重点在于确保政府在办学的价值导向正确、政治正确以及行为合法。1989 年原国家教委提出要在部分省（市、自治区）实施义务教育和纠正片面追求升学率的督导，重点针对当时应试教育盛行、学校教育价值导向不正确的现象进行纠偏，主要是为了解决教育导向问题。1990 年、1992 年原国家教委都在年度《工作要点》当中强调要继续开展对中小学德育工作落实情况进行的督导检查，督促中小学校扎实开展德育工作，加强对学生的道德引导。除此以外，地方政府是否落实相关法律法规要求是本阶段的关注重点，1991 年原国家教委提出要对各地执行义务教育法情况进行抽查，1999 年教育部提出加强对教育经费的监测，督导检查地方落实教育经费"三个增长"和教师工资按时足额发放情况。

本阶段教育发展除了确保合法合规、导向正确以外，主要矛盾还是教育急需普及与人均受教育水平偏低的问题。因此，"两基"督导是这一阶段政府评价的核心领域。所谓"两基"是指"基本实施九年义务教育和基本扫除青壮年文盲"，"两基"工作主要目的在于解决人民群众受教育水平不高、义务教育普及化程度不高的问题。1956 年，党的八大就提出了要在 12 年内分区分期普及小学义务教育；1980 年中共中央、国务院发布《关于普及小学教育若干问题的决定》；1988 年国务院颁布了《扫除文盲工作条例》；1993 年国务院《关于〈中国教育改革和发展纲要〉的实施意见》确立"分区规划、分类指导、分步实施"为"两基"工作的基本战略原则,明确不同地区的发展速度可以有所差异;1994年原国家教委《关于在九十年代基本普及九年义务教育和基本扫除青壮年文盲的实施意见》将全国以省为单位划分为三片地区,其中北京、广东等9省(自治区、直辖市)为"一片地区",河北、黑龙江等13省(自治区、直辖市)为"二片地区",内蒙古、广西等9省(自治区、直辖市)为"三片地区",要求各省根据片区规划制定本地区的"两基"目标,以县为单位实行"三步走"发展策略。① 截至2002年,全国"两基"人口覆盖率为91%,西部地区"两基"人口覆盖了为77%,但是西部地区仍有372个县(市、区)以及兵团等410个县级行政单位尚未实现"两基"。为攻坚克难、实现西部地区"两基"目标,2004年教育部联合发展改革委等部门印发了《国家西部地区"两基"攻坚计划(2004—2007年)》,要求到2007年西部地区"两基"人口覆盖率达到85%以上,青壮年文盲率下降到5%以下。②③

  在此背景下,"两基"督导验收成为我国政府评价的主要任务。1994年原国家教委印发了《普及义务教育评估验收办法》,规定了义务教育评估验收的范围、目的、要求、程序等,明确主要以入学率、辍学率、文盲率等指标评估义务教育普及情况;为调动地方政府推进"两基"工作的积极性,1996年原国家教委出台了《普及九年义务教育和扫除青壮年文盲工作表彰奖励办法》,决定对普及九年义务教育和扫除青壮年文盲工作成绩突出的省份进行表彰;1996年以来,原国家教委/教育部反复强调要将"两基"督导检查和评估验收作为年度工作要点,2002年后开展对农村地区和西部地区"两基"攻坚做的督导检查。截至2009年底,全国2845个县(市、区)通过国家"两基"督导评估,"两基"人口覆盖率达到99.7%,西部地区"两基"人口覆盖率达到99.5%。2012年,教育部召开"两基"工作总结表彰大会,标志着以普及义务教育、扫除文盲、规范办学为主要目的的政府评价

---

① 袁海军."两基"三部曲:分区规划、西部攻坚、均衡发展 [J].小学校长,2008(1):13-15.

② 教育部.国家西部地区"两基"攻坚知识问答 [EB/OL].(2005-08-19) [2023-02-02].http://www.moe.gov.cn/jyb_xwfb/s271/201010/t20101013_109047.html.

③ 教育部,发展改革委,财政部,国务院西部开发办.国家西部地区"两基"攻坚计划(2004—2007年)[EB/OL].(2004-02-06) [2023-02-02].https://www.ndrc.gov.cn/xxgk/zcfb/ghwb/201402/t20140221_962060.html.

阶段结束。[①]

（二）以"基本均衡"为重点的评价阶段

随着教育普及任务的基本完成，"有学上"目标的实现，保障教育公平成为教育发展的重要任务。2010年，教育部印发《国家中长期教育改革和发展规划纲要（2010—2020年）》，提出要将促进公平作为国家的基本教育政策，要将保障公民依法享有受教育的权利、促进义务教育均衡发展作为重点任务，并强调教育公平的主要责任在政府。义务教育均衡发展是教育机会公平的基本表现，要将均衡发展作为义务教育的战略性任务，率先在县域内实现城乡均衡发展并逐步在更大的范围推进。

为落实《国家中长期教育改革和发展规划纲要（2010—2020年）》提出的义务教育均衡发展要求，2012年教育部印发了《县域义务教育均衡发展督导评估暂行办法》，标志着我国义务教育基本均衡县（市、区）督导的正式启动。《县域义务教育均衡发展督导评估暂行办法》规定县域义务教育基本均衡督导关注的是义务教育学校的办学基本标准，督导的领域主要包括县域内义务教育校际均衡状况和对县级人民政府推进义务教育均衡发展工作两个方面，公众满意度作为评估认定的重要参考。县域内义务教育校际均衡状况通过均衡系数的测算来表现，测算的指标包括生均教学及辅助用房面积、生均体育运动场馆面积、生均教学仪器设备值、每百名学生拥有计算机台数、生均图书册数、师生比、生均高于规定学历教师数、生均中级及以上专业技术职务教师数等八项，要求小学和初中在以上八项指标上的差异系数分别小于等于0.65、0.55；县级政府推进义务教育基本均衡工作围绕"入学机会、保障机制、教师队伍、质量与管理"四项指标进行评价；公众满意度调查对象涉及人大代表、校长、教师、学生、家长等利益相关方。县域义务教育均衡督导作为推进教育公平的重要举措获得良好成效，根据教育部发布的评估工作报告显示：2017年全国累计2379个县（市、区）通过基本均衡评估认定，占全国总数的81%；2019年2767个县（市、区）通过基本均衡评估认定，占全国总数的95.32%，基本实现县域义务教育基本均衡发展。

（三）以"优质均衡"为重点的评价阶段

2017年，中共中央、国务院印发《国家教育事业发展"十三五"规

[①] 陈丽平. 我国累计实现"两基"县市区已达到2845个[N]. 法制日报，2010-01-18（007）.

划》，提出"十三五"期间要坚持促进教育公平，让全体人民、每个家庭的孩子都有机会接受比较好的教育，要实现教育质量全面提升、教育发展成果更公平地惠及全民；2019年，中共中央、国务院印发《中国教育现代化2035》，强调未来一段时间内的战略任务是发展中国特色世界先进水平的优质教育，推动各级教育高水平高质量普及；"优质均衡"成为中国教育的新使命，监督政府落实优质均衡的发展要求随之成为政府评价的新任务。

为有效发挥督导评估的重要作用，2017年教育部印发《县域义务教育优质均衡发展督导评估办法》，正式从制度上明确县域义务教育优质均衡督导评估工作思路，确定县域教育优质均衡督导评估从资源配置、政府保障程度、教育质量、社会认可四个方面进行评价（见表4-1）。为了进一步明确督导评估的操作程序，2019年国务院教育督导委员会办公室印发了《县域义务教育优质均衡发展国家督导评估认定工作规程》，对督导评估的原则、程序、方法、结果应用进行了规定。相较于"基本均衡"督导，"优质均衡"督导在评价的着力点上有明显的改变。首先是在功能定位上，"基本均衡"解决的是机会公平问题，而"优质均衡"聚焦的是教育质量问题，解决的是"人人上好学"的问题；其次是在评价指标上，优质均衡督导更加关注义务教育高质量发展，纳入了学校管理水平、学生学业质量、综合素质发展等反映教育内涵发展的指标，也对县域内校际均衡提出了更高的要求，要求校际差异系数小学均小于等于0.50、初中均小于等于0.45；最后是在对公众的回应方面，在基本均衡阶段社会满意度仅作为督导评估的重要参考，而在优质均衡督导当中社会认可作为评价的重要指标，学生、家长、教师、校长、人大代表、政协委员及其他群众对县级政府推动教育优质均衡发展工作的认可度需达到85%以上。

表4-1 《县域义务教育优质均衡发展督导评估办法》指标点[1]

指标	监测点
资源配置	每百名学生拥有高于规定学历教师数，县级以上骨干教师数，体育、艺术（美术、音乐）专任教师数，生均教学及辅助用房面积，生均体育运动场馆面积，生均教学仪器设备值，每百名学生拥有网络多媒体教室数

---

[1] 教育部. 县域义务教育优质均衡发展督导评估办法［EB/OL］.（2017-04-26）［2023-02-03］. http://www.moe.gov.cn/srcsite/A11/moe_1789/201705/t20170512_304462.html.

续上表

指标	监测点
政府保障程度	学校布局合理、城乡标准统一、按要求配好音乐和美术场地、学校规模适当、班额适当、小规模学校和特殊教育学校生均经费保障、教师工资不低于当地公务员、教师培训、县级统筹教职工编制和岗位、教师交流轮岗、教师资格证持证率、就近入学比例、优质高中指标分配比例向农村倾斜情况、留守儿童和随迁子女关爱体系
教育质量	初中三年巩固率、残疾儿童少年入学率、学校管理信息化、教师培训经费保障、教师信息应用能力、德育和校园文化建设水平、课程开设、课业负担、国家义务教育质量监测结果
社会认可	学生、家长、教师、校长、人大代表、政协委员及其他群众对县级人民政府及有关职能部门落实教育公平政策、推动优质资源共享，以及义务教育学校规范办学行为、实施素质教育、考试评估制度改革、提高教育质量等方面取得的成效

对人民政府履行教育职责情况开展评价是该阶段政府评价的另一重要举措。2017年国务院办公厅印发《对省级人民政府履行教育职责的评价办法》，正式确定将对政府履行教育职责评价作为推动省级人民政府履行教育职责、提高教育质量、促进教育公平的重要抓手。文件规定政府履行教育职责评价要以提高教育教学质量为中心，要建立评价常规、每年开展一次，评价的主要内容包括省级人民政府贯彻执行党的教育方针、落实教育法律法规、各级各类教育发展、统筹区域教育工作、教育保障和学校规范办学行为等方面情况。各省级政府积极落实国家政策，有序建立各省级人民政府对地级以上市、县（市、区）人民政府履行教育职责的评价方案，形成了体系完善、覆盖全面的政府履职评价体系。

随着2020年中共中央、国务院印发的《深化新时代教育评价改革总体方案》对政府评价工作提出新的要求，建立分级分类的政府评价实践体系成为了政府评价工作的重点。2020年教育部印发了《县域学前教育普及普惠督导评估办法》作为评价各级政府履行发展学前教育职责的依据；2021年教育部、中组部等六部委联合印发《义务教育质量评价指南》，从县域、学校、学生层面规定了义务教育质量评价要求；2022年，教育部印发《普通高中学校办学质量评价指南》，明确评价结果将作为政府履职评价的重要内容。此外，为了配合教育重大改革的落实，"双减"督导、"两个只增不减"和落实义务教育教师工资收入"不低于"也成为了政府评价的新常态。

第三节 政府评价的创新举措

2010年印发的《国家中长期教育改革和发展规划纲要（2010—2020年）》提出"要树立科学的质量观，把促进人的全面发展、适应社会需要作为衡量教育质量的根本标准"，体现了我国教育质量观从"以物为中心"向"以人为中心"转变。2014年印发的《教育部关于全面深化课程改革落实立德树人根本任务的意见》提出立德树人是发展中国特色社会主义教育事业的核心所在，是培养德智体美全面发展的社会主义建设者和接班人的本质要求。2016年《中国学生发展核心素养》研究成果正式发布，将学生核心素养界定为学生应具备的、能够适应终身发展和社会发展需要的必备品格和关键能力，并构建由文化基础、自主发展和社会参与共同构成的素养体系。在此背景下，过去以投入、过程为评价中心的政府评价体系已不能完全适应新时代教育发展的要求，开发以学生全面发展质量为中心的评价项目成为新的要求，而国家义务教育质量监测（以下简称"国测"）正是在这样的背景下产生的、符合新时代教育发展要求的政府评价项目。

一、何为教育质量监测

（一）教育质量监测的国际概况

教育质量监测是指对大规模群体采取抽样方式、围绕教育质量及其相关因素采集数据、基于数据判断教育质量水平的评价活动。从国际上来看，随着信息技术的发展以及教育测评技术的成熟，教育质量监测早已成为西方主流国家以及主要国际组织评价教育质量与政府绩效的重要手段。由国际组织开发的项目有经济合作与发展组织开发的国际学生评价项目（Program for International Student Assessment，PISA）、教师教学国际调查项目（Teaching and Learning International Survey，TALIS），国际教育成就评价协会开发的国际数学与科学学习趋势项目（Trends in International Mathematics and Science Study，TIMSS）、国际阅读素养进展研究项目（Progress in International Reading Literacy Study，PIRLS）；发达国家和地区实施的有美国国家教育进展评估（National Assessment of Educational Progress，NAEP）（见表4-2），法国预测评估司（The Directorate for Evaluation, Forecast and Performance, DEPP）、香港地区全港性系统评估（Hong Kong Examinations and Assessment Authority, EA）；发展中国家和地区实施的有拉丁美洲教育质量评价实验室（Latin American Laboratory for Assessment of the Quality of Education, LLECE）、非洲法语国家联盟教育系统分析项目（Programme d'Analyse des Systèmes Educatifs de la CONFEMEN, PASEC）。① 尽管教育监测的根本目的都在于监测教育质量、改进教育教学，但是不同的组织/国家聚焦的教育问题不同、存在的教育需求不同，因此不同监测项目的侧重点与实施方式也有所不同。以国际组织开发的项目为例，PISA 测试聚焦的是 15 岁学生是否具备现实生活与终身学习所必需的知识、技能等基本素养，其选取的测试主领域为阅读素养、科学素养、数学素养，根据监测周期的不同，增设问题解决、财经素养、全球素养等重点领域；而 TALIS 则重点监测教师的工作动机、自我效能感、教学创新等方面。

表 4-2　国际监测项目概览

项目名称	测试对象	测试内容	统筹机构
PISA 国际学生评价项目	15 岁学生	阅读素养、数学素养、科学素养； 问题解决、财经素养……	OECD 经济合作与发展组织
TIMSS 国际数学与科学学习趋势项目	四、八年级学生	数学、科学成就；影响因素	IEA 国际教育成就评价协会
PIRILS 国际阅读素养进展研究项目	四年级学生	阅读素养	IEA 国际教育成就评价协会
TALIS 教师教学国际调查项目	教师	工作动机、自我效能感 学校管理……	OECD 经济合作与发展组织

作为一种与传统考试、规模化评价截然不同的新兴评价方式，教育质量监测有着独到的特点与创新之处。总体来看，教育质量监测以问题导向、学

---

① 杨涛，李曙光，姜宇. 国际基础教育质量监测实践与经验［M］. 北京：北京师范大学出版集团，2015.

生中心、多元评价为核心理念，目的不在于给学生分等评优，而在于全面监测学生的学业水平、身心健康、兴趣爱好、艺术需要和学业负担等；工具方面并非采用学科考试，而是在纸笔测验、计算机测试、现场测试的同时辅以问卷调查；工具研制方面不是基于教师或教研员个体的理解形成，而是由课程专家、学科专家、测评专家等团队共同研制；组织方式上采取抽样而不是全面测评；结果报告上综合体现区域或学校的质量情况而不对学生个体进行评价，是一种对个体低利害的教育评价方式（见表4-3）。

表4-3 质量监测与考试的区别一览表[①]

分项	考试	质量监测
功能	甄别、评比、选拔（裁判员）	诊断、指导、处方（医生）
目的	分出好中差学生，以分数评价学生、教师、学校	获取数据信息，对教育教学现状做出诊断，提供改进策略和决策依据
内容	主要考查学生的主要学科的学业成就	全面监测学生的公民素养、学业水平、身心健康、艺术素养、兴趣爱好、学习负担等综合素质和影响学生成长的相关因素
工具呈现	只有单一的学生学科考试试卷，基本上是纸笔测试	学生学科测试工具和影响因素问卷，教师、管理干部问卷，实测，可纸笔、可计算机测试与个别访谈
对象	学生	学生、教师、学校管理干部、家长
工具研制	教师或教研员根据自己对课程与教材的理解自行命题	学科测试卷由课程专家、测量专家、教师和教研员根据学科课程标准，按照标准化程序研发；调查问卷由心理测量专家、一线管理工作者及学科教师、班主任按程序开发
组织方式	所有学生参加，采用一份试卷	通过科学的抽样方法选取部分学生参加多题本测试。抽取部分教师、管理干部和家长参加调查

---

① 龚春燕. 教育质量监测＝考试？[J]. 人民教育，2016（2）：39-42.

续上表

分项	考试	质量监测
统计方法	采用经典理论用百分数或转化成标准分,使用平均分、及格率、优生率、提高率等进行统计	采用项目反应理论模型通过计算机运算获取量尺分数,使用方差、回归、多元线性、聚类、结构方程等进行统计
结果运用	以单一的分数形式呈现,根据分数对学生或教师或学校进行排队	以综合报告呈现,为区域教育决策服务,为学校改进教育教学服务;不能对学生个体进行排名,只能对群体进行评价

(二) 教育质量监测的中国实践

2007年,经中央编办批准,教育部基础质量监测中心(以下简称"监测中心")在北京师范大学成立,主要负责实施全国基础教育质量监测、指导各地开展教育质量监测以及推动全国基础教育质量监测网络的建立。监测中心是我国成立的首个服务于教育质量监测工作的专门机构,它的设立标志着教育质量监测正式成为中国教育评价的法定手段。从2007年至今的十余年间,基础教育质量监测在我国经历试点、制度化和持续创新三个阶段。

1. 试点阶段

2007年,监测中心在浙江等省市围绕数学、心理健康等学科开展监测试点,面向200余所学校一万多名学生开展监测,标志着我国义务教育质量监测在实践层面的正式启动。2007—2014年间,监测中心持续在多个省份开展不同学科的监测试点,监测学科不断丰富,监测对象也逐渐从个别省份拓展到全国31个省(市、区)和兵团。试点阶段的主要任务是检验教育质量监测工作,探索我国教育质量监测实践模式,为国测的正式建立做好准备。

2. 制度化阶段

2015年,国务院教育督导委员会办公室印发了《国家义务教育质量监测方案》,宣告我国义务教育质量监测国家制度正式建立。《国家义务教育质量监测方案》对国测的监测目的、监测原则、监测学科、监测对象、监测周期、监测时间、监测内容、监测工具、监测样本、监测报告等方面进行了规定,确定了国测的实施模式。根据《国家义务教育质量监测方案》,国测监测的学科为语文、数学、科学、体育、艺术、德育,监测的对象为四、八年级学生,监测的周期为三年,监测的样本为全国总县数的1/10左右,每个县（市、区）抽取 12 所小学、8 所初中，每所学校抽取 30 名学生参加测试。国测的主要目的在于反映义务教育阶段学生的学业质量和身心健康变化情况，诊断影响义务教育质量的原因，并为教育教学、行政决策提供参考，引导社会质量观转变。从国测样本的抽取规定中不难看出国测重点在于评价县级以上行政区域的教育发展状况，其样本对学校层面并不具有代表性，不对学校以及学生层面进行评价。2015 年至今，我国完整实施了两轮国测，在国测的推动下，各省、市、县逐步设立专门机构、配备专门人员、建立相关制度，覆盖全国 31 个省域、贯穿国家—省—市—县的中国特色教育质量监测体系得到建立。

3. 持续创新阶段

国测作为服务教育改革发展的重要举措，在新时代、新形势下面临新的要求，需要持续保持创新。"十四五"时期我国进入教育高质量发展阶段，《深化新时代教育评价改革总体方案》《义务教育质量评价指南》《关于深化教育教学改革全面提高义务教育质量的意见》等文件的印发对义务教育质量监测提出了新的要求，促使国测迫切需要改革创新。为此，教育部召集相关专家在学习贯彻中央精神、全面总结经验、充分借鉴国际经验、开展深入研究和广泛征求意见的基础上对 2015 年印发的《国家义务教育质量监测方案》进行了修订，并于 2021 年印发了《国家义务教育质量监测方案（2021 年修订版）》。修订后的国测方案在四个方面实现了监测体系创新：一是监测学科的创新，新增劳动、心理、英语三个学科，实现五育全覆盖；二是监测对象的创新，根据《义务教育质量评价指南》等评价要求新增教育管理者问卷，更全面调查义务教育质量的影响因素；三是测评手段的创新，充分应用人工智能、脑科学等前沿方法探索人机交互测试和增值评价；四是监测结果的创新，增加区县监测诊断报告和政策咨询报告，加强监测结果应用。

二、教育质量监测何以成为政府评价的手段

教育质量监测作为一种新型评价方式，它并不直接以政府作为数据采集的对象，而是以学生作为调查对象，通过学生发展水平判断政府教育绩效。在将教育质量监测结果转换为政府评价手段的过程中，监测结果应用成为关键环节，从目前来看，教育质量监测以两种主要方式发挥对政府的评价作用，第一种方式是直接以教育质量监测结果（学生发展水平）问责政府，第二种方式是将教育质量监测结果纳入其他政府评价体系，如《县域义务教育

优质均衡发展督导评估办法》的评价指标当中包含教育质量监测相关内容，要求县域"在国家义务教育质量监测中，相关科目学生学业水平达到Ⅲ级以上，且校际差异率低于0.15"。

（一）监测结果应用的"用户需求"

2020年10月国务院印发的《深化新时代教育评价改革总体方案》明确强调要"完善义务教育质量监测制度，加强监测结果运用"。监测结果应用是"监测—反馈—整改—提升"工作闭环上的关键环节，直接影响监测工作的现实价值与教育改革成效。随着国测的逐步推进，教育质量监测已经成为我国政府评价的一个常规动作，在过去的十余年间，"为何监测""如何监测"等问题已经得到很好的解决，但"如何运用监测结果"这一问题一直悬而未决，未能探索有效的监测结果运用途径，但是在发挥质量监测对教育决策、教育教学改进、引导社会价值观转变的作用中监测结果应用又显得尤为必要，从而使解决"如何运用监测结果"这一问题显得十分迫切。是否能够探索出监测结果运用的可行路径，直接影响了国测的意义大小，也直接体现了国测的价值高低。从"用户"角度也就是市、县两级政府的角度去理解监测结果应用、调查监测结果应用需求是探索监测结果应用模式的前提。

广东省分别于2008、2012—2014年参与国测试点，2015年抽取18个县（市、区）参与国测，2016年由省级部门统一购买服务全省121（122）个县（市、区）全员参与国测，在国测方面，广东省具有重视程度高、投入大、覆盖面广、经验丰富的特点。因此，广东省是开展监测结果应用需求调查的理想对象。研究以访谈调查和问卷调查作为主要方法，以广东省高校教师、市县两级教育局领导、督导部门干部、教研部门及监测机构专家、中小学校校长在内的共13人作为访谈对象，21个地级以上市及121个县（市、区）作为调查对象，采集现场访谈记录一万余字，回收调查报告48份（市级21份、县级27份），分析结果如下。

1. 监测报告内容需求

大部分市、县在对监测报告内容的需求上具有较高的一致性，基本认为监测报告的内容应当包括以下四个部分：区域教育质量水平、相关因素分析、存在问题及改进建议。具体而言，监测报告在描述区域教育质量水平时，被调查市、县希望从两个层面呈现：一是从水平维度上，不仅要报告区域教育质量水平相对位置，关注区域在全国、全省范围内的相对水平，还要报告区域教育的绝对水平，即"区域和学校学生学业水平对比课程标准要求的达成情况和存在差距"。二是在相关因素的分析方面，希望监测报告能够从环境因素（如区域教育投入、教育政策、学校条件）和个体因素（性别、家庭背景、学业兴趣等）两个方面进行深入分析，剖析影响学生学业水平的关键因素，为教育改进提供参考。对于存在问题的分析，要从宏观、微观两个层面把握，不仅要指出区域教育决策、学校管理方面所存在问题，也要对微观的课程与教学中存在问题进行分析，"提高报告的诊断性"。改进建议的提出，要从区域层面、学校层面、教师层面和学生层面分别提出具有针对性的、可操作的改进建议，加强教育质量监测的改进功能（见表4-4）。

表4-4 监测报告内容需求

内容框架	内容要点
区域教育质量水平	水平维度：绝对水平、相对水平
	内容维度：整体学业质量水平、监测学科整体水平、各监测指标的得分水平
相关因素分析	环境因素、个体因素
存在问题	宏观层面、微观层面
改进建议	区域教育发展、学校发展、教师发展、学生发展

在过去多年的义务教育质量监测中，教育部多采用三种主要方式对样本县进行结果反馈：书面报告及多省+多县集体反馈会、书面报告及单省+多县集体反馈会、书面报告。根据调研情况，各市、县对监测结果反馈形式的需求各有不同，主要有以下这几种方式。书面报告是最受欢迎的反馈方式，被调查市、县认为，以书面报告的方式，便于掌握"详细数据，以便了解分析现状、诊断问题、改进工作、提高教育质量"；19.2%的市、县表示希望通过现场反馈的方式进行反馈，其中个别市、县希望能够实现一对一单独反馈；17.3%的市、县提倡通过网上公开发布的方式反馈监测结果；3.8%的市、县希望通过召开研讨会的方式进行反馈，可深入交流，反馈同时进行指导；3.8%的市、县希望通过网络系统进行报告查询即可（见表4-5）。

表4-5 监测报告反馈形式需求

方式	频次	占比/%
书面报告	29	55.8
现场反馈/一对一单独反馈	10	19.2

续上表

方式	频次	占比/%
网上公开发布	9	17.3
研讨会	2	3.8
网络系统查询	2	3.8

2. 反馈对象需求

当前的义务教育质量监测结果反馈一般只到达县级，不直接对校级进行反馈，校级对监测结果的了解取决于县级教育行政部门的决策。调查结果表明，绝大部分被调查市、县希望监测结果反馈到达县或校级，各占41.7%，其中主张反馈到校级者认为有利于"在全市、全县、样本校间的位置，找准差距，着力改进，完善教学教育"；另外，4.1%的市、县希望监测结果反馈到市级，由市级向县级发布；2.1%希望监测结果反馈到省级，由省级决定向下级发布的方式；2.1%的市、县主张向全社会反馈，认为公开发布的方式有利于公众了解区域教育质量，督促区域教育质量提升（见表4-6）。

表4-6 监测结果反馈对象需求

层级	总数	占比/%
省级	1	2.1
市级	2	4.1
县级	20	41.7
校级	20	41.7
全社会	1	2.1

3. 反馈时间需求

监测结果的反馈时间一直是参与监测的各级部门非常关心的问题。由于监测面广、数据庞大、复杂等原因，历年来教育部一般于次年下半年反馈监测结果，特殊情况甚至会延迟反馈。而在我们的调查当中发现，市、县一致希望监测结果能够及时反馈，其中20.8%的市、县希望在暑假期间、18.8%的市、县希望学年结束前进行监测结果反馈，理由是在此时间段掌握教育质量监测结果可便于利用暑假时间梳理下一学年工作，并参考监测结果做好新学年教育教学安排；18.8%的市、县希望监测结果的反馈时间能够在新学年初，可及时指导新学年教学工作；4.2%的市、县表示希望年底之前收到结果反馈，以便及时做好下一年工作计划；另有4.2%的市、县希望监测结果能对国家层面的教育政策调整产生影响，因而希望能在两会召开之前发布监测结果；还有16.7%的市、县表示监测报告一经成熟即可发布，要及时。虽然各市、县在监测结果反馈时间上需求不尽相同，但一致的是希望监测结果能在学年或年度教育决策的关键时间发布，切实起到影响教育决策的作用（见表4-7）。

表4-7 监测结果反馈时间需求

时间段	总数	占比/%
暑假	10	20.8
学年底	9	18.8
新学年初	9	18.8
年底	2	4.2
两会前	2	4.2
其他	8	16.7

4. 监测结果期望

对监测结果的期望是驱动各省、市、县积极参加义务教育质量监测的重要动力，也是义务教育质量监测实施机构较为关注的问题，掌握被监测市、县对监测结果的期望，可以更好地完善监测工作的多个环节，更高程度地满足被监测市、县的需求。根据对调查结果的分析我们发现，各市、县对监测结果的期望大致可划分为四类：诊断的期望、改进的期望、督查的期望和导向的期望。各市、县期望通过监测报告可以达到诊断教育问题、改进教育现状、督查政策落实和引导教育质量观念与教育评价理念的改变，其中，市、县最为关注的是监测结果的改进功能，期望质量监测能够切实对改进区域教育教学提出明确的指导，并促进区域从资源配置、教育均衡、教育公平、整体水平方面都有所改善，对监测结果的运用寄予厚望（见图4-3）。

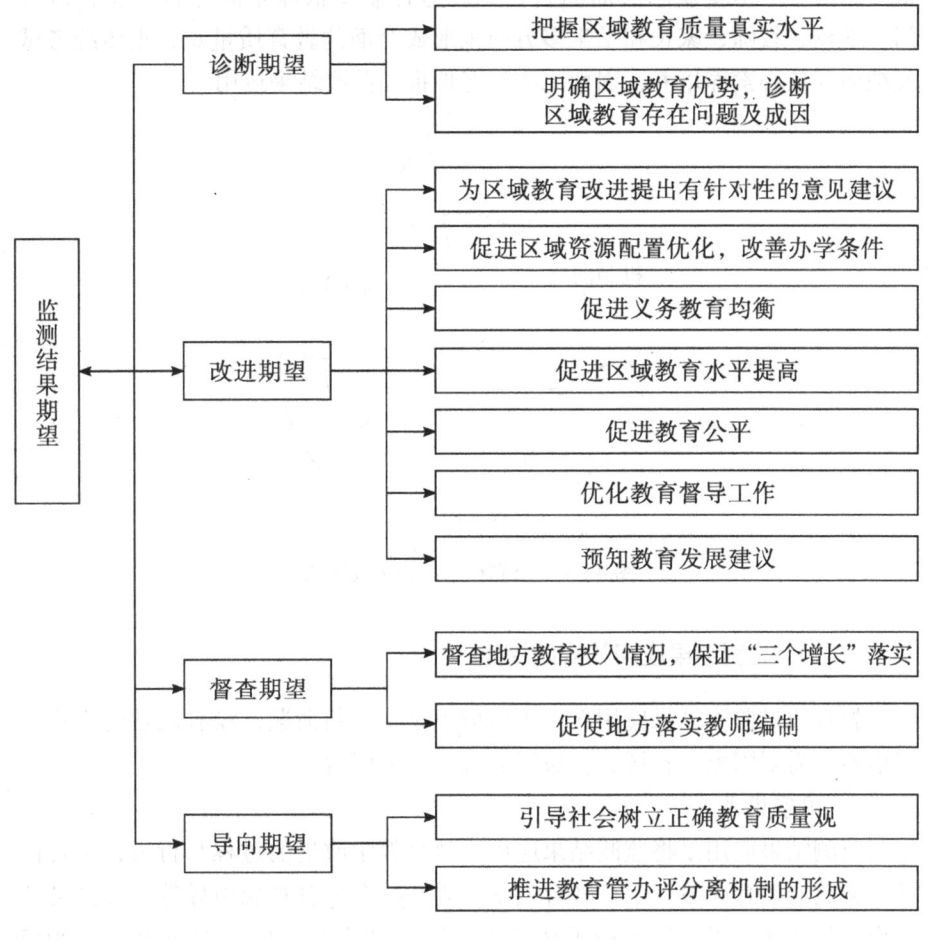

```
                    ┌─── 把握区域教育质量真实水平
         ┌─诊断期望─┤
         │         └─── 明确区域教育优势，诊断
         │               区域教育存在问题及成因
         │
         │         ┌─── 为区域教育改进提出有针对性的意见建议
         │         │
         │         ├─── 促进区域资源配置优化，改善办学条件
         │         │
监测     │         ├─── 促进义务教育均衡
结果 ────┼─改进期望─┤
期望     │         ├─── 促进区域教育水平提高
         │         │
         │         ├─── 促进教育公平
         │         │
         │         ├─── 优化教育督导工作
         │         │
         │         └─── 预知教育发展建议
         │
         │         ┌─── 督查地方教育投入情况，保证"三个增长"落实
         ├─督查期望─┤
         │         └─── 促使地方落实教师编制
         │
         │         ┌─── 引导社会树立正确教育质量观
         └─导向期望─┤
                   └─── 推进教育管办评分离机制的形成
```

图 4-3　监测结果期望

5. 结果应用的主要困难

多年来质量监测在结果运用环节困难重重，难以推动。根据调查结果看来，市、县认为从机制层面、队伍层面、观念层面都存在一定的问题（见图4-4）。一是就机制层面而言，被调查者认为监测结果的运用缺少财政保障机制、协同机制、奖励机制，认为地方财政不足难以保障监测结果运用工作顺利开展，质量监测与课改教改不同步不挂钩难以促使地方积极运用，监测与现有考试录取制度不相一致不能引起学校关注，监测未纳入绩效考核指标导致行政层面不重视，等等，都是阻碍监测结果运用的重要因素。二是就队伍层面而言，各级缺少质量监测专业队伍、区域教研能力待提升、师资队伍薄弱、教师队伍结构性缺编及老龄化、教师教学改革主观能动性不强等都是

重要原因。三是就观念层面而言，传统考评制度根深蒂固导致教育行政部门、学校、教师、家长和学生多方尚未形成全面的教育质量观，重传统考试成绩而轻核心素养培养，因而无法较好地推动监测结果运用。

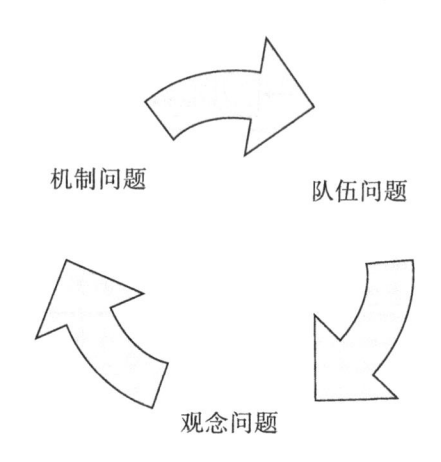

图 4-4　监测结果运用主要困难

（二）监测结果应用的实践探索

教育质量监测结果应用在中国情境下是一个新命题，没有成熟的模式可以借鉴，需要国家、省域、县域层面进行积极探索。

1. 国家模式

监测结果应用是将监测结果应用于教育教学改进的过程与行为，主要包括服务政府教育决策、学校教育教学改进和社会教育观念引导等。我国义务教育质量监测结果应用经历了从"无为"到"有为"的发展历程，在2015年国家义务教育质量监测制度建立之前，官方机构较少介入地方监测结果应用；制度建立以后，国家教育督导局、教育部基础教育质量监测中心通过政策规定、专业指导等途径积极推动义务教育质量监测结果应用工作。行政方面，2014年，国务院教育督导委员会办公室印发了《深化教育督导改革转变教育管理方式意见》，当中提出要"强化教育督导和评估监测结果使用，健全考核奖惩机制，明确督导和评估监测结果是资源配置、干部任免和表彰奖励等的重要依据"；2020年，中共中央办公厅、国务院办公厅印发的《关于深化新时代教育督导体制机制改革的意见》强调"建立教育督导部门统一归口管理、多方参与的教育评估监测机制，为改善教育管理、优化教育决策、指导教育工作提供科学依据"；同年中共中央、国务院印发的《深化新时代教育评价改革总体方案》明确强调要加强监测结果应用。专业指导方面，2015年，教育部基础教育质量监测中心分东部、中部、西部三个片区就2014年监测结果进行反馈解读，为地方做好监测结果应用提供信息支持与服务；2016年，监测中心举办了三轮"基础教育质量监测结果应用工作机制"高峰研讨会，与各省（市、区）教育督导部门、监测中心相关人员就监测结果应用进行研讨，共同寻求监测结果应用的可行路径；2018年，监测中心在全国设立了35个监测结果应用实验区，以实验区为龙头先行先试探索监测结果应用有效模式。总体来说，我国监测结果应用在国家义务教育质量监测体系框架下逐渐形成了行政领导下专业机构引领、省级统筹下以县为主的管理模式（见图4-5）。

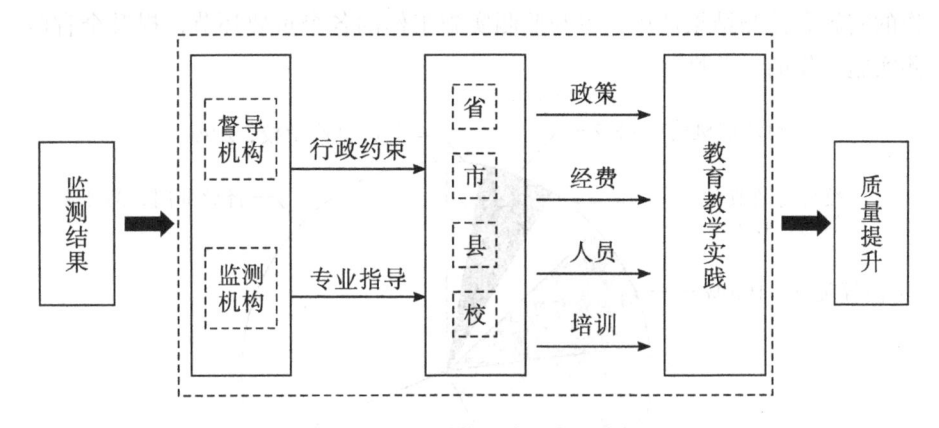

图4-5 国测监测结果应用路径

2. 省域模式

在行政与专业双驾马车的驱动下，地方层面积极推进结果应用工作并积累了一些有益经验，广东省作为监测大省，省级教育行政部门在探索监测结果应用的广东模式上始终积极作为，通过立制度、强队伍、深调研、推重点等手段推动监测结果应用工作的有效开展。

（1）立制度。

在政府管理体系当中，制度的重要性毋庸置疑，所以，将监测结果应用工作制度化是广东省推进工作的主要举措。2018年，广东省人民政府办公厅印发了《对市县级人民政府履行教育职责的评价办法》，将"义务教育质量监测结果应用情况"作为评市、县两级人民政府履行教育职责的重要指标，在满分为100分的评价指标体系当中占了2分。在评价细则上，要求市、县两级教育局每年向同级政府通报监测结果、全面解读监测报告、构建监测结果应用机制并采取具体的措施。这一措施促使市、县两级人民政府将监测结果应用工作提上日程并为监测结果的应用提供了具体指引，对于监测结果应用工作的规范化有重要意义。

(2) 强队伍。

在监测结果应用的起步阶段,专业队伍的组织和建设尤为重要。如何打造一支本土的、服务于广东义务教育质量监测工作的专业队伍是结果运用的关键。为此,广东省着眼全省,基于"督导牵头、教研配合、多部门联动"的监测工作实施模式,建立了一支来自全省各市、县的由督导人员、教研人员、监测评估机构人员、高等院校教师、中小学校教师为主体的骨干督学队伍,共约70人(见图4-6)。骨干督学队伍作为监测实施工作的指导者、监测报告撰写和监测结果反馈的参与者,指导各市、县义务教育质量监测工作的实施和监测结果使用,参与监测实施工作的各个重要环节,提升全省监测实施工作的专业性。

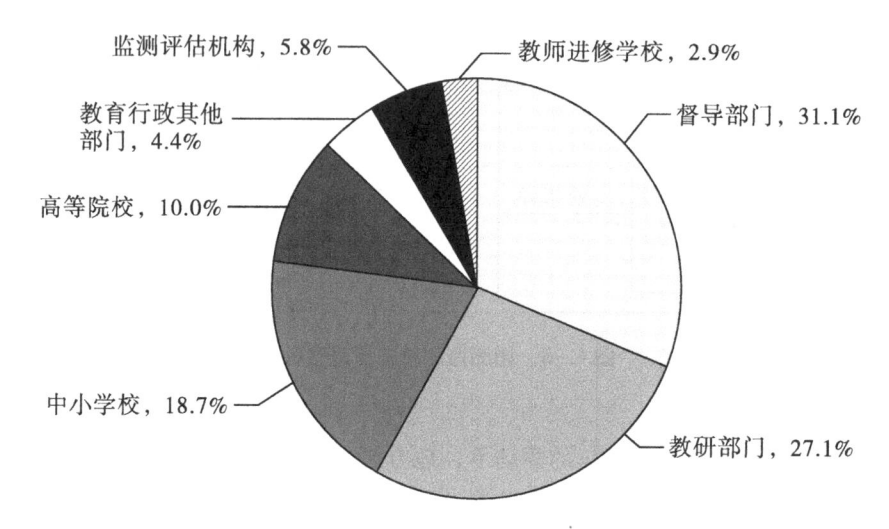

图4-6 骨干督学队伍人员来源

骨干督学队伍当中来自评估监测专门机构的人员仅有5.8%,队伍整体的监测专业知识欠缺,对于指导市、县开展监测结果运用尚不足够。为了全面提升骨干督学队伍的专业水平,2017年,广东省人民政府教育督导室共组织了三期义务教育质量监测培训,分别于2017年1月、6月、11月份举办,受培训对象主要为骨干督学,此外,还包括省、市、县各级教育行政相关部门人员,培训内容涵盖教育质量监测抽样技术、各学科监测工具研发、数据处理、报告撰写、结果运用等方面(见表4-8)。

表4-8 广东省义务教育质量监测培训内容

期　次	关键内容
第一期	抽样技术与实践，语文、数学、体育与健康监测工具的研发，艺术监测介绍，监测报告撰写，数据挖掘
第二期	抽样设计和实施，数据分析技术，报告撰写的案例分析
第三期	数据挖掘与关联分析，数据清理与整理，学业监测的标准与指标，解读区域监测结果，区域监测结果整改措施的案例分享

（3）深调研。

多年来广东省通过向教育部基础教育质量监测中心购买服务的方式，全省所有县（市、区）参加国家义务教育质量监测，教育部基础教育质量监测中心为广东省提供专业支持，对广东省监测结果的报告与使用提供个性化服务，致力于提升广东省教育质量监测工作水平，最终实现提高教育质量水平。因此，为了解市、县两级对监测结果的需求以及进一步摸准监测结果背后的原因、提高监测报告的针对性，广东省组织多次调查研究。通过座谈、问卷调查的方式掌握监测结果反馈内容、反馈形式、反馈对象、反馈时间、监测结果期望等方面的需求[①]，同时安排多次调研，以教育部基础教育质量监测中心专家带队和骨干督学为主力、教育行政其他部门参与的方式，赴全省各县（市、区）就教育投入、教师发展、民办教育等方面进行调查，为进一步做好广东省义务教育质量情况分析工作，撰写具有针对性和可行性的监测报告服务，以及监测结果的运用奠定基础（见表4-9）。

表4-9 调研内容举例

《教师发展》专题的区县访谈提纲

1. 区县经济发展状况（经济、文化及人口情况）；
2. 区县教育基本状况［教育经费投入、学生数量、教师队伍建设（公私立学校），生师比、学生数量及未来教师招聘及需求等］；
3. 教师工资及福利待遇状况（县域内部不同区域之间、公私立学校之间的差异）；
4. 区县教师教研与培训状况（含经费投入、研训机构设置、日常工作、考核及未来规划等）；

---

① 庞春敏. 义务教育质量监测结果运用需求分析及建议：以广东省为调查对象[J]. 教育测量与评价，2017（10）：15-19.

续上表

> 5. 培训与教研员工作状况（培训与教研员自己接受的培训及对学校教师的指导培训状况）；
> 6. 区县是否有针对教师日常教学效果的质量监测系统，如何调动教师工作积极性；
> 7. 区域之间（城市、乡镇与农村之间）、民族之间、公私立学校之间是否存在教育质量（含学生学业、教师队伍）差异，如何理解这种差异；
> 8. 区域之间、公私立学校之间的教师流动趋势、原因及改变策略

（4）抓重点。

广东省共有 21 个地级以上市、122 个县（市、区），地域辽阔且经济和教育发展尚不十分均衡，如在省级层面同时推动全省所有地区探索质量监测结果运用策略，地方在经济、队伍、观念等方面尚未准备充分，难以实现。为有效探索义务教育质量监测结果运用的策略，广东省采取设立重点监测市、县的做法，以市、县自愿申报为基础、省级审核为准，在全省设立了 3 个重点监测市和 19 个重点监测县（市、区）（见表 4–10）。借助教育部基础教育质量监测中心优质资源，以骨干督学队伍为主力，重点推动"19+3"地区在质量监测结果运用方面的探索，希望通过以点带面积累丰富经验，并积极提炼，探索出监测结果运用的广东经验，在此基础上全面推动广东省义务教育质量监测结果运用工作，以利于监测结果运用取得良好效果。

表 4–10　广东省"19+3"重点监测市、县名单

重点监测市	深圳市、东莞市、肇庆市
重点监测县（市、区）	花都区、罗湖区、福田区、宝安区、龙岗区、斗门区、金平区、禅城区、浈江区、武江区、始兴县、霞山区、端州区、四会市、广宁县、大埔县、蕉岭县、陆丰市、顺德区

三、教育质量监测如何更好地服务于政府评价

监测结果应用边实践、边探索、边总结，经过多年的耕耘初步建立了国家、省、县三级的操作模式，但是目前来看，由于一些关键问题难以解决，从而导致教育质量监测在政府评价当中的效果不够明显。

（一）掣肘监测结果应用的关键问题

1. 因非高利害而无法受到高度重视的问题

高利害测验一般是指那些测评结果对于被评主体能够产生重大利益影响的测评，反之则为非高利害测评。教育质量监测以先进测评理论为指导、现代化测评技术为手段，旨在从素养层面科学衡量学生发展与教育质量，不对个体和学校、区域进行排名，其定位是非高利害教育测评。正因考虑到高利害测评"片面应试、加重负担、舞弊严重"[1] 等负面后效，工作当中各级部门一再强调义务教育质量监测的非高利害性，减少被测方的人为干扰和功利心态，期望以此保障监测过程的客观、公正、真实。然而义务教育质量监测工作的非高利害性也对实践工作产生了一些负面影响，囿于财力、物力、人力有限，非高利害工作难以达到各级行政部门所要求的"高度重视"的程度，在监测结果应用当中亦如此。尽管一些地方积极响应政策要求、想方设法开展监测结果应用，但也有不少地方对监测结果应用工作应付了事，在监测数据的进一步解读、监测结果应用的政策和实践支持等方面缺乏作为，导致监测结果应用工作止步于"最后一公里"，不能真正实现以评促改。

2. 因结果有限而无法做到广泛应用的问题

根据《国家义务教育质量监测方案》，义务教育质量监测报告主要有三种：基础数据报告（供监测机构内部使用）、分省监测报告（供各地政府及相关部门参考）、国家监测报告（向社会发布），而随着监测体系的完善，目前还提供区县监测诊断报告、政策咨询报告等报告形式。在反馈方式方面，义务教育质量监测结果主要采取现场反馈或书面报告反馈的方式，由上级督导、监测机构向下级相关单位反馈监测结果，但面向行政部门、学校、公众的信息宽度不尽一致，存在结果呈现方式单一、反馈主体局限、信息反馈欠充分等问题。对于监测结果而言，监测报告仅为监测结果的载体之一，并不能完全等同于监测结果，仅通过监测报告反馈结果既窄化了监测结果的内涵也削弱了监测结果信息。监测结果反馈的主体受限导致结果应用的主体如学校、教师、研究者甚至公众对监测结果的了解较少，进而局限了结果应用的范围，没有为多主体的参与创造条件，监测结果的广泛应用无法实现。

3. 因机制不顺而难以全面推动的问题

教育督导部门是教育质量监测工作的行政牵头部门，《国家义务教育质

---

[1] 郑若玲，陈为峰. 大规模高利害考试之负面后效：以科举、高考为例 [J]. 华中师范大学学报（人文社会科学版），2013（1）：147-154.

量监测方案》明确"义务教育质量监测工作由各级政府教育督导部门组织实施",《深化教育督导改革转变教育管理方式的意见》也提出要"形成督政、督学、评估监测三位一体的教育督导体系",在监测结果应用当中,督导部门肩负着积极统筹、创造条件、全面推动监测结果应用的使命,但由于监测结果应用工作涉及部门较多、现行体制机制固有弊端等问题,这一工作模式在实践当中运行并非十分顺畅。教育督导部门作为督导、评估、监测工作的统筹部门,在整个教育行政系统当中属于"管办评"的评价方,而质量监测结果应用实际上是以义务教育的行政管理部门、业务指导部门以及一线教学单位为主体的,它们分别属于教育的"管"和"办"两方。当前结果应用的"督导统筹"模式实际上是要求评价方去统筹管理方与办学方进行具体改进,对督导部门的统筹能力提出了挑战,甚至可以说超越了督导部门的统筹范围,难以有效推动结果应用工作的落实。

4. 因与传统考试有异而不能获得普遍认同的问题

教育质量监测作为有别于传统考试的测评方式,其科学性被一再重申,与传统考试的区别也被重复强调。倡导教育质量监测的专家认为教育质量监测是一种发展取向的测评方式,其主要目的在于诊断、指导而非甄别、选拔,在于促进学生发展与教育质量提升而非人才筛选,而传统考试是工具取向的测评,具有工具研制科学性不高、注重选拔性、对教育质量改进的服务能力不足等缺陷,二者在功能、目的、内容、工具、统计方法等方面都有本质区别。义务教育质量监测的初衷在于扭转不良的教育评价局面,引导社会大众树立科学全面的教育评价理念,建立具有中国特色的教育质量监测体系,为新时代教育改革服务。但是当前我国传统考试(如中考、高考等)对学校和学生的发展依然有着至关重要的影响,应试教育根深蒂固,评价局面的改变任重道远。调查也显示,学校、教师、学生等相关群体对传统考试的高度认同是影响监测结果应用的重要因素之一。[①] 因此,如何调和"科学测评"与"传统考试"之间的矛盾,提高一线教师对监测结果应用的认同感和积极性也是当前面临的主要问题之一。

5. 因人才缺乏而难以有效建设队伍的问题

监测队伍建设在监测结果应用当中的重要性毋庸置疑,自义务教育质量监测工作开展以来,各地方积极进行机构组织和人才队伍建设,想方设法开展好义务教育质量监测工作。数据显示,截至 2020 年 5 月,全国共有 29 个

---

① 庞春敏. 关于广东省义务教育质量监测实施困境与对策的思考 [J]. 上海教育评估研究, 2016 (5): 72 – 75.

省（市、自治区）、28个地级以上市和90余个县（市、区）成立了教育质量监测机构。[①] 广东省、深圳市等地通过"骨干督学""数据玩家"[②] 等形式建立教育质量监测专门队伍，对保障监测结果的有效应用发挥了重要的作用。但是总体来看，目前教育质量监测队伍建设还存在专职人员不足、专业化水平不高、后备人才缺乏等问题。除重庆、江苏、江西等地外，为数不少的省级监测机构通过挂靠教科研单位或高校的方式成立，没有给予额外编制；现有的监测人员多为兼职，专职监测工作人员占比较少；对于省、市、县级监测机构而言，专业的评价测量人才"一才难求"，队伍建设"举步维艰"。究其根本，除经费、编制等因素外，监测人才的缺乏是制约队伍建设的最主要原因。因监测队伍流动性大、高校培养测评人才较少等问题，我国质量监测的实践专家、后备人才均不足，如何加快培养评价、测量专业人才，为广大的监测阵地输送人才，迫切需要解决。

（二）改进思路

监测结果应用要服务好新时代教育评价改革目标的落实、服务好政府评价工作、服务好教育高质量发展，必须从当前存在的痛点与难点入手进行改进。

1. 建立监测结果应用分级管理制度

将义务教育质量监测定性为非高利害测试有其现实必要性，但是由此带来的问题需要积极应对，如何处理好"非高利害"与"高度重视"之间的现实矛盾，充分调动各级部门的积极性以顺利推进监测结果应用是未来需要解决的关键问题之一。建议可建立监测结果应用的分级管理制度，从学生、学校层面来说教育质量监测应为非高利害测评，不公布具体排名，以避免直接增加学校与学生的负担、避免质量监测成为高风险指挥棒；而对于教育行政部门而言义务教育质量监测应为高利害测评，体现为监测结果与各级行政部门核心利益挂钩，如领导考评、教育财政拨款、编制核定等，以此激励地方行政部门筹措更多资源办教育、办好教育。从国际经验来看，英国教育督导就采取高利害的督导结果应用方式，将督导结果与学校督导周期、办学资格和办学规划直接挂钩，有效地规范学校办学行为，提高学校教育质量。至

[①] 陈慧娟，辛涛. 我国基础教育质量监测与评价体系的演进与未来走向[J]. 华东师范大学学报，2021（4）：42－52.

[②] 田洪明，肖萍. 以教育质量监测推动区域教育治理现代化[J]. 教育家，2020（28）：48－50.

于质量监测工作高利害可能带来的测评舞弊等问题，可通过建立强有力的监督机制予以解决。

2. 构建信息充分的监测结果共享模式

监测结果充分应用的前提是监测结果的充分共享。大规模教育测评的优势正是在于它能通过计算机测试的方式广泛搜集数据，为教育改进提供更为可靠的依据，而监测结果保留实际上削弱了大规模教育测评本身所具有的优势，降低了监测工作的现实意义。教育质量是公共责任也是公共话题，公众的研究与讨论非常必要，要促进教育实践基于监测结果进行改进，实现以评促建的目的，更为完善的监测结果共享模式必须建立。首先，要改变义务教育质量监测结果公开不足的现状，将监测结果向学校、教师、专业研究者和社会公众充分共享，引起教育质量相关主体的关注与思考，调动更多的力量，尤其是广泛的一线教师积极主动投身于质量改进当中。其次，应当丰富监测结果的呈现方式，除监测报告以外，还应有条件共享原始数据、监测工具等核心信息，为监测数据的充分挖掘、质量问题的精确诊断、改进策略的有效提出提供可靠的基础。

3. 形成权责清晰的监测结果应用机制

工作机制问题是掣肘我国教育改革的老大难问题，同样也是阻碍监测结果应用的核心问题。当前的监测结果应用关注行政部门统筹、专业机构指导、一线学校行动，忽略了对统筹机制合理性的反思。"督导统筹"在监测结果应用当中的效果不甚理想实际上是工作机制不畅通所致，需要通过理顺管、办、评三方的关系予以解决。教育督导是我国"政府督导评估、学校自我评估和第三方评价机构相结合的多元化的评估体系"[1]的一部分，在行政系统当中扮演着评价者的角色。尽管监测结果应用属于监测工作的一环，但是它的实践成效主要依赖管理方和办学方，因此监测结果应用应当创新工作机制，积极理顺管办评三方的关系，以管理方或更高级别的工作组织作为统筹和保障、由办学方具体改进、由评价方进行成效追踪，对督导、基教、教研、财政、人事、学校等部门进行合理分工，为结果应用提供合理的机制保障。

4. 引导评价观念转变提高质量监测认同感

传统考试与质量监测之间矛盾的背后其实是教育价值观功利主义与人文主义的分歧，是应试教育和素质教育的博弈。就现实而言，升学考试与学

---

[1] 杨文杰，范国睿. 教育督导制度改革：1977—2020——改革开放以来我国教育督导改革的回顾与展望[J]. 教育发展研究，2017 (21)：1-12, 23.

生、学校的个体利益紧密相关,其重要地位短期内难以改变,但从本质上看,传统考试与质量监测虽有区别却也有联系,二者都围绕义务教育核心课程体系开展测评,都能够反映学生的学业成就水平,对学校教育教学的改进都有很大帮助。因此传统考试与质量监测之间并非对立关系,未来应当从共同价值出发对二者的关系进行讨论,建立沟通的桥梁,进一步加大教育质量监测的宣传力度,通过面上的宣传和定点的培训等多种方式加以引导,逐步改变相关群体的评价观念,提高学校、教师等群体对监测结果应用工作的认同感和重视程度,为监测结果的有效应用扫除思想障碍。

5."增量—提质"双管齐下加快队伍建设

监测队伍是引领监测工作发展的主要力量,亦是为监测结果应用提供专业服务的关键支点,监测队伍专业水平直接影响着结果应用工作的成效。一方面需要从增量上着手,加大监测机构的建设力度,给予独立机构、专门且足额的编制、充足的经费,提高人才吸引力;另一方面需要提质,以现有监测队伍为基础,以专业培训促进人才队伍转型,打造具有理论水平、实践指导能力、监测专业素养的骨干先锋队伍。为促进监测队伍的可持续发展,还需落实《深化新时代教育评价改革总体方案》中"支持有条件的高校设立教育评价、教育测量等相关学科专业,培养教育评价专门人才"的要求,鼓励高校在教育学、管理学下增设教育评价相关专业,增加人才储备,为质量监测结果应用乃至新时代教育评价改革提供可持续的智力支持。

第五章　学校评价：从规模走向内涵

学校是执行教育政策的基层组织，是实施教育活动的基本单元，也是培育人才的主要基地。学校办学是否规范、教育教学活动是否专业、人才培养是否有质量直接决定了教育质量的高低。开展学校评价是规范办学行为、促进学校发展、保障教育质量的重要手段，学校评价是教育评价体系的重要一环。

第一节　义务教育学校评价

义务教育是根据法律规定，适龄儿童和青少年必须接受的国民教育，义务教育是基础教育的基础，义务教育学校评价制度直接影响了义务教育的价值定位和发展走向，如何评价义务教育学校是一个关涉民生、关涉社会的重要议题。尽管早在1988年原国家教委就在年度工作要点当中提出要对中小学校开展简易可行的督导评估，但实际上我国较少对全国中小学实施统一标准的学校评估，尤其在义务教育办学以县为主的行政管理体制下，义务教育学校评估主要由省级以下政府根据国家要求因地制宜开展评价活动。

一、历史：从等级评估走向标准化建设

（一）以"培优"为目的的等级评估

义务教育学校评价制度的建立受到社会发展需求、教育改革大局的影响，20世纪末，我国义务教育处于重建阶段，"先富带动后富"的社会发展

理念向教育领域渗透，建立若干所重点中小学校以引领区域教育发展成为该阶段教育发展的重要任务。在此背景下，一些省份建立了以"培优"为目的的中小学等级评估体系。

1994年，经省人民政府同意，广东省教育厅印发了《广东省中小学校等级评估管理办法（试行）》，决定面向全省中小学校开展等级评估。文件明确了对中小学校开展等级评估的目的：进一步引进竞争机制，深化教育体制改革；加强对学校的宏观管理，全面贯彻党的教育方针，全面提高广东省中小学教育质量。文件规定学校级别分为广东省一级学校、××市一级学校、××县（市、区）一级学校，必要时可以增设广东省特级学校；其中广东省特级学校、一级学校由省教育厅组织评定，市一级学校和县（市、区）一级学校则由市、县（市、区）教委、教育局分别组织评估小组评定，报省教育厅备案。

2004年，为了进一步优化等级学校评估工作，广东省人民政府教育督导室对中小学等级评估方案进行了修订，并分别印发了适用于初级中学和全日制小学的评估指标体系，不同学段的评估指标在一级指标和二级指标上是一致的，只是在评估标准上初中、小学有所差异。从具体指标来看，等级学校评估重点评价中小学校在办学条件和学校管理两方面的水平，未将学生发展水平纳入评估范畴（见表5-1）。

表5-1 广东省中小学校等级评估指标体系①

一级指标	二级指标
办学条件	经费，场地，校舍，规模，校园，教学仪器、设施设备，队伍配备等
学校管理	办学方向及班子建设，师资队伍建设，德育工作，教学工作，体卫美劳工作，后勤管理工作等

（二）以"公平"为取向的标准化建设

中小学校等级评估作为特定教育发展阶段的产物，对于督促政府重视教育发展、加大教育投入、改善办学条件和办成一批"典型的优秀"学校起到了不可忽视的作用，但同时也带来了学校发展多极分化、社会评价片面化、"择校"盛行的问题。显然，随着教育主要矛盾的转移、教育发展任务从普及化向促进公平转变，等级学校评估已经不能适应教育改革发展需要。

---

① 广东省教育研究院. 广东省教育评估发展报告［M］. 广州：广东高等教育出版社，2013：423-493

为了转变义务教育学校评价观念，缩小义务教育学校城乡差距，教育行政部门逐渐弱化等级评估并积极为义务教育学校建立"去等级化"的建设标准。2004 年广东省委、省政府印发的《广东省教育现代化建设纲要（2004—2020 年）》提出要大力推进义务教育规范化学校建设，要大力办好每一所学校，并提出"2010 年珠江三角洲地区和其他大中城市义务教育规范化学校达到 100%、东西两翼和粤北山区力争达到 80%"的建设目标。2006 年，广东省教育厅印发《广东省义务教育规范化学校标准（试行）》，从办学条件、学校管理、教育教学三个方面规定了义务教育规范化学校建设的具体要求，标志着广东省义务教育学校建设有了新的指引。2013 年，为了进一步提高义务教育学校办学标准，促进义务教育均衡优质标准化发展，广东省教育厅在《广东省义务教育规范化学校标准（试行）》的基础上修订形成《广东省义务教育标准化学校标准》并正式印发，同时宣布《广东省义务教育规范化学校标准（试行）》废止，评价领域依然聚焦于办学条件、学校管理、教育教学三个方面。随着等级评估的正式停止和义务教育学校评价标准的逐步完善，义务教育学校评价也正式从"办好一些学校"向"办好每一所学校"转变。

二、当下：面临"双减"与评价改革双重挑战

受应试教育以及优质教育资源覆盖面不高的影响，义务教育阶段减负之声久矣，但是收效甚微。为切实减轻义务教育阶段学生负担，2021 年，中共中央办公厅、国务院办公厅印发了《关于进一步减轻义务教育阶段学生作业负担和校外培训负担的意见》（简称"双减"），希望通过减轻学生作业量、提高学校课后服务水平、规范校外培训机构、提高教育教学质量等举措切实减轻学生负担。在深化教育评价改革的背景下，"双减"政策一经发布则迅速影响了义务教育学校的内部管理和外部评价，使义务教育学校评价面临新的挑战。本研究通过自编问卷对广东省 1 520 名教师开展调查，发现"双减"和教育评价改革切实影响了学生课业负担、教师工作感受、学校内部评价、教师评价意愿等方面。

（一）主要发现

1. "双减"切实减轻了学生负担

调查显示，教师普遍认为"双减"后学生的作业量减少了、学业负担减轻了。13.7% 的教师非常同意"双减"后学生作业量减少了，62.7% 的教师

表示同意,11.5%的教师表示不确定,8.9%的教师表示不同意,3.2%的教师表示非常不同意;10.1%的教师表示非常同意"双减"减轻了学生的负担,56.3%的教师表示同意,18.6%的教师表示不确定,11.5%的教师表示不同意,3.6%的教师表示非常不同意(见表5-2)。可以看出,从教师角度来看,"双减"政策在学生的学业负担方面确实实现了减量减负的目的。

表5-2 "双减"之下学生课业负担情况

项目	非常不同意		不同意		不确定		同意		非常同意	
	频数	比例	频数	比例	频数	比例	频数	比例	频数	比例
"双减"后学生作业量减少了	49	3.2%	135	8.9%	175	11.5%	953	62.7%	208	13.7%
"双减"减轻了学生的负担	55	3.6%	175	11.5%	282	18.6%	855	56.3%	153	10.1%

课后服务作为落实"双减"政策的必要配套措施,不仅有减轻学生家庭负担、彰显学校教育主阵地地位的作用,同时还是学校教育的"第二课堂",是"双减"之下学校课程的重要组成部分,肩负着神圣的育人使命。课后服务能否起到提升学校教育质量的作用是衡量学校"双减"工作质量的重要参考。调查显示有一半教师同意课后服务有助于提升学校教育质量,分别有49.5%和8.0%的教师选择了"同意"和"非常同意",另有25.9%的教师选择"不确定",11.5%的教师选择"不同意",5.1%的教师选择"非常不同意"(见表5-3)。总的来说,教师对课后服务的评价不太一致,相当一部分教师持有保留态度。

表5-3 课后服务质量情况

项目	非常不同意		不同意		不确定		同意		非常同意	
	频数	比例	频数	比例	频数	比例	频数	比例	频数	比例
"双减"后的课后服务有助于提升学校教育质量	78	5.1%	175	11.5%	393	25.9%	753	49.5%	121	8.0%

2. "双减"对教师的评价能力提出了挑战

"双减"政策在校内校外教育的关系当中有着明确的学校主阵地立场，要求发挥学校教育育人的主要地位、减弱校外培训对学生发展的影响，那么势必从时间和质量上都提高了对学校教育的要求，也势必影响着教师的工作感受。调查发现，教师们普遍同意"双减"后对工作要求提高了，比如在作业布置方面，88.5%的教师表示同意"双减"后对课后作业布置的要求更高了（70.1%的教师选择"同意"、18.4%的教师选择"非常同意"），只有4.3%的教师持有不同意或非常不同意的态度；对于"双减"政策对教师工作提出的挑战，教师普遍采取积极应对的态度，68.9%的教师"同意"、17.2%的教师非常同意"双减"后更精心准备作业，只有5.9%的教师持不同意或非常不同意态度（见表5-4）。作业布置作为学校内部评价当中最为主要的过程性评价方式，在学习效果巩固和教学质量持续监测当中发挥着重要作用，根据调查结果我们不难看出，教师能够明确"双减"对此提出的挑战且态度积极。

表5-4 "双减"后教师工作感受

项目	非常不同意		不同意		不确定		同意		非常同意	
	频数	比例	频数	比例	频数	比例	频数	比例	频数	比例
"双减"后对课后作业布置的要求更高了	10	0.7%	55	3.6%	111	7.3%	1 065	70.1%	279	18.4%
"双减"后我更精心准备作业	21	1.4%	69	4.5%	122	8.0%	1 047	68.9%	261	17.2%

为切实减轻学生负担，"双减"政策明确提出"学校要确保小学一、二年级不布置家庭书面作业，可在校内适当安排巩固练习；小学三至六年级书面作业平均完成时间不超过60分钟，初中书面作业平均完成时间不超过90分钟""降低考试压力，改进考试方法，不得有提前结课备考、违规统考、考题超标、考试排名等行为；考试成绩呈现实行等级制，坚决克服唯分数的倾向"。可以说"双减"政策不仅要求减负，同时对如何减负都做出了明确的规定。但是作业、考试作为学校内部评价的常规化评价方式，要短时间做出根本的改变存在一定的困难。调查发现，14.9%的教师"非常同意"小学

低年级也需要适当的书面作业，68.3%的教师"同意"，只有1.6%、8.0%的教师选择"非常不同意""不同意"选项，说明教师普遍认可书面作业在低年级教育教学当中的作用，认为书面作业仍然是低年级教育教学的必要的教学措施之一；在期末考试方面，分别有23.5%、61.4%的教师选择了"非常同意""同意"期末考试的必要性，只有2.3%和6.8%的教师选择"非常不同意""不同意"，由此可见，教师对书面作业、期末考试等传统的评价方式有较大的依赖性，未能完全适应"双减"的改革要求（见表5-5）。

表5-5 对低年级作业、考试的态度

项目	非常不同意 频数	非常不同意 比例	不同意 频数	不同意 比例	不确定 频数	不确定 比例	同意 频数	同意 比例	非常同意 频数	非常同意 比例
小学低年级也需要适当的书面作业	25	1.6%	121	8.0%	109	7.2%	1 038	68.3%	227	14.9%
无论高年级或低年级，期末考试都是必要的	35	2.3%	104	6.8%	90	5.9%	934	61.4%	357	23.5%

3. 教师普遍认可综合素质评价

评价，尤其是考试被喻为"指挥棒"，历来被认为是导致学校教育舍本逐末、学生负担过重的重要原因。调查学校评价现状有助于了解"双减"背景下的学校教育生态。调查发现，大部分教师认同综合素质评价的重要性，有22.7%的教师表示"非常同意"开展学生综合素质评价很重要，71.7%的教师表示"同意"，只有0.4%和0.9%的教师选择"非常不同意"和"不同意"；尽管如此，教师们却普遍表示目前学校主要关注的还是学生的学业成绩，有超过60%的教师认为学校目前主要评价的是学生的学业成绩（见表5-6）。不难发现，虽然从理念上教师们普遍认识到了开展学生综合素质评价的重要性，但是从实践来说，扭转重学业成绩轻综合素质的现实还需要一定的时间。

表 5-6 对综合素质评价的看法

项目	非常不同意		不同意		不确定		同意		非常同意	
	频数	比例	频数	比例	频数	比例	频数	比例	频数	比例
开展学生综合素质评价很重要	6	0.4%	13	0.9%	66	4.3%	1 090	71.7%	345	22.7%
目前学校还是主要评价学生的学业成绩	56	3.7%	353	23.2%	195	12.8%	786	51.7%	130	8.6%

4. 教师愿意积极应对教育评价改革

教师队伍作为教育评价改革的主力，他们对教育评价改革的认同是影响其改革投入意愿和改革成效的关键因素。调查发现，教师普遍认同教育评价改革的必要性，超过90%的教师"非常同意""同意"教育评价改革很有必要，仅有7.6%的教师选择"不确定"，0.3%、1.2%的教师选择"非常不同意""不同意"；在评价能力提升方面，超过80%的教师同意有必要对教师开展专门培训提高教师的评价能力；76.8%和13.9%的教师"同意""非常同意"学校和教师还需要在学生评价方面多动脑筋；68.3%、7.8%的教师表示"同意""非常同意"自己乐于设计评价工具（见表5-7）。可见，在对教育评价改革的认同和投入方面教师普遍持有积极态度，肯定教育评价改革的必要性同时愿意投身到教育评价改革当中。

表 5-7 对教育评价改革的认同及投入意愿

分项	非常不同意		不同意		不确定		同意		非常同意	
	频数	比例	频数	比例	频数	比例	频数	比例	频数	比例
教育评价改革很有必要	5	0.3%	18	1.2%	116	7.6%	1 048	68.9%	333	21.9%
有必要对教师开展专门培训提高教师的评价（学生评价）能力	20	1.3%	70	4.6%	156	10.3%	1 070	70.4%	204	13.4%

续上表

分项	非常不同意 频数	非常不同意 比例	不同意 频数	不同意 比例	不确定 频数	不确定 比例	同意 频数	同意 比例	非常同意 频数	非常同意 比例
学校和教师还需要在学生评价方面多动脑筋	7	0.5%	40	2.6%	94	6.2%	1 168	76.8%	211	13.9%
我乐意自主设计一些自用的评价工具（如学生评价表、试卷、学生成长手册等）	11	0.7%	104	6.8%	249	16.4%	1 038	68.3%	118	7.8%

（二）主要结论

1. "双减"的减负效果获得肯定，但课后服务的质量有待提升

根据调查可知，大部分教师肯定了"双减"政策的减负效果，分别有76.4%、66.4%的教师同意或非常同意"双减"后学生的作业量减少了、学业负担减轻了，但是在对课后服务是否有助于提高学校教育质量方面态度不相一致，各有近50%的老师同意、不确定或不同意课后服务有助于提高学校教育质量。说明"双减"政策的减负目的得到实现，但是课后服务的质量有待提升。

2. 教师积极应对"双减"工作，普遍认同教育评价改革

"双减"政策对教育教学提出了新要求，而教师是执行落实"双减"政策的主体，教师对"双减"工作的态度是影响政策落实的重要因素。根据调查结果可知，有88.5%的教师认为"双减"对课后作业布置的要求更高了，有86.1%的教师表示"双减"后更为精心地准备作业，由此可见教师们以积极的态度应对"双减"后的教学新要求。调查发现教师群体的教育评价改革认同度也比较高，超过90%的教师认同教育评价改革很有必要，超过80%的教师同意有必要对教师开展专门培训提高教师的评价能力，76.1%的教师乐于设计评价工具，表明教师不仅认同教育评价改革并且具备迎合改革的行动意愿，教育评价改革有良好支持氛围。

3. 综合素质评价重要但是依然对传统评价方式存在依赖

教师们普遍认为综合素质评价是重要的，有高达 94.4% 的教师认为开展综合素质评价很重要，但是也有超过 60% 的教师认为学校目前主要评价的是学生的学业成绩；在对低年级学生布置书面作业和期末考试的必要性的调查当中也发现，教师们普遍认为一二年级学生还是需要书面作业和期末考试的，间接表明教师们对传统的内部评价方式如书面作业、纸笔测试的依赖程度也比较高。

三、未来：强化内部评价

（一）从外部评价走向内部评价的价值体现

"强势政府"为义务教育学校评价提供了行之有效的外部评价体系，但是从对政府评价和学校评价的研究不难发现，我国的义务教育评价还具有指标选取上主要聚焦于规模性指标、内部评价体系弱化的现象。从政策取向来看，"优质公平"是我国义务教育评价的核心导向，从国际趋势来看，校本层面的管理、过程、结果是评价的重点领域，其中学生发展是核心；而从现实来看，虽然教育评价改革接受度高、教师有改革动力，但是完善的内部评价体系尚未建立。强化义务教育学校内部评价体系对义务教育学校发展有多重价值。

1. 增强学校主体意识，提高学校评价能力

义务教育学校内部评价是以学校为主体并主导的为学校服务的评价活动，需要学校积极、主动、自发地开展。由于我国传统历来重视外部评价，主要通过行政部门主导的评价活动进行质量保障，因此义务教育学校普遍缺乏开展评价的意识，评价的内容主要停留在学业成绩，对学生发展与校本层面的其他相关因素的深入分析不足。因此，如要系统、科学地开展义务教育学校内部评价工作，唤醒、增强学校对评价的主体意识是首要的。除此以外，如何提高学校的评价能力也尤为重要，开展内部评价意味着要以学校管理者、教师队伍作为评价活动的主力军，校内队伍能否胜任评价活动是决定内部评价能否高质量实施的关键因素，内部评价的实施依赖于内部评价队伍的素质，要注重提升学校评价能力。

2. 转变学校评价理念，树立科学的评价导向

调查发现在实践当中义务教育学校的教师虽然感知到教育评价改革的重要性，有积极的评价改革意愿也认同综合素质评价，但是实际上学校内部评

价仍然停留在以评价学生学业成绩为主的传统模式,说明现实层面依然存在片面的评价理念,急需改变才能符合当前的教育评价趋势。教育部等六部门2021年印发的《义务教育质量评价指南》明确学生层面的评价应当包括品德发展、学业发展、身心发展、审美素养、劳动与社会实践五个方面,即强调要五育并重。因此,学校内部评价理念要从以学业为主向五育并重转变,既是保持内部评价与外部导向的一致性,也可以在校内树立科学的教育评价导向,引导教师和学生五育并举。

3. 营造良好评价氛围,完善保障机制

内部评价虽然是校本层面学校的自主行动,但是外部环境是否鼓励学校自主评价关涉学校积极性的发挥、影响内部评价活动的开展。从行政层面来说,应当倡导、鼓励学校积极建立内部评价体系,营造良好的、宽松的氛围,甚至通过政策激励、业务指导等方式提高学校开展内部评价的积极性。此外,内部评价虽然是由学校主导的活动,但是科学评价体系的建立需要校外专家、专业机构、家长等相关群体的支持。因此鼓励、保障多元协同的保障机制也需要完善。

(二) 概念澄清:何为内部评价

已有理论主要从评价主体的角度定义内部评价,"按评价者的不同,学校评价可分为学校外部评价系统和学校内部评价系统"[①];"内部评价(或自我评价)主要是为管理的要求而设计的,由项目人员来进行,其目的主要是在于给管理人员提供经常性的反馈意见,以便采取纠正措施"[②]。但是在与邻近概念的比较中发现,从主体间出发去定义内部评价并未能完全概括其特性与含义,相关学者对"校本评价"一词的定义也强调以学校成员为主体、以改进为目的,如我国台湾学者郭昭佑认为校本评价是"学校成员在专家协助下,学习评鉴知能且实地执行学校层级评鉴,以建立学校内部评鉴的常驻机制,并透过内外部评鉴的联结与多元参与的真诚对话,以为学校发展改进负有绩效责任的过程";彭钢认为校本评价是一种内部评价而非外部评价,是在本校范围内发生的、由学校自主决定的评价,以调整和改进本校的教育教学工作、促进学生教师和学校更好发展为核心价值取向的评价;胡咏梅认为校本评价是由学校的内部评价机构自发地对学校的内外部教育环境与教育质

---

① 赵学勤. 学校内部教育评价系统分析 [J]. 教育科学研究, 1999 (3): 55-58.
② 杨海燕. 美国中小学评价的一个新视角:内部评价与外部评价共存 [J]. 教学与管理, 2002 (25): 75-77.

量进行民主的、系统的调查过程并且是与外部评价相融合的过程。[1] 从以上定义不难看出，"内部"一词的含义从对主体间的理解走向了对"主体间＋空间场域"的理解。除校本评价以外，"自我评估"一词也常与"内部评价""校本评价"等词交互使用，在欧洲国家，自我评估被认为是学校基于自身需求发起的，由适当的参与者系统地对学校功能进行描述和判断，以便对学校发展做出决策的过程[2]；是具有合作性、包容性、反思性等特征的学校内部审查过程[3]。

从定义来看，"内部评价""校本评价""自我评估"三者之间具有一些共同点：首先，从评价主体来看都强调以学校内部机构或成员为主体；其次，从评价场域来看都强调评价活动发生于学校之内，以校园地理为边界；再次，从评价目的上都强调评价以服务学校发展为主，突出评价的发展性。但是回到语义以及语境上，我们也可以分辨出三者的不同之处。"校本"一词译自英文"school-based"，它强调学校本位、以学校为基础、基于学校而发生，在我国，"校本"一词的盛行源于 21 世纪初的基础教育新课程改革当中三级课程管理体制的确立，在对"校本课程"关注的基础上带动了对校本教研、校本管理、校本行动、校本培训等领域的研究；在此背景下，我们可将"校本评价"理解为教育评价多元治理、学校自治的结果，是评价权力下放的体现，从这一层面来说，校本评价可视为制度化评价体系的一部分，承担了一定的公共责任。而自我评估（self-evaluation）简称"自评"，是与"他评"结对出现的概念，在教育评价实践当中，"自评"更多地体现为整体评价活动的一个环节，我国诸多的督政督学项目如"义务教育发展基本均衡县督导评估""国家示范性高中评估"当中都强调在上级行政部门开展督导评估之前被评单位首先要完成自评工作并提交自评报告，自评作为他评的基础而存在。因此，可以说校本评价与非校本评价之间体现的是价值差异，而自评与他评之间关注的是主体差异；至于"内部评价"则是相对于"外部评价"而言的，它是学校主导的、回应学校发展诉求的、无涉外在要求的评价活动，相对于外部评价而言，内部评价体现的是目的差异。

---

[1] 田莉. 校本评价的理论内涵、实践样态与分析框架［J］. 全球教育展望，2009（11）：55－58.
[2] 李凌艳，苏怡. 欧洲学校自我评估研究［J］. 比较教育研究，2022（9）：30－39.
[3] 李晓. 爱尔兰学校自我评估探析与启示［J］. 现代教育科学，2013（10）：33－36.

总的来说，校本评价、自我评估和内部评价三者之间有许多共同点，也存在一定的差异。概括而言，从评价目的上校本评价是以考核结合改进为目的的评价活动，自我评估更多侧重于考核，而内部评价则主要是出于改进目的而开展；从主体而言，校本评价与内部评价都是由学校主导、多主体协同参与的评价活动，而自我评估则主要是学校自行自主完成的评价活动；从场域来说，三者都主要以学校作为评价范围；而从结果应用来说，校本评价兼顾问责与发展，自我评估主要用于满足问责需要，而内部评价结果主要是体现发展价值（见表5-8）。

表5-8 三者之间的比较

项目	目的	主体	场域	结果应用
校本评价	考核、改进	校内校外	学校	问责+发展
自我评估	考核	校内	学校	问责为主
内部评价	改进	校内校外	学校	发展

从三者之间的关系来看，自我评估和内部评价是发生于校本层面的评价，因此从内涵和外延来说校本评价包含了自我评估和内部评价；而自我评估与内部评价之间既有共性也有差异，是交叉并存的关系（见图5-1）。

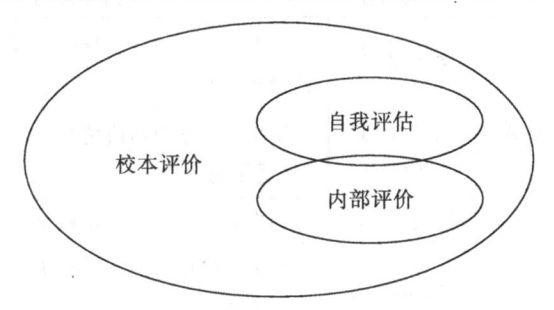

图5-1 内部评价与校本评价、自我评估的关系

（三）内部评价体系构建

1. 基本理念

新时代教育评价改革要求健全学校内部质量保障制度，坚决克服重智育轻德育、重分数轻素质等片面办学行为，促进学生身心健康、全面发展；从国际比较的经验来看，欧洲各国学校自我评估的内容与指标也呈现出"以学

生发展为中心，关注学校教育全过程"①的特点。本研究提出的义务教育学校内部评价体系顺应时代的需要以及符合国家发展趋势，秉持"学生中心"的评价理念，以学生全面发展为中心进行体系构建。从评价理论的角度而言，本研究以第四代教育评价理论为指导，第四代教育评价理论以回应和协商为标志，强调多主体的建构与合作，打破以往评价中的"管理主义倾向"，主张教育评价是有关主体共同的事情。②因此义务教育内部评价体系的构建以多主体参与为设计准则，强调多主体的协同、对话与建构。

2. 理论模型

"学生中心"的义务教育学校内部评价指标体系以学生发展为核心，以学校管理、课程教学、教师队伍等"软指标"为相关因素进行构建。基本思路是通过测量学生发展的结果同时调查影响学生发展的关键因素，在统计分析的基础上诊断学校内部存在的问题，从而改进教育教学，为育人质量提高服务。具体指标包括结果性指标"学生发展""多方满意度"和投入—过程指标"学校领导力""课程体系""教学模式""教师队伍""家校社协同"七项，见表5-9。

表5-9　义务教育学校内部评价指标

指标类型	一级指标	二级指标	指标说明
结果性指标	学生发展	综合素质	学生品德、学业、身心、审美素养、劳动与社会实践发展情况
		学业表现（增值）	学生学科学业增值情况（适用初中）
		长期发展	学生高中、大学学业和职业发展情况
	多方满意度	学生满意度	学生对学校管理、教师队伍、课程教学等方面的满意度
		家长满意度	家长对家校协作、学生发展、学校管理等方面的满意度
		教师满意度	教师对学校领导力、课程教学、专业发展方面的满意度情况

---

① 李凌艳，苏怡. 欧洲学校自我评估研究 [J]. 比较教育研究，2022 (9)：30-39.
② 史耀芳. 国外学校教育评价的历史沿革 [J]. 外国中小学教育，1997 (4)：20-23.

续上表

指标类型	一级指标	二级指标	指标说明
投入—过程指标	学校领导力	教学领导力	领导班子规划、指导学校课程教学的能力
		转型领导力	校长推动学校转型发展的能力
		道德领导力	校长办学管校的道德践行力
	课程体系	课程合理性	学校开足开齐国家课程、地方课程情况
		课程丰富性	校本课程体系的丰富性
		课程科学性	学校课程体系建设符合学生和教育规律
	教学模式	方法科学性	教学过程恰当运用多种教学方法情况
		指导个性化	教学过程针对学情进行个性化指导情况
		学生参与度	学生的教育教学活动参与度
	教师队伍	专业素养	教师专业知识、技能、态度、情怀方面情况
		专业发展	教师专业发展意识、能力以及支持体系
	家校社协同	家校协同	家校协同开展教育的科学性与合理性
		家社协同	学校与社会各方协同开展教育的科学性与合理性

3. 义务教育学校内部评价的操作体系

义务教育学校内部评价是学校主导的评价，而不是学校单方组织的评价。从操作层面来说，引入校外的专业力量共同参与有利于保障学校内部评价体系的科学性。为了更全面、科学、准确地诊断和指导学校评价与改进，义务教育学校评价需要实现多元化，包括评价工具、评价方式、评价主体的多元。

(1) 评价工具。

评价工具包括学生素养测评工具、相关调查问卷、学生学业及增值表现算法、学校质性材料等。

学生素养测评工具针对德智体美劳五育测评需求开发，调查问卷主要包括利益相关者，如学生问卷、教师问卷、管理干部问卷、校长问卷、家长问卷。不同问卷的调查内容各有差异：校长问卷的填答对象为学校校长，问卷内容主要围绕学校领导力、课程与教学、教师队伍、家校社协同方面的指标进行设计，目的在于调查校长的办学理念以及对学校管理多方面的自评情况；管理干部问卷的填答对象为学校中层管理干部，调查内容主要涉及学校领导力、课程与教学、教师队伍、家校社协同方面，目的在于调查管理干部对影响学生发展的相关因素的评价情况；教师问卷的填答对象为学校全体教师，问卷内容涉及学生发展、满意度、学校领导力、课程与教学、教师队伍、家校社协同等方面，目的在于了解教师对学生发展的评价情况以及对学校管理等其他相关因素的评价和满意度情况；学生问卷的填答对象为学校的全体学生，小学低年级（一、二年级）、中高年级以及初中学校各有不同，调查内容主要涉及学生发展自我评价、课程教学、教师队伍、满意度等方面；家长问卷的填答对象为部分学生家长，问卷题目涉及学生发展和教师队伍、家校社协同、满意度等相关内容。

学生学业及增值表现算法。学生的学业成绩主要包括区域小学高年级、初中阶段的学业数据。综合运用过程性数据、结果性数据，立体描绘学生初中阶段的学业变化情况和学科核心素养的形成过程。

学校质性材料。学校质性材料是进行数据分析、精确诊断学校问题的重要参考。包括学校基本信息如队伍情况、课程开设情况、教师专业发展情况等，反映学校办学理念的发展规划、规章制度、课程实施方案、教师评价方案等，以及学生发展的相关材料如学生体质健康测查数据、学生综合素质评价档案等。

（2）评价主体。

评价主体是指实质参与并对评价活动具有话语权的群体，他们负责评价体系的设计、工具的开发、评价工作的组织以及评价结果的应用等。既往的义务教育学校评价以外部评价为主，主要由行政部门委托的评估专家或者以行政部门为主体开展评价活动，学校内部群体以及家长群体的参与度较低、话语权较小。义务教育学校内部评价作为校本驱动的评价活动，不受行政压力的约束，主要依据学校需要自行开展，并且尤其强调学校教育的参与者如校长、教师、学生的参与以及话语表达。因此，义务教育学校内部评价的主体以校内主体为主，但是同时强调家长以及校外专家的专业性参与。具体来说，义务教育学校内部评价的主体由校内-校外两个群体组成，校内群体包括校长、中层管理干部、教师、学生，校外群体主要有专家团队和家长。

（3）评价结果应用。

评价结果应用是"评价—反馈—整改—提升"工作闭环上的关键环节，直接影响评价工作的现实价值与成效，可以说评价结果的应用质量决定了评价活动的价值高低。外部评价活动由于主要以考核和问责为目的，因此评价结果具有高利害性，从而导致评价结果的公开不足、研究不足、应用不足的问题。内部评价与外部评价的最大区别在于内部评价是内驱的而非外在要求的，它的目标直接锚定于指导和改进学校教育而非考核评定，因此评价结果的应用更加关键，如果没有改进就不存在内部评价的必要。从实践层面来说，评价结果应用因为涉及多方利益而难以推进，而义务教育学校内部评价由于不存在发展以外的功利目的，因此可以很好地避免由于外在压力束缚结果应用的困境。从学校层面而言，做好评价结果的应用首先要建立有效的结果应用机制，建立合理的责任分担机制，形成上下联动、内外协同的工作模式，为结果应用提供制度保障；其次要转变教师的评价结果应用观念，对于评价结果的应用要从经验思维向循证思维转变，从评价数据当中诊断问题、寻求线索，为教育教学和管理的改进提供参考；最后，评价结果的应用以教师队伍的评价素养为基础，提高教师队伍的评价素养才有可能推进理论的评价体系落地实施，才能获取预期成效。

第二节　普通高中学校评价

普通高中是基础教育与高等教育衔接的关键学段，是向高等教育培养和输送优秀人才的摇篮，也是具有较高社会关注度的教育阶段。对普通高中开展评价是一个现实难题，从理想的角度看普通高中的办学成效应当全面，但是从现实角度来说，社会公众、教育行政部门都不免被以高考成绩为主的学业成绩所裹挟，可以说普通高中评价的改革走向是事关新时代教育评价能否"破五唯"的重点环节。

一、普通高中评价的国际标准

20世纪70年代起，基于标准推动教育质量提高成为国际教育改革和发展的一个新的趋势，教育质量标准成为各国教育研究的新焦点，高中教育质量标准的研究亦是高中教育质量研究的重点之一。教育质量标准是"关于教育教学领域活动或活动结果的规定。包括人才培养质量标准（针对教学结果）、教学质量标准（针对教学过程）、工作质量标准（针对教育者的工作和行为准则等）"[1]，高中教育质量标准可以认为是对于高中阶段教育目标、

---

[1] 许芳，李化树. 基础教育质量标准及评价体系探讨[J]. 教育与教学研究，2011(3): 48-50.

过程、结果及其相关要素的一定要求,是高中教育质量保障体系的重要组成部分。

(一) 普通高中教育质量标准的基本类型

各国的高中教育质量标准依据各自不同的教育发展水平和评价需要呈现不同的方式,总体而言,依据不同的评估范围和评估内容,可以将高中教育质量标准主要划分为综合评价模式的教育质量标准和单项评价模式的教育质量标准。

1. 综合评价模式

综合评价模式的教育质量标准是以学校为评价单位,以综合评价为内容的教育质量标准,标准强调考察学校的综合指标,侧重于学校教育结果及与学校教育结果密切相关的因素。如美国的卓越绩效教育标准、英国的《学校督导框架》、中国香港地区的《学校表现指标》都属于综合评价模式的教育质量标准。

(1) 美国学校卓越绩效教育标准。

"卓越绩效教育标准"(Education Criteria for Performance Excellence) 又称"学校教育质量标准",是美国国家标准和技术委员会在"卓越绩效模式"管理理念的基础之上组织研制的美国国家质量奖。"卓越绩效教育标准"不仅是外界鉴定学校教育质量的工具,同时也可作为学校进行自我评估的参照系统和质量管理的标准工具。美国在制定了统一的学校质量标准框架的同时,允许各学区根据自身实际情况制定具体的评价标准,因此"卓越绩效教育标准"得到了广泛的应用,对推动美国学校的改革和发展发挥了重要作用。

"卓越绩效教育标准"框架由三部分构成,分别为学校介绍、系统的运行部分和系统的基础部分。学校介绍部分主要说明学校的运行背景状况,系统的运行部分确定了组织运行以及所获得的成果,系统的基础部分对改进组织绩效有重要的作用。"卓越绩效教育标准"的结构框架图如图 5-2 所示。[1]

---

[1] National Institute of Standards and Technology. Baldrige national quality program (2011 – 2012): Education criteria for performance excellence [M]. Gaithersburg: NIST: IV. 3.

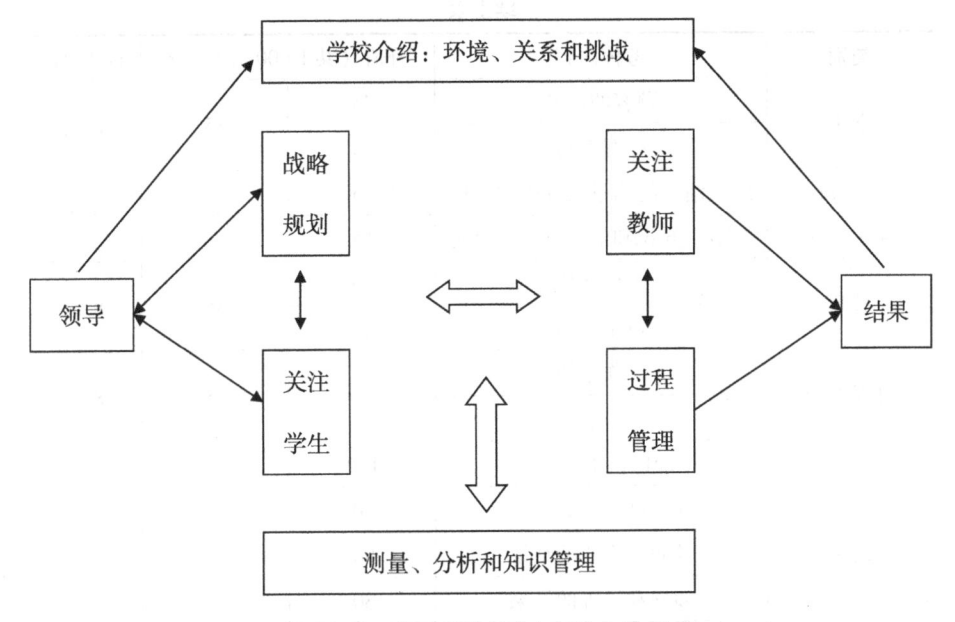

图 5-2 "卓越绩效教育标准"框架体系

"卓越绩效教育标准"的指标体系[①]由 7 项一级指标和 17 项二级指标组成。"领导"主要考察学校领导如何引领学校发展;"战略规划"考察学校如何建立和实施战略目标和行动计划,以及如何依据实际情况调整和控制进度;"关注学生"考察学校如何与学生及其利益相关者契合以赢得市场;"测量、分析和知识管理"评估学校如何收集数据、信息和知识以及学校如何管理信息技术,同时检查学校如何评估其绩效,并根据结果改进;"关注教师"考察学校如何聘用和管理教职工;"过程管理"考察学校如何设计工作系统;"结果"考察学校在关键领域的绩效和改进。

表 5-10 "卓越学校教育标准"的类别、考核内容、分值和权重一览表

类别	考核内容	分值(共 1 000 分)/分	权重/%
领导	高层领导者如何领导	70	120	12.0
	治理和社会责任	50		
战略规划	如何确定战略	40	85	8.5
	如何实施战略	45		

---

① National Institute of Standards and Technology. Baldrige national quality program (2011 – 2012): Education criteria for performance excellence [M]. Gaithersburg: NIST: Ⅳ.3.

续上表

类别	考核内容	分值（共1 000分）/分		权重/%
学生	顾客的声音	45	85	8.5
	顾客参与	40		
测量、分析和知识管理	组织绩效的测量、分析和改进	45	90	9.0
	信息、知识和信息技术的管理	45		
教师	工作环境	40	85	8.5
	员工参与	45		
过程管理	工作系统	45	85	8.5
	工作过程	40		
结果	学生学习的结果	120	450	45.0
	顾客中心的结果	90		
	教职工中心的结果	80		
	领导和治理的结果	80		
	预算、财政和市场的结果	80		

(2) 英国《教育督导框架》[①]。

英国教育标准局（Ofsted）成立以来持续发布了多个版本的《教育督导框架》，各个版本的《教育督导框架》在制定背景、指标内容方面有所差异，但大多围绕学校的总体贡献、学生成绩、教学质量、学校管理等几个方面提出评价要求。当前施行的为2019年版的《教育督导框架》，于2023年7月进行了更新。2019年版的《教育督导框架》描述了教育督导的原则、目的、评价等级、评价指标和结果应用等方面，适用于公立学校、学院、注册的早期教育机构和其他继续教育机构等，于2019年9月开始实施。

《教育督导框架》主要目的有四个方面：在收集系列证据的基础上为学校提供独立的外部评价，确定学校教育教学需要改进的地方，为受教育者提供更好的服务，并充分保护立法和政策所提倡的平等和多样性；为家长、学习者和雇主提供了有关教育、培训和护理质量的重要信息，以帮助以上群体做出明智的选择；在遵守相关指导和行为准则的前提下，通过多种方法采集数据，基于一致的、经过研究的判断标准对教育质量做出判断；向公众和政

---

① OFSTED. Education Inspection Framework [EB/OL]. (2023-07-14) [2023-08-10]. https://www.gov.uk/government/publications/education-inspection-framework/education-inspection-framework.

府保证，教育、技能和儿童保育的最低标准得到了满足，公共资金得到了合理的使用，教育质量是有保障的。

《教育督导框架》主要从"教育质量""行为与态度""个人发展""领导与管理"四个方面提出对学校教育质量的要求，根据评价结果将学校确定为四个等级：优秀、良好、有待改进、不合格（见表5-11）。

表5-11 教育督导框架（2019）

评价指标	评价要点
教育质量	内容： 教育机构为学习者提供有愿景的课程，为所有学习者，特别是最弱势的群体和有特殊教育需要的人群提供他们在生活中取得成功所需要的知识和文化资本。 课程具有规划性和连续性，可以帮助学习者为终身学习和职业发展做好充分准备。 教育机构对所有学习者持有一样的学术、技术和职业发展要求，同时课程应当满足一些高水平学习者的发展需要。 教育机构必须通过足时的课程来确保学生接受完整的课程训练。 实施： 教师对所教授的课程有充分的了解，领导者为教师提供有效的支持、包括那些教授非本专业课程的教师。 教师清晰地呈现教学内容，能促进学习者围绕主题进行适当的讨论。教师系统地评价学习者的学习情况，并能够准确地识别学习者当前存在的困难、提供清晰和直接的反馈，在此过程中根据需要调整教学策略。 教学的目的是帮助学习者掌握所学内容，并将新知识整合到更大的概念中。 领导者和教师适当使用评价，例如了解学习者的掌握情况为教学提供反馈信息。领导者了解评价的局限性，不会给教师或学习者增加负担。 教师创造可以让学习者专注于学习的环境。教师选择的课程资源反映了学校的课程愿景和课程规划。 严谨的阅读教学方法可以培养学习者的阅读信心和阅读乐趣。在学习阅读的早期阶段，阅读材料与学习者的自然拼读知识密切相关。 效果： 学习者通过课程获得知识和技能的发展，取得好的成绩。可通过国家测试和考试结果或资格证书证明。 学习者为下一阶段的教育、就业和培训做好了充分的准备。例如获得资格证书、能够实现符合兴趣的发展目标、能够广泛而频繁地阅读、能够增强阅读和理解能力

续上表

评价指标	评价要点
行为与态度	教育机构对学习者的行为有较高的期望，并始终如一公平地保持期望。通过学习者的行为和态度去反映。 学习者对教育或培训的态度是积极的。他们致力于学习，知道如何有效地学习，能够适应挫折，并为自己的成就感到自豪。 学习者出勤率高，守时。 学习者与教职工之间关系能够反映积极和尊重的文化氛围。 领导者、教师和学习者创造一个不容忍欺凌、虐待或歧视的环境。如果确实发生了，学校能够迅速有效地处理问题，不让问题蔓延
个人发展	课程超越学术、技术或职业范畴，能为学习者提供更广阔的发展空间，使他们能够发展和发现自己的兴趣和才能。 教育机构和课程能够支持学习者发展他们的性格——包括韧性、信心和独立性，并帮助他们知道如何保持身心健康。 在教育的每个阶段，教育机构为学习者在下一个阶段中获得成功做好准备。 教师帮助学习者适应英国现代生活：将学习者培养成负责任、尊重、积极的公民，为社会做出积极贡献；增进他们对英国基本价值观的理解；促进他们理解和欣赏多样性；珍视我们的共同之处并且尊重法律对差异性的保护
领导与管理	领导者对向所有人提供高质量、包容的教育和培训有着明确而有信心的愿景。这是通过强有力的共同价值观、政策和实践来实现的。 领导者注重丰富员工的学科、教育和教学内容知识，以提高课程教学和教学评价的适当性。教职工的实践和学科知识随着时间推移建立和提高。 领导者确保所有学习者完成他们的学习计划。他们为员工提供支持，使之成为可能，并且不允许退学。（"退学"指非正式地、永久地排除或鼓励家长将孩子从学校的名册中除名的做法，且这样做主要是为了教育者的利益而不是为了学习者的最大利益） 领导者有效地与学习者和社区中的其他人进行互动，包括家长、监护人、雇主和当地服务机构。 领导者与教职工保持良好关系，关心他们面临的压力。在进行员工管理时，管理方式应当是具有建设性的。 领导者保护员工避免其受欺凌或骚扰。 管理者了解自身的角色，能够有效地执行管理。他们确保学校有清晰的愿景和策略，学校资源得到妥当的利用。他们要求领导对教育或培训的质量负责。

续上表

评价指标	评价要点
领导与管理	管理者确保学校履行法定义务，例如2010年《平等法》规定的义务，以及其他义务，例如与"预防"战略和保护有关的义务，以及促进学习者的福利。 形成保护文化并提供有效的支持以确保：识别急需帮助或具有被忽视、虐待、诱骗或剥削风险的学习者；为学习者提供所需要支持或及时向专业人士寻求帮助以减低他们受到伤害的风险；避免招聘可能对学习者和弱势成年群体构成风险的员工

英国的《教育督导框架》以人为中心，关注领导者与管理者行为，以促进学生行为和态度发展为核心，宗旨是促进每一位学生为未来生活做好充分准备并成为合格的英国公民。

（3）中国香港地区学校表现指标。

为了推动学校的自评工作，香港教育局于2002年发表了《香港学校表现指标2002）》，指标共分四个大范畴：管理与组织、学与教、校风及学生支援和学生表现；其下共含14个二级指标，共由29个具体指标构成。为突出指标的发展性，配合新的教育趋势和学校发展情况，2007年，香港教育局在总结《香港学校表现指标2002》推行经验及数据分析结果的基础上，把《香港学校表现指标2002》的14个二级指标精简和重组为8个，又把具体指标的数目由29个精简为23个，修订形成了《香港学校表现指标2008》，《香港学校表现指标2008》于2008/2009学年起供中学、小学、特殊学校及视学人员使用，以取代《香港学校表现指标2002》版本，但《香港学校表现指标2002》版本仍然具有参考价值，基于学校背景及发展步伐不同，学校在有需要时仍然可以参考《香港学校表现指标2002》，以检视各范畴的工作。为了配合教育发展和2022/2023学年起推行的优化学校发展与问责架构，香港教育局对评价指标进行了再更新，形成《香港学校表现指标2022》，2022版本的指标体系在范畴和具体表现指标上与2008版本完全一致，重点更新了表现指标的要点问题，以及"优异"和"尚可"两个层次的表现例证，用以指导学校配合香港教育目标达成以及学生达到课程标准（见表5-12）。

表 5-12 《香港学校表现指标 2022》[1]

范畴	范围	表现指标
管理与组织	1. 学校管理	1.1 策划　1.2 推行　1.3 评估
	2. 专业领导	2.1 领导与监察　2.2 协作与支援 2.3 专业发展
学与教	3. 课程和评估	3.1 课程组织　3.2 课程实施 3.3 学习评估　3.4 课程评鉴
	4. 学生学习和教学	4.1 学习过程　4.2 学习表现　4.3 教学组织 4.4 教学过程　4.5 回馈跟进
校风及学生支援	5. 学生支援	5.1 学生成长支援　5.2 学校气氛
	6. 学校伙伴	6.1 家校合作　6.2 对外联系
学生表现	7. 态度和行为	7.1 情意发展和态度　7.2 群性发展
	8. 参与和成就	8.1 学业表现　8.2 学业以外表现

《香港学校表现指标 2008》保留了《香港学校表现指标 2002》在学校表现层次方面的划分，共将学校表现分为四个层次：优异、良好、尚可和欠佳。学校可以根据评估准则进行自评，总结学校所处的发展层次，并在自评的基础上制定有针对性的、切实可行的发展规划，促进学校的自我完善。《香港学校表现指标 2022》学校表现层次及具体评估准则如表 5-13 所示。

表 5-13 《香港学校表现指标 2022》学校表现层次和评估准则

表现层次	评估准则
优异	学校在有关方面表现经常以优点为主，能达到预期目标，成效显著，并可作为成功经验的推介
良好	学校有关方面表现优点多于弱点，并向着预期目标稳步发展，成效理想
尚可	学校在有关方面表现优点及弱点参半，学校朝向预期的目标发展，工作渐见成效
欠佳	学校在有关方面表现以弱点为主，成效未如理想，未能达到预期的目标，须即时做出改善

---

[1] 中华人民共和国香港特别行政区政府教育局. 香港学校表现指标 2022 [EB/OL]. (2023-06-19) [2023-07-06]. https://www.edb.gov.hk/sc/sch-admin/sch-quality-assurance/performance-indicators/index.html.

2. 单项评价模式

单项评价模式的教育质量标准是以学校为单位，以学校单项指标为内容的教育质量标准。如美国《新闻周刊》的"美国最好高中"评选、英国特色高中评估等属于单项评估评价模式的教育质量标准。

(1)《新闻周刊》"美国最好高中"评选①。

"美国最好高中评选"是由《新闻周刊》发起的，分别在1998年、2000年、2003年、2005年、2006年、2007年和2008年公布了"全美高中排行榜"。"全美高中排行榜"的评选公式是：校得分（也称为挑战指数，challenge index）＝全校学生参加大学先修课程（advanced placement）和国际大学预科（international baccalaureate）两种考试的人数/毕业班人数。这个评选公式强调关注学校教学是否把大多数学生带入大学，而不是看重高中所拥有的尖子生数量，也不看重考试通过率。公式设计者《新闻周刊》特邀记者马休斯说："这项排名是为了那些致力于把普通学生送入大学的高中所设计，我希望这是一份能衡量学校水平的排名，而不是衡量学生好坏的排名。"按照"挑战指数"公式计算，2000年全美只有494所高中的挑战指数达到或超过1，进入"最好高中"名单。到2010年6月，约有1 600所高中名列其中。

(2) 英国特色高中评估。

英国特色高中评估是英国特色学校评估的一个重要部分。自从1994年特色学校计划（SSP）启动以来，特色学校变得越来越普及和成功。2002年11月，教育与技能部（DFES）②提高了对特色学校项目资金拨款的最高限度，用来支持这个项目的扩展。教育与技能部的文件《一个新的特色体系：改革中等教育》（"A New Specialist System: Transforming Secondary Education"）（2003年2月）做出长远的打算，使所有的中等学校都成为特色学校。

特色高中有以下三个大目标：提高特色科目和整个学校的标准；与私营部门赞助者、其他学校和地方社区结成伙伴关系共同工作；在全部中等学校和更广大的社区中扮演重要的角色。

具体来说，特色高中有以下目标：提高所有学生的成绩标准，既包括在特色学科方面，也包括整个课程；提高特色学科的教学质量，帮助整个学校提高标准；为学生提供特色科目扩展他们的学习广度，与私营部门赞助者、

---

① 孔令帅. 美国优秀高中评选探析 [J]. 上海教育科研, 2010 (12): 38-40.
② 现已更名为"教育部（Department of Education）"。

商业界、其他与特色科目相关的继续教育和高等教育机构建立联系，对学生的需求和兴趣做出回应；发展学校的特色，这些特色能够表明学校的特点并且能反映出学校的目标；鼓励学生参与特色科目的学习，增强他们的兴趣；与伙伴学校合作来增加学生在特色学科上的学习机会，分享专业设备和教育资源，发展和传播优秀实践；为地方团体提供特色科目的教学。

英国的高中要申请成为特色学校必须达到教育与技能部设定的最低标准，如：是公立普通学校，以及公立和非公立的特殊学校；取得私营机构的赞助；早期规定学校必须募得10万英镑的无附加条件的私人部门的赞助，自1999年起，对获得赞助的额度的要求减半，筹集到5万英镑即可，资助可以来自慈善信托基金、内部集资或私营公司，赞助方式也包括设备和服务；办学成绩达到相应水平；制订对学业成就有定量目标的四年规划；因为学校业绩不佳而进入儿童、学校、家庭部考察名单的学校没有资格申请特色学校资格。[1]

（二）国际普通高中评价标准的特点

各国的高中教育质量标准尽管在评价模式、指标内容等方面有着不相一致的地方，但总体而言，国际高中教育质量标准还是呈现出一些共同的特点。

1. 目的导向

教育质量标准反映的是各国、各地区的教育发展要求，根据不同的教育发展需求所制定的教育质量标准则有着不同的目的。如美国的"卓越绩效教育标准"目的在于通过"卓越绩效教育标准"及其相关措施的规约，促进学校改进管理，提高学校管理绩效，最终获得良好的教育质量；英国的《教育督导框架》目的在于通过督导掌握学校的教育水平总体情况，以为家长提供信息、为教育主管部门提供反馈以及为提高学校教育质量提供策略；中国香港地区的《香港学校表现指标》及其相关的配套测量工具，主要目的在于帮助学校开展自评、诊断问题、进行改进，以及帮助视学人员掌握各学校表现水平，同时促进学校之间进行交流；英国的"特色高中评估"则强调高中在特色发展方面所做出的努力，目的在于促进高中特色发展。总的来说，都落脚于学校发展、教师发展和学生发展。

2. 共同的要素

尽管各国/地区的教育质量标准要素不尽一致，但却涵盖了一些共同的

---

[1] 陈君. 英国特色学校发展研究 [D]. 保定：河北大学，2012：20-23.

要素。在过程维度上，基本上都涉及组织管理、教师管理、课程管理、教学管理、学校与家长、社区的合作管理几个方面；在结果维度，基本上都落脚于学生发展、教师发展、学校发展。而因各份教育质量标准的目的各不相同，不同的教育质量标准各有侧重。在过程与结果维度的强调方面，美国的"卓越绩效教育标准"更多强调过程要素，相对轻结果要素；英国的《教育督导框架》强调结果要素，次要考察过程要素；中国香港地区的《香港学校表现指标》过程要素与结果要素并重（见表5-14）。

表5-14 美国、英国、中国香港地区高中"学校—综合"评估教育质量标准要素比较

项目名称	过程要素	结果要素
卓越绩效教育标准	强	弱
教育督导框架	弱	强
中国香港学校表现指标	中	中

在结果要素方面，美国的"卓越绩效教育标准"侧重于强调学校管理的绩效，即强调学校的管理模式优化以及由此带来的学校发展，在结果上侧重于学校发展；英国的《教育督导框架》强调学校在"教育质量""行为态度""个人发展""领导与管理"方面所做出的努力都应当为学生的发展服务，在结果因素上强调学生发展，同时涉及教师发展；中国香港地区的《香港学校表现指标》从指标内容分析可知，侧重于强调学校发展和学生发展，较少涉及教师发展（见表5-15）。

表5-15 美国、英国、中国香港地区高中"学校—综合"评估教育质量标准结果要素比较

项目名称	学生发展	教师发展	学校发展
卓越绩效教育标准	中	弱	强
教育督导框架	强	弱	弱
中国香港学校表现指标	中	弱	中

3. 不同的模式

国际上的高中教育质量标准有着不同的模式，各国/地区的高中教育质量标准体系由不同模式的教育质量标准构成。总体而言，高中教育质量标准模式主要有综合评价和单项评价两种主要模式。综合评价模式的教育质量标准以学校为单位，以学校综合评估为内容的教育质量标准，可能涉及组织管理、教师管理、课程管理、教学管理、学校与家长、社区的合作管理等方面，目的多在于促进学生发展、教师发展以及学校发展。单项评价的教育质

量标准是以学校为单位，以学校单项指标或特定方面要求为内容的教育质量标准，这一类教育质量标准的目的大多在于激励学校提高在特定方面的总体水平，如美国的《新闻周刊》"美国最好高中"评选关注的是高中向高一级学府输送人才的能力。

4. 多元的主体

各国/地区的高中教育质量标准的研制主体依据各国/地区的教育评价运行模式有所区别，大致上包含三类主体：教育行政主管部门、其他官方机构、社会机构。美国的高中教育质量标准的研制主体较为多元，"卓越绩效教育标准"由美国国家标准和技术委员会研制，"美国最好高中"评选由《新闻周刊》开展，实现了官方机构与社会力量的相互结合；英国的高中教育质量标准研制主体多为官方机构，《教育督导框架》由英国教育标准局制定，是英国政府实施教育管理和教育质量监控的独立政府部门，"特色高中评估"标准由英国教育与技能部研制，是英国的教育行政主管部门；中国香港地区的高中教育质量标准《香港学校表现指标》由香港教育局制定，同样出自教育行政部门。各国/地区的高中教育质量标准的研制主体比较如表5-16所示。

表5-16 各国/地区的高中教育质量标准的研制主体比较

国家/地区	标准名称	研制机构	机构类型
美国	"卓越绩效教育标准"	美国国家标准和技术委员会	其他官方机构
	"美国最好高中"	《新闻周刊》	社会机构
英国	《教育督导框架》	英国教育标准局	其他官方机构
	"特色高中评估"	英国教育与技能部	教育行政部门
中国香港	《香港学校表现指标》	香港教育局	教育行政部门

二、普通高中评价的中国实践

在普职分流以及高中阶段办学"普职大体相当"的背景下，普通高中历来是高质量高中阶段教育的主要载体。因此，尽管同属于基础教育，但普通高中有着与义务教育阶段学校不一样的办学定位，对普通高中的评价也未如义务教育一样强调标准化评价，而是多强调示范引领作用、多样化和特色发展。对国家、省、市等层面的相关政策进行梳理可以发现，改革开放以来我国普通高中评估主要可以分为三大类：示范性评估、等级性评估和聚焦教学水平的评估。

（一）示范性评估

做好示范性高中建设是改革开放初期我国普通高中教育发展的战略任务。1980年，教育部印发了《关于分期分批办好重点中学的决定》，提出要改善重点中学办学条件、提高教育教学质量和办学效益，为普遍办好普通高中提供示范引领作用。为实现此目的，1995年，原国家教委印发了《关于评估验收1 000所示范性普通高级中学的通知》，提出要在2000年以前在全国分期分批验收1 000所示范性普通高中，同时印发了《示范性普通高级中学评估验收标准（试行）》，明确示范性高中要在德育工作、教育教学改革、教育科学研究、学校管理、勤工俭学等方面对其他一般普通高级中学起示范作用，在师资培训、设备使用等方面发挥基地作用；验收的标准涉及学校规模、班额、校园校舍、设施设备、面积和场地、经费保障、管理制度、师资队伍配备、课程与教学、后勤保障等方面。

长久以来，以"示范性"作为普通高中评价的主要价值理念一直贯穿其中，除了国家层面推动示范性高中评估以外，各省也陆续开展示范性普通高中评估。广东、广西、湖南、贵州、辽宁等省（市、自治区）均制定了适应本省需要的示范性高中评价标准并付诸行动。从指标体系来看，不同省份的示范性高中评估有不同的侧重点，但是重点主要关注办学理念、学校管理、师资队伍、课程教学等领域。

表5-17 各省（市、区）示范性高中评估指标

省份	印发年份	项目名称	主要观测指标
湖南	2013	湖南省示范性普通高中督导评估	领导班子与学校管理、教师队伍与办学条件、办学水平与办学特色、示范效应与引领作用
广西	2013	广西壮族自治区示范性普通高中验收评估、复查评估标准	办学思想、环境条件、班子队伍、学校管理、课程实施、教育科研、办学规模与质量、办学特色、示范作用、综合考查
广东	2014	广东省国家级示范性普通高级中学督导验收	办学理念和发展规划、组织建设、组织运作、教师队伍建设、课程实施、德育工作与校园文化、体卫美劳工作、学生发展、学校与社会、特色与示范性、规模与经费、校园与校舍、信息技术设备设施、图书馆设备设施、获奖情况

续上表

省份	印发年份	项目名称	主要观测指标
贵州	2018	贵州省示范性普通高中评估	办学理念、学校管理、教师队伍建设、课程与教学、教育质量
辽宁	2023	辽宁省示范性普通高中评估	党的领导与办学方向、课程改革与教学科研、队伍建设及学校管理、条件保障及环境建设

（二）等级评估

等级评估一般是指评估结果以等级呈现的学校评估项目。从等级的分类以及等级间的可流动性来看，等级评估也可划分为多种类型，有的以行政级别定级，如省一级高中、市一级高中、县一级高中，有的划分为省一级高中、省二级高中，也有的以星级分类，如五星级高中、四星级高中、三星级高中等；从等级之间的流动性来看，有的项目在等级之间可上可下，有的只上不下，体现了项目设计的取向有所不同。

广东省普通高中等级评估以行政级别定级，县一级、市一级、省一级普通高中可采用同一套指标体系进行评价，只是在具体指标要求上有所差异，如在学校规模上，省一级高中需达到36个班1 800人以上，县一级学校的标准则是高中规模18个班900人以上。浙江省将普通高中评估分为省一级高中、省二级高中两类，其中省一级高中向省级评估部门申报、省二级高中向地市教育局申报，省二级高中满2年后方可申报省一级且符合相关条件，评估结果均由省教育厅认定且要求每三年重新认定一次。江苏省则是对全省普通高中实行星级评估，星级普通高中共分5级：一星级突出办学合格性，二星级突出基础发展性，三星级突出主体骨干性，四星级突出示范引领性，五星级突出国际可比性（暂未开评）。

从评估指标来看，广东省的等级学校评估主要聚焦于三个领域：办学条件、学校管理和获奖情况。其中办学条件考查经费、场地、规模、校舍、教学仪器设备、队伍配备等方面；学校管理考查办学方向和班子建设、师资队伍建设、德育与安全工作、教学工作、后勤工作等；获奖情况主要考查学校获得国际级、国家级、省级奖项的情况。浙江省的普通高中等级评估关注三个方面：办学理念和方向、育人模式、组织与管理。其中办学理念和方向考查办学指导思想、发展规划、必修课程、校内选修课程、校外选修课程、质量保障等方面；育人模式指标包括选课体系、教育教学改革、学分管理、师生和家长评价等指标；组织与管理包含规范办学、师资建设、条件保障、学生成长、辐射引领、学校发展等指标。江苏省五个星级学校的评估采用五套不同的评估标准，但是在指标体系上具有一致性，一级指标均包含办学条件、队伍建设、管理水平、素质教育和办学绩效等领域。根据不同指标体系的成分不难看出不同省份的等级评估导向性不同：广东省的等级评估指标体系较为突出基础管理；浙江省的等级评估指标更为关注育人成效；江苏省的星级评价指标体系则更能体现现代化管理理念。

（三）教学水平评估

从社会评价的角度来看，学业成绩是普通高中学校主要绩效体现，因此有着"教学是普通高中的生命线"的说法，说明教学工作在普通高中教育当中处于核心地位。尤其是进入21世纪以来，普通高中课程改革浪潮来袭，学校对课程方案的落实情况成为关涉学校教育教学质量的关键环节，在对普通高中实施综合评估之外，就课程教学进行重点评估成为普通高中质量保障的现实需要。在此背景下，一些省份在普通高中教学质量保障方面积极作为，开发面向课程教学的单项评价项目。广东省教育厅2006年印发了《广东省普通高中教学水平评估方案（试行）》，目的在于规范学校教学行为，督促学校按《普通高中课程方案（实验）》实施新课程实验，提高学校管理水平和教学质量，促进学生健康、和谐、全面发展。广东省普通高中教学水平评估强调科学性、导向性、操作性、定性与定量相结合的原则，评估内容聚焦于教学管理、教学保障、教学过程、教学效果四个方面（见表5-18），评估结果分为"优秀""合格""不合格"三个等级。被评为"优秀"等级的学校由广东省教育厅发给"广东省普通高中教学水平优秀学校"（简称"优秀学校"）称号并颁挂牌匾；被评为"合格"的学校由省教育厅发给"广东省普通高中教学水平合格学校"证书；被评为"不合格"的学校根据评估报告意见积极改进教学工作，一年后可向上级教育主管部门申请复评。截至2014年，广东省通过高中教学水平评估的学校共373所，占全省高中的36.7%（该项目目前已终止评审）。[①]

---

① 莫玉音. 国内普通高中评估现状与教育质量监测体系的比较分析[J]. 教育导刊，2014（8）：39-42.

表 5-18　广东省普通高中教学水平评估指标体系

一级指标	二级指标	分值/分
教学管理	教学理念	4
	管理制度	6
	课程规划	3
	课程组织	7
	管理人员	5
教学保障	教师专业发展	12
	教学研究	6
	教学设施及使用	4
	专项经费	3
教学过程	德育工作	4
	教学实施	13
	教学评价	8
教学效果	学业负担	4
	公民素养	5
	学业水平	10
	体育与健康	4
	社会声誉	2

三、普通高中评价的发展趋势

新时代普通高中教育发展面临新的形势、新的要求，深化新时代教育评价改革也对普通教育评价改革提出了新的方向。从教育发展趋势来看，普通高中评价将从学校中心走向学生中心，从结果评价走向增值评价，兼顾中国特色与国际趋势。

（一）从学校中心走向学生中心

所谓的"学校中心"是指在评价当中将学校行为置于评价的中心位置，评价主要考查学校办学方向、办学规范和管理行为等；而"学生中心"则是突出学生在普通高中评价当中的中心地位，主要以学生发展水平来诊断学校办学质量。从对过去国家、省级等普通高中评价指标体系的梳理中我们不难发现，不管是示范性评估、等级评估还是教学水平评估，既往的普通高中学校评价实际上是"学校中心"的评价模式，评价指标主要集中在学校的办学理念、师资队伍、课程教学等方面，学生发展水平较少被纳入考查范围。新时代教育评价改革要求普通高中评价要实现转变，2020年中共中央、国务院印发的《深化新时代教育评价改革总体方案》提出普通高中主要评价学生全面发展的培养情况，2021年教育部印发的《普通高中学校办学质量评价指南》也将学生发展纳入了普通高中学校的评价体系，并对评价指标、评价要点都做了明确规定（见表5-19）。

表5-19 《普通高中学校办学质量评价指南》指标体系

重点内容	关键指标
A1. 办学方向	B1. 加强党建工作　B2. 坚持德育为先
A2. 课程教学	B3. 落实课程方案　B4. 规范教学实施　B5. 优化教学方式 B6. 加强学生发展指导　B7. 完善综合素质评价
A3. 教师发展	B8. 加强师德师风建设　B9. 重视教师专业成长 B10. 健全教师激励机制
A4. 学校管理	B11. 完善学校内部治理　B12. 规范招生办学行为 B13. 加强校园文化建设
A5. 学生发展	B14. 品德发展　B15. 学业发展　B16. 身心发展 B17. 艺术素养　B18. 劳动实践

从省级层面来看，近年来普通高中评价也逐渐实现了从聚焦学校向聚焦学生转变。2015年，在教育部《关于推进中小学教育质量综合评价改革的意见》《关于加强和改进普通高中学生综合素质评价的意见》及有关文件要求下，广东省教育研究院开启了以"聚焦学生发展"为基本指导思想的省域普通高中教育质量评价模式研究，以广东省教育厅委托课题"普通高中教育质量标准体系与评价公告制度研究"为抓手，组建了由研究机构科研人员、高校专家和研究人员、普通高中学校管理人员组成的研究团队，对普通高中教育质量标准进行了深入探讨，建立了一套科学、系统、符合省情的普通高中教育质量标准体系，并研发了相关监测工具、监测系统，在广东省的部分地市进行施测。该评价体系最大的亮点是将学生发展置于普通高中评价的中心位置，将学校管理等指标视为影响学生发展的基础因素，整个指标体系由

"学生发展水平"和"发展基础因素"两个模块构成。[1]

表5-20 普通高中教育质量监测标准（修订版）[2]

监测模块	一级指标	二级指标	监测点
学生发展水平	一、品行发展水平	1. 理想信念	爱国情感、社会责任、集体意识、人生理想
		2. 人格品质	自尊自信、自律自强、尊重他人、正派公道
		3. 公民素养	珍爱生命、遵纪守法、诚实守信、团结友善
		4. 行为习惯	文明礼貌、勤俭节约、热爱劳动、爱护环境
	二、学业发展水平	5. 学业成绩状况	学科考试成绩、学业增值度、有效学科均衡度
		6. 自主学习能力	学习自主性、学习方法与习惯、学习动机
		7. 学习品质基础	学习兴趣、学习自信心、学科特长
	三、身心发展水平	8. 身体健康	身体生理机能水平与身体素质、运动参与、运动技能与体育品德
		9. 心理健康	自我认识与评价、情绪调控与挫折应对、人际关系
		10. 健康生活方式	健康知识、健康行为
		11. 审美修养情趣	艺术课程、艺术参与、审美情趣
	四、实践创新潜能	12. 动手实验能力	实验技能、实验考查、创新能力
		13. 自主合作探究	自主发展、合作精神、探究能力
		14. 社会服务实践	社会实践、社会服务、职业准备
		15. 信息素养	信息意识、信息知识、信息能力、信息道德

---

[1] 广东省教育研究院. 广东省普通高中教育质量标准体系与监测评价［M］. 广州：广东高等教育出版社，2019.

[2] 由广东省教育研究院团队在专著《广东省普通高中教育质量标准体系与监测评价》所发表的试用版基础上修订而成。

续上表

监测模块	一级指标	二级指标	监测点
发展基础因素	五、现代学校治理	16. 办学理念与发展规划	办学理念、发展规划、依法治校
		17. 管理队伍与制度建设	领导班子建设、管理队伍建设、制度建设
		18. 学校文化与"三风"建设	校园文化、班级文化、"三风"建设
	六、育人方式改革	19. 课程设置与实施	课程设置、课程实施、课程评价
		20. 教学方式与资源建设	教学方式、教学资源建设
		21. 学生发展指导	生涯规划指导、学业指导、心理健康教育、组织制度建设
	七、教师专业素养	22. 教师队伍现状	学历结构、师德师风、教学行为
		23. 专业发展支持	制度环境、发展保障、教师发展意愿与成效
	八、基础办学条件	24. 经费保障与使用绩效	经费保障、经费管理及使用绩效
		25. 校园建设与设备设施提供	校园建设与设备设施配置、设备管理和使用绩效
		26. 信息化建设与管理	信息化基础设施配备、信息化管理

（二）从结果评价走向增值评价

结果评价又可理解为终结性评价，是指在一定的教育教学活动终结后开展的评价活动；而增值评价是对结果评价有益的补充，增值评价不以一次评价结果对评价对象下结论，而是将一定时期内学校的进步（增值情况）作为学校评价的主要指标。从过往历程来看，我国的普通高中评价主要采用的是依据一定的评价标准进校开展质性评估的方式组织评价活动，但是从国际上来看，进校评估的方式因存在时间成本高、主观性强等特点已经逐渐被以数据采集为主要手段的评价方式所取代，而增值评价是被公认的最为科学的测评手段之一，它能客观地反映学校的进步幅度，通过增值能力来判断学校效能，避免学校评价掉入"生源决定"的陷阱，美国、英国等国家都采取增值评价的方式开展学校评价。因此，增值评价是我国普通高中评价改革的主要方向，也是克服普通高中评价"唯分数""唯升学"评价的重要法宝。

（三）兼顾中国特色与国际趋势

从国际比较来看，不同国家和地区的普通高中评价有着不同的目的，包含各异的要素，有着各自特点。如美国的"卓越绩效教育标准"强调从管理学角度评价一所学校的管理绩效，将管理学理念引入教育领域；英国的《学校督导框架》强调学校的一切努力要为保障学生的发展服务，亮点在于强调教育公平、强调学校教育的"增值"功能、强调课程的均衡性等；我国的普通高中评估关注管理过程、注重办学规范等。但实际上深入分析普通高中评价体系后可发现，不同国家/地区的评价体系包含共同的教育价值取向，"发展、公平、合作"是各国教育发展的共同追求。其中，"发展"重点是学校发展、教师发展、学生发展，核心是学生发展；"公平"包括机会公平（入学）、过程公平（学习过程）、结果公平（增值），侧重考察过程公平与结果公平；"合作"强调校际合作、家校合作、社区联系。未来我国普通高中评价改革应当参考国际趋势，抓准高中教育的未来发展方向，在基于我国高中教育评价改革现实需要的基础上引导高中教育的发展性、公平性和合作性价值，真正促使高中教育全面优化并特色发展。

第六章 学生评价：从片面走向全面

学生发展是教育的核心追求，学生评价是教育评价的最关键的领域，学生评价从一定程度上决定了教师评价和学校评价的结果。很多评价活动以学生为评价对象，但并非所有以学生为评价对象的活动都是学生评价，学生评价是以学生个体或者群体为评价对象，目的在于诊断个体或群体学习问题，以促进学生发展为主要目的评价活动。

第一节 学生评价的政策导向

"如何评价学生"是对"培养什么样的人"这一永恒追问的回应，中共中央、国务院和教育部等部委对"培养什么样的人"的政策表达是指导和规定学生评价的根本方针。根据政策梳理，从中华人民共和国成立至今的七十余年里我国对学生发展的政策要求经历了几个特色鲜明的阶段。

一、德智体发展的劳动者

中华人民共和国成立初期社会发展要求"人民政府的文化教育工作，应以提高人民文化水平，培养国家建设人才，肃清封建的、买办的、法西斯主义的思想，发展为人民服务的思想为主要任务"。① 为工农服务，为生产建设

---

① 全国政协. 中国人民政治协商会议共同纲领［EB/OL］.（2021-12-29）［2023-03-06］. http://ylzx.yuelu.gov.cn/1886676/gwzl/zdhb/202112/t20211229_10419887.html.

服务，这就是当前实行新民主主义教育的中心方针。[①] 所以，培养符合社会发展需要的劳动者是这一阶段的主要目标。什么是社会发展需要的劳动者？1957年《关于如何正确处理人民内部矛盾的问题》提出"我们的教育方针，应该使受教育者在德育、智育、体育几方面都得到发展，成为有社会主义觉悟的有文化的劳动者"。而这一培养目标一直延续到改革开放初期，1981年的《关于建国以来若干历史问题的决议》提出"坚持德智体全面发展、又红又专、知识分子与工人农民相结合、脑力劳动与体力劳动相结合的教育方针"。由此可以看出，从中华人民共和国成立初期至改革开放前期，培养德智体发展的社会主义建设者和劳动者是主要目标，也是考核教育对人的培养质量的主要标准。这一时期的学生评价政策尚未受到特别关注，学生发展要求对学生评价的影响更多的是方向上的引领，学生评价主要依赖统一考试和过程性的德育、体育管理，正式制度没有建立。

二、全面发展的社会主义现代化接班人

20世纪80年代以后，社会发展要求教育要面向现代化、面向世界、面向未来，培养素质全面发展的社会主义接班人成为该阶段教育的主要政策导向。1982年的《中华人民共和国宪法》规定"国家培养青年、少年、儿童在品德、智力、体质等方面全面发展"。1985年《关于教育体制改革的决定》提出"教育必须为社会主义建设服务，社会主义建设必须依靠教育。社会主义现代化建设的宏伟任务，要求我们不但必须放手使用和努力提高现有人才，而且必须极大地提高全党对教育工作的认识。面向现代化、面向世界、面向未来，为90年代以至21世纪初叶我国经济和社会发展，大规模准备新的能够坚持社会主义方向的各级各类合格人才"。1986年《中华人民共和国义务教育法》规定"义务教育必须贯彻国家的教育方针，实施素质教育，提高教育质量，使适龄儿童、少年在品德、智力、体质等方面全面发展，为培养有理想、有道德、有文化、有纪律的社会主义建设者和接班人奠定基础"。1991年《中华人民共和国国民经济和社会发展十年规划和第八个五年计划纲要》提出"要继续深化教育体制改革，加强教育科学的研究，努力贯彻党和国家的教育方针，培养德、智、体全面发展的社会主义建设者和接班人，为现代化建设事业服务"。1999年，《中共中央 国务院关于深化教育改革全面推进素质教育的决定》正式将"素质教育"提到教育战略发

[①] 钱俊瑞. 当前教育建设的方针[J]. 人民教育，1950（1）：10-16.

展的位置,要求"实施素质教育,就是全面贯彻党的教育方针,以提高国民素质为根本宗旨,以培养学生的创新精神和实践能力为重点,造就'有理想、有道德、有文化、有纪律'的、德智体美等全面发展的社会主义事业建设者和接班人""实施素质教育,必须把德育、智育、体育、美育等有机地统一在教育活动的各个环节中。学校教育不仅要抓好智育,更要重视德育,还要加强体育、美育、劳动技术教育和社会实践,使诸方面教育相互渗透、协调发展,促进学生的全面发展和健康成长"。2001 年《国务院关于基础教育改革与发展的决定》提出"坚持教育必须为社会主义现代化建设服务,为人民服务,必须与生产劳动和社会实践相结合,培养德智体美等全面发展的社会主义事业建设者和接班人"。2010 年印发的《国家中长期教育改革和发展规划纲要(2010—2020 年)》再次重申要"全面贯彻党的教育方针,坚持教育为社会主义现代化建设服务,为人民服务,与生产劳动和社会实践相结合,培养德智体美全面发展的社会主义建设者和接班人"。不难看出从改革开放初期到 21 世纪初叶,我国的人才培养标准逐渐从"德智体"三育向"德智体美劳"五育进阶,人才规格也从"劳动者"向"各级各类人才"转变,在这 30 余年间,我国基础教育对人才培养质量的要求逐渐全面、更加丰富。

受人才培养要求更新的影响,这一时期的学生评价除了传统考试以外,政策体系逐渐向体育等领域延伸。2002 年,教育部联合国家体育总局印发了《学生体质健康标准(试行方案)》(以下简称《标准》),规定要对学生开展规范的、制度化的体育评价(见表 6-1),并将评价结果与学生发展和学生毕业条件相联系,文件提出学生达到《标准》良好等级以上者方可评为三好学生,成绩达到 60 分准予毕业,这是我国开展制度化体育评价的重要一步。[1]

表 6-1 《学生体质健康标准(试行方案)》测试项目

学段	必测项目	选测项目(多选三)
小学一二年级	身高、体重、坐位体前屈	无
小学三四年级	身高、体重、50 米跑、立定跳远	无

---

[1] 教育部,国家体育总局. 关于印发《学生体质健康标准(试行方案)》及《〈学生体质健康标准(试行方案)〉实施办法》的通知[EB/OL]. (2002-07-04)[2023-03-06]. http://www.moe.gov.cn/s78/A17/twys_left/moe_938/moe_792/s3273/201001/t20100128_80825.html.

续上表

学段	必测项目	选测项目（多选三）
小学五六年级	身高、体重、肺活量	台阶试验、50 米×8 往返跑中选测一项；50 米跑、立定跳远中选测一项；男生从坐位体前屈、握力中选测一项，女生从坐位体前屈、握力、仰卧起坐中选测一项
初中及以上年级	身高、体重、肺活量	50 米跑、立定跳远中选测一项；男生从台阶试验、1 000 米跑中选测一项，女生从台阶试验、800 米跑中选测一项；男生从坐位体前屈、握力中选测一项，女生从坐位体前屈、仰卧起坐和握力中选测一项

三、具备"核心素养"的储备人才

党的十八大的召开宣告我国事业发展进入新时代，教育事业发展开创了新的局面、面临新的要求。党的十八大报告指出，"要坚持教育优先发展，全面贯彻党的教育方针，坚持教育为社会主义现代化建设服务、为人民服务，把立德树人作为教育的根本任务，培养德智体美全面发展的社会主义建设者和接班人。全面实施素质教育，深化教育领域综合改革，着力提高教育质量，培养学生社会责任感、创新精神、实践能力"。为了贯彻落实党的十八大精神，2014 年教育部印发了《关于全面深化课程改革落实立德树人根本任务的意见》，提出"立德树人是发展中国特色社会主义事业的核心所在""研究制定学生发展核心素养体系和学业质量标准。要根据学生的成长规律和社会对人才的需求，把学生德智体美全面发展总体要求和社会主义核心价值观的有关内容具体化、细化，深入回答'培养什么人、怎样培养人'的问题"，首次在国家政策文件当中明确提出"核心素养"这一概念。北京师范大学受教育部委托开展学生核心素养研究，并于 2016 年正式发布《中国学生发展核心素养》，明确界定学生发展核心素养为"主要是指学生应具备的，能够适应终身发展和社会发展需要的必备品格和关键能力"，包括自主发展、社会参与、文化基础三个关键领域。[1] 2018 年，教育部发布了核心素养理念下的首个课程标准——《普通高中课程方案和语文等学科课程标准

---

[1] 核心素养研究课题组. 中国学生发展核心素养 [J]. 中国教育学刊，2016 (10)：1-3.

(2017版)》,当中对学生培养的要求通过"课程目标+学科核心素养"的方式表达,取代了旧课标当中的"三维目标",标志着对学生发展的评价标准向核心素养转变。

这一时期的学生评价政策主要聚焦于招生考试制度改革,尤其是高等院校招生考试制度的改革,基本理念是由一考定终生转向多次考试机会、由单一评价走向综合评价、由文理分科走向自主选科,体现了促进学生全面而有个性化地发展、培养多领域人才的新理念。在此阶段,学生综合素质评价合法性提高,2013年教育部印发《推进中小学教育质量综合评价改革的意见》,提出要从学生的品德发展水平、学业发展水平、身心发展水平、兴趣特长养成、学业负担状况等方面着力构建中小学教育质量综合评价指标体系;2014年教育部印发《关于加强和改进普通高中学生综合素质评价的意见》,要求从思想品德、学业水平、身心健康、艺术素养、社会实践五个方面综合评价高中学生发展情况,并作为高考录取的重要参考。此外,学生健康测评和艺术素质评价也获得政策的注意,2014年教育部印发《国家学生体质健康标准(2014年修订)》,对2002年的文件进行了修订,从指标权重、评分标准、评价工具等方面进行了完善。2015年,根据教育部《关于推进学校艺术教育发展的若干意见》的要求,教育部印发了《中小学生艺术素质测评办法》,建立了中小学艺术教育测评制度,明确要从课程参与、知识与技能掌握、艺术特长等方面对学生的艺术素质进行评价(见表6-2)。

表6-2 中小学生艺术素质测评指标体系(试行)①

一级指标	二级指标	指标内容	分值
基础指标	1. 课程学习	音乐、美术等艺术课程学习的出勤率、参与度和学习任务完成情况	25
	2. 课外活动	参加学校组织的艺术兴趣小组、艺术社团和各类艺术活动的表现	15
学业指标	3. 基础知识	理解和掌握音乐、美术等艺术课程标准要求的基础知识的情况	25
	4. 基本技能	掌握和运用音乐、美术等艺术课程标准要求的基本技能的情况	25

---

① 教育部. 关于印发《中小学生艺术素质测评办法》等三个文件的通知[EB/OL]. (2015-05-26)[2023-03-06]. http://www.moe.gov.cn/srcsite/A17/moe_794/moe_795/201506/t20150618_190674.html? eqid = ff9bd7210001d7b600000000006642a2503.

续上表

一级指标	二级指标	指标内容	分值
发展指标	5. 校外学习	自主参加校外艺术学习、参与艺术实践的情况（主要指参与社区、乡村文化艺术活动，学习优秀的民族民间艺术，欣赏高雅的文艺演出和展览等）	10
	6. 艺术特长（加分项）	在学校现场测评中展现的某一艺术项目的特长（包括声乐、器乐、舞蹈、戏剧、戏曲、绘画、书法等）	10

四、五育并举的时代新人

2018年9月，习近平总书记在全国教育大会上提出教育要在党的坚强领导下，全面贯彻党的教育方针，要培养德智体美劳全面发展的社会主义建设者和接班人。2019年2月中共中央、国务院印发的《中国教育现代化2035》同样强调要培养德智体美劳全面发展的社会主义建设者和接班人。2022年，党的二十大报告再次强调"培养什么人、怎样培养人、为谁培养人"是教育的根本问题，育人的根本在于立德，教育要全面贯彻党的教育方针，落实立德树人根本任务，培养德智体美劳全面发展的社会主义建设者和接班人。可以看出，2018年以来，"五育并举"成为了教育政策的主流话语。

因此，当前的学生评价政策也以"五育并查"为导向。2020年中共中央、国务院印发了体现新时代教育精神的政策文件——《深化新时代教育评价改革总体方案》，在学生评价领域强调要促进学生德智体美劳全面发展，通过树立科学成才观念、完善德育评价、强化体育评价、改进美育评价、加强劳动教育评价、严格学业标准、深化考试招生制度改革等具体措施推进学生评价改革。在《深化新时代教育评价改革总体方案》的推动下，教育部联合各部委陆续印发了《义务教育质量评价指南》《普通高中学校办学质量评价指南》，在学生发展评价方面均从德智体美劳五个领域着手，重点评价学生的品德发展、学业发展、身心发展、艺术素养和劳动素养五个方面（见表6-3）。

表6-3 义务教育与普通高中学生评价要点比较

领域	《义务教育质量评价指南》	《普通高中学校办学质量评价指南》
品德发展	理想信念、社会责任、行为习惯	理想信念、社会责任感、行为习惯
学业发展	学习习惯、创新精神、学业水平	学习态度与方法、学业水平、创新精神
身心发展	健康生活、身心素质	健康生活习惯、体质健康水平
义务教育：审美素养 高中：艺术素养	美育实践、感受表达	艺术活动参与、艺术技能掌握
义务教育：劳动与实践 高中：劳动实践	劳动习惯、社会体验	劳动观念、劳动实践

第二节　学生评价的重点领域：高考改革

高考是指高等学校考试招生，高考改革是面向高等学校考试招生制度的改革。高考制度是我国的基本教育制度，是我国高等院校选拔人才的基本手段。由于高考改革不仅是为国选才也是为家培才，因此高考一直是我国基础教育阶段的指挥棒，直接影响了中学阶段乃至小学阶段的学生评价工作，是学生评价领域最为重要的改革领域。改革开放以来的四十多年中，我国基础教育学生评价的改革基本围绕高考改革开展，可以说高考改革是我国基础教育学生评价改革的一个缩影。

一、高考改革的政策历程

1977年邓小平同志在《关于科学和教育工作的几点意见》讲话当中提出"今年就要下决心恢复从高中毕业生中直接招考学生，不要再搞群众推荐。从高中直接招生，我看可能是早出人才、早出成果的一个好办法"，拉开了我国高考改革的序幕。自1977年以来，国务院、教育部等行政部门多次印发文件，针对高考的考试工作和招生工作进行规定。

（一）考试政策

考试政策主要围绕考试科目、考试方式进行改革，考试制度改革是高考改革的核心，是真正引导基础教育人才培养和教育发展方向的指南。在高考政策当中，考试政策的变迁动力主要来源于对科学性和公平性的追求，改革开放以来，我国一直致力于建立兼顾科学性和公平性的高考制度。1977年10月，国务院批转教育部《关于1977年高等学校招生工作的意见》，高等学校招生统一考试制度的正式恢复，文件规定高考采取文理分科，两类考生均必考政治、语文、数学，其中文科加考历史、地理，理科加考物理、化学。

1990年10月，针对当时高考制度存在的文理分科或偏科导致的中学生知识结构不完整、高考科目偏多而有的科目与学生入学后所学专业关系不大的问题，原国家教委印发《关于改革高考科目设置的通知》，决定在湖南、海南、云南三个省份实行高考科目分组方案，高校可以根据系科，专业可以根据需要选择一组高考科目作为考试的考试科目，考生可以根据高校专业要求和个人兴趣选择一组作为应试科目，简称"三南方案"。

1994年4月，为了克服原始分数的局限性，使考试分数更加科学、准确地反映考生水平，原国家教委印发了《普通高等学校招生全国统一考试建立标准分数制度实施方案》，确定在广东、海南两省试点经验的基础上逐步推广使用标准分数并逐步在全国推广。

1999年2月，教育部印发《关于进一步深化普通高等学校招生考试制度改革的意见》，提出要用三年时间推行"3+X"科目设置方案，要更加注重对考生能力和素质的考查，积极探索一年两次考试的方案，实施计算机网上录取，维护公平、公正，节省人力、财力。

2001年5月，国务院《关于基础教育改革与发展的决定》提出要"改革高等学校招生考试内容，探索多次机会、双向选择、综合评价的考试、选拔方式，推进高等学校招生考试和选拔制度改革"。

2008年1月，教育部印发《关于普通高中新课程省份深化高校招生考试改革的指导意见》，提出建立和完善对普通高中学生的综合评价制度，并逐步纳入高校招生选拔评价体系；考试内容要实现与高中新课程内容的衔接，考试科目为语文、数学、外语和相关科目，相关科目一般为文科综合或理科综合，也可以根据本省实际设置其他科目；高等学校招生录取要在高考成绩基础上逐步增加对学生学业水平考试及综合素质的考查。

2010年7月,《国家中长期教育改革和发展规划纲要(2010—2020年)》提出高考要克服一考定终身的弊端,探索招生与考试相对分离的办法,逐步形成分类考试、综合评价、多元录取的考试招生制度。

2014年9月,《国务院关于深化考试招生制度改革的实施意见》确定高考科目为"3+3"模式,由统一高考的语文、数学和外语3个科目和高中学业水平考试3个科目组成;提出探索基于统一高考和学院水平考试成绩、参考综合素质评价的多元录取机制;确定上海市、浙江省为高考改革首批试点省市。

2014年12月,为落实《国务院关于深化考试招生制度改革的实施意见》的改革要求,教育部印发《关于普通高中学业水平考试的实施意见》《关于加强和改进普通高中学生综合素质评价的意见》,对新高考政策下的学业水平考试科目、内容、对象和时间以及学生综合素质评价的内容、方法、规范、结果应用等方面做了具体规定。2017年,第二批北京、天津、山东、海南等4省市试点启动高考招生制度改革;2018年,第三批河北、辽宁、江苏、福建、湖北、湖南、广东、重庆等8省市启动高考改革。

2020年,教育部印发《关于在部分高校开展基础学科招生改革试点工作的意见》,正式启动实施强基计划。强基计划主要选拔培养有志于服务国家重大战略需求且综合素质优秀或基础学科拔尖的学生,探索建立多维度考核评价考生的招生模式,是体现新高考"多元录取"精神的重要举措。截至2022年9月,39所"双一流"建设高校均参与强基计划,重点在数学、物理、化学、生物以及哲学、历史、古文字学等专业招生。2020—2022年三年间,强基计划共录取新生1.8万余人,选拔了一批对基础学科研究有志向、有兴趣、有天赋的优秀学生。[①]

表6-4 恢复高考40多年来考试方案变化

年份	方案	考试科目
1977	文科、理科	文理均考政治、语文、数学,文科加考史地,理科加考理化
1985	"3+1"	上海试点,必考语文、数学、外语,根据专业要求分别加试政治、历史、地理、物理、化学或生物任一科

---

① 中国网. 全国29个省份已启动高考综合改革,前三批已平稳落地 [EB/OL]. (2022-09-15) [2023-03-08]. http://www.moe.gov.cn/fbh/live/2022/54835/mtbd/202209/t20220915_661458.html.

续上表

年份	方案	考试科目
1990	"三南方案"	第一组：政治、语文、历史、外语 第二组：数学、语文、物理、外语 第三组：数学、化学、生物、外语 第四组：数学、语文、地理、外语
1992	"3+2"	文科：语文、数学、外语、历史、政治 理科：语文、数学、外语、物理、化学
1999	"3+X"	"3"为语文、数学、外语；"X"从物理、化学、生物、政治、历史、地理或综合科目中自行根据高校招生要求确定考试科目
2008	"3+文综/理综"	"3"为语文、数学、外语；选考文科综合（政治、历史、地理）或理科综合（物理、化学、生物）
2014	"3+3"	统一高考的语文、数学、外语3个科目加高中学业水平考试3个科目

（二）招生政策

招生政策是规范招生工作、确保高考公正公平的政策体系，是维护高考核心价值的重要体系。一直以来，行政部门都致力于建立公开公平规范的招生政策体系。1987年4月，原国家教委颁发《普通高等学校招生暂行条例》，对高等学校招生工作的报名、考试、考核、录取等环节进行规范，招生工作开始稳步发展。1988年5月，原国家教委颁发《普通高等学校招生统一考试管理规则》，对高考报名、命题、试卷管理、考试、评卷等工作做出规定，高考工作逐渐走向规范。1993年2月，中共中央、国务院颁发《中国教育改革和发展纲要》提出要改变全部按国家统一计划招生的体制，实行国家任务计划和调节性计划相结合，逐步扩大招收委培生和自费生的比重。2001年5月，《国务院关于基础教育改革与发展的决定》提出"改革高等学校招生考试内容，探索多次机会、双向选择、综合评价的考试、选拔方式，推进高等学校招生考试和选拔制度改革"。

2005年，为了切实维护广大考生的合法权益，建立以公平公正为核心、制度建设为基础、信息公开为重点、严格管理为根本、优质服务为依托、有效监督为保障的高校招生工作体系，教育部印发《关于高等学校招生工作实施阳光工程的通知》，要求各省级教育行政部门、招生考试机构和高等学校要结合高校招生工作的特点建立和完善以"六公开"为主要内容的信息公开制度,"六公开"具体是指招生政策公开、高校招生资格及有关考生资格公开、招生计划公开、录取信息公开、考生咨询及申诉渠道公开、重大违规事件及处理结果公开。

2014年印发的《国务院关于深化考试招生制度改革的实施意见》也对招生录取机制改革做了规定,要求新高考制度要减少和规范考试加分、完善和规范自主招生、完善高校招生选拔机制、改进录取方式、拓宽社会成员终身学习通道,同时要加强信息公开和制度保障以及违规查处力度,确保高考制度的公平性和公信力。

二、高考改革的政策逻辑

纵观40余年的高考政策改革历程,基本上沿着以下三条逻辑主线演进,旨在建立更加自主、更加公平、更加多元的高等院校考试招生政策体系。

(一)更加自主

从学生角度而言,高考改革的核心价值在于赋予学生更大的学业选择空间和未来发展的自主权,而这种自主权通过赋予选择权的方式呈现,选择权是新高考改革的核心内容。[①] 过去十年间各批次改革省份一直在根据试点经验调整改革策略,但是高考的自主性、选择性始终保持不变,体现在考试科目选择、志愿填报、招生录取等各个环节。以考试科目选择为例,国家层面的政策要求高考科目要由"3+文综/理综"向"3+3"转变,将选考空间由2选1扩展为多选3,根据省域实际情况,在选考科目上,上海实行"6选3"、浙江实行"7选3",学生分别有20种、35种选考组合,选择权大大增加。而针对第一批试点省市出现的选科博弈、弃考物理等问题,第三批改革省份对选考条件进行了优化,从顶层设计的"3+3"选科方案优化为"3+1+2"方案,其中3代表语数外三门核心学科,1则为物理/历史学科二选一,2则在其他科目当中自由选择。虽然不同省份、不同批次的改革方案有所差异,但是总体坚持赋予学生自主选择权原则不变。在填报志愿方面,新高考采取的是平行专业的做法,将学生的自主选择权由"选择学校"细化到"选择专业",学生可以填报志愿的数量大大增加。

---

① 柳博. 选择性:高考制度改革的机遇与挑战 [J]. 教育研究, 2016 (6): 72-80.

（二）更加公平

高考是万千考生改变命运的机会，是确保教育公平甚至是社会公平的重要基石。回顾高考政策尤其是招生政策的演变不难看出，我国一直致力于建立越来越公平的高考政策体系。一是通过提高考试招生的公开程度来确保公平公正，如《关于高等学校招生工作实施阳光工程的通知》《国务院关于深化考试招生制度改革的实施意见》等政策提出的"六公开"、减少和规范考试加分、改进录取方式等；二是通过关注弱势群体来确保机会公平。高考作为一个计划性很强的考试工作，指标的分配直接决定了省域、区域内考生的命运。新高考以来，我国重点关注西部地区和农村学生的录取机会，《国务院关于深化考试招生制度改革的实施意见》提出在招生计划分配上要提高中西部地区和人口大省高考录取率，并明确要明显缩小录取率最低的省份与全国平均水平的差距、明显增加贫困地区农村学生进入重点高校人数，形成保障西部地区和农村学生上重点高校的长效机制。

（三）更加多元

新高考改革的目标在于形成分类考试、综合评价、多元录取的考试招生模式，改"一考定终身"为多次考试、改以高考成绩为录取的主要标准为"两依据一参考"（依据统一高考成绩和高中学业水平考试成绩，参考综合素质评价），印发《关于加强和改进普通高中学生综合素质评价的意见》推动学生综合素质评价落地实施，实行"强基计划"为有志于基础学科的考生提供多元路径，以上种种措施均指向考试招生制度的多元化以及人才培养导向的多元化。赋予学生选科、选考自主权实际上也是多元价值的体现，提供多种选科组合使得学生可以拥有更大的释放兴趣的空间，从而引导学生多元发展、学校多元教育，最终实现多元成才。

三、高考改革下的课程改革

高考改革是面向人才选拔方式和考试制度的改革，但是其实质是教育改革，目的除了改变考试招生模式之外还在于引导育人方式变革，高考改革背景下学校如何适时适度应变是改革的重要环节之一。从学校层面而言，2014年启动的新高考改革最重要的影响在于课程层面，新高考提出的"3+3"选科模式要求学校必须改变课程教学组织形式，从选科和走班上满足学生发展需求。《教育部关于普通高中学业水平考试的实施意见》强调学校要"调整教学组织方式,满足学生选学的需要,把走班教学落到实处",可以说课程教学改革是高考改革的重点内容,也是促进育人方式变革的重要抓手。学校是否做好选科走班及相应的配套工作是评估高考政策效果的重要方面,调查相关情况对教育教学和高考改革决策参考有重要意义。

(一) 调查工具和样本

采用自编问卷开展调查,问卷共 35 道题,分别由单选题、多选题和开放题组成。调查内容主要为学校基本信息、学校选课走班情况、学校综合素质评价情况、学校学生发展指导情况等。调查对象为广东省普通高中学校(含高中阶段的完全中学和一贯制学校,以下简称"学校"),每校填答 1 份。问卷通过网络发放,采取在线填答的方式,共回收问卷 690 份,剔除无效问卷 168 份,共得有效问卷 522 份,有效率为 75.65%,调查对象来自广州等 17 个地级以上市(见图 6-1),调查数据使用 Excel 进行统计分析。

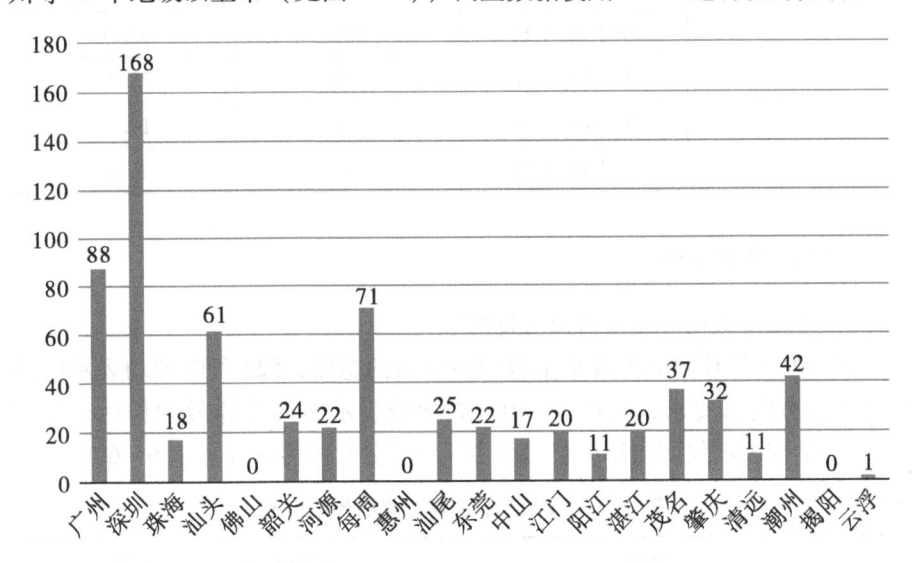

图 6-1 调查对象地级以上市分布情况

回收的 522 份有效问卷中,公办学校 467 所,占 89.46%,民办学校 55 所,占 10.54%;重点高中 128 所,占 24.52%,一般高中 394 所,占 75.48%;学校生源方面,生源为中考前 25% 考生的学校有 59 所,占 11.30%,生源为中考 25%~50% 的学校有 121 所,占 23.18%,生源为中考 50%~75% 的学校有 176 所,占 33.72%,生源为中考后 25% 的学校有 166 所,占 31.80%;参与调查的学校高中阶段规模在 30 个班以下的居多,有 289 所,占 55.36%,规模在 31~50 个班的有 133 所,占 25.48%,规模在

51~60个班的有54所，占10.34%，规模大于60个班的有46所，占8.81%（见表6-5）。

表6-5 样本基本情况

变量	类别	学校数/所	百分比/%
学校性质	公办学校	467	89.46
	民办学校	55	10.54
学校类型	重点高中	128	24.52
	一般高中	394	75.48
学校生源	中考前25%	59	11.30
	中考25%~50%	121	23.18
	中考50%~75%	176	33.72
	中考后25%	166	31.80
学校规模	小于30个班	289	55.36
	31~50个班	133	25.48
	51~60个班	54	10.34
	大于60个班	46	8.81

（二）调查结果

1. 学校对新高考政策的应对情况

调查发现学校对高考改革采取积极应对的态度，522所学校均表示已经传达新高考改革要求，其中95.40%的学校表示面向全体教师传达，另有4.6%的学校表示仅面向年级长和班主任等部分教师传达（见表6-6）。

表6-6 学校对新高考政策的传达情况

选项	学校数/所	百分比/%
面向全体传达	498	95.40
面向年级长和班主任等部分教师传达	24	4.60
尚未传达	0	0

在对选课走班工作的应对方面，90.61%的学校表示制定了选课走班实施方案及相关文件，98.08%的学校表示已经完成现高二年级学生的选课编班工作（见表6-7）。

表6-7 学校选课走班工作完成情况

题目	是 学校数/所	是 百分比/%	否 学校数/所	否 百分比/%
学校是否制定了选课走班实施方案或相关文件	473	90.61	49	9.39
学校是否已完成高二年级学生的选课编班工作	512	98.08	10	1.92

2. 学校选课情况

学校所开设的选课组合当中，传统文理3科的组合均没有位于前三。其中，最多学校开设的组合为"历史+政治+生物"，有88.09%学校开设；位于第二的为"物理+生物+地理"，有86.72%的学校开设；位于第三的为"历史+地理+生物"，有85.55%的学校开设。其次为"历史+政治+地理""物理+生物+政治""物理+化学+生物""物理+化学+地理"，开设的学校分别有75.00%、74.22%、73.83%、72.66%。开设"物理+化学+政治""历史+政治+化学""历史+生物+化学""历史+地理+化学"的学校数相近，分别有61.52%、60.55%、60.16%、60.16%。其中最少学校开设的组合为"物理+政治+地理"，占56.84%。可以看出新高考方案为学生提供了较为自由的选科空间，为数不少的学生选择了跨文理的科目组合（见图6-2）。

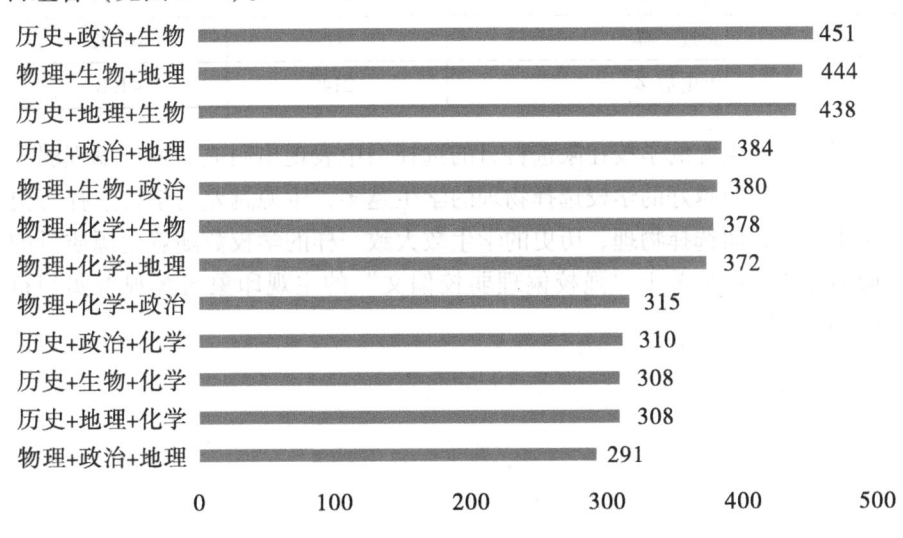

选课组合	学校数
历史+政治+生物	451
物理+生物+地理	444
历史+地理+生物	438
历史+政治+地理	384
物理+生物+政治	380
物理+化学+生物	378
物理+化学+地理	372
物理+化学+政治	315
历史+政治+化学	310
历史+生物+化学	308
历史+地理+化学	308
物理+政治+地理	291

图6-2 学校开设选课组合情况（$N=512$）

除了33.01%的学校开设全部12个选课组合以外,其他学校均出于不同原因不开设部分组合。其中21.48%的学校表示不开设原因为"无学生选择",43.55%的学校表示不开设原因为"过少学生选择",有1.95%的学校表示不开设原因为"学校不予开设"。可见有近半数的学校基于非学生原因选择牺牲部分选课组合,一定程度上存在局限学生的自由选择权利的现象(见表6-8)。

表6-8 部分选课组合未开设原因（$N=512$）

选项	学校数/所	百分比/%
全部开设	169	33.01
无学生选择	110	21.48
过少学生选择	223	43.55
学校不予开设	10	1.95

调查关注了学生对限选科目（物理/历史）的选择情况,在"你校选择物理还是历史学生居多"一题中,选择物理居多或历史居多的学校数相差不大,选择物理居多的学校有216所,占42.19%,选择历史居多的学校数有214所,占41.8%,大致一样的学校有82所,占16.02%（见表6-9）。

表6-9 限选科目学生选择情况（$N=512$）

选项	学校数/所	百分比/%
物理居多	216	42.19
大致一样	82	16.02
历史居多	214	41.8

但是不同生源的学校在限选科目的选择当中表现出明显的强校偏理弱校偏文现象,生源越好的学校选择物理的学生越多,生源越差的学校选择历史的学生越多,而选择物理、历史的学生数大致一样的学校数随着生源质量的下降而递增。可见关于"强校偏理弱校偏文"的主观印象与客观事实相符(见图6-3)。

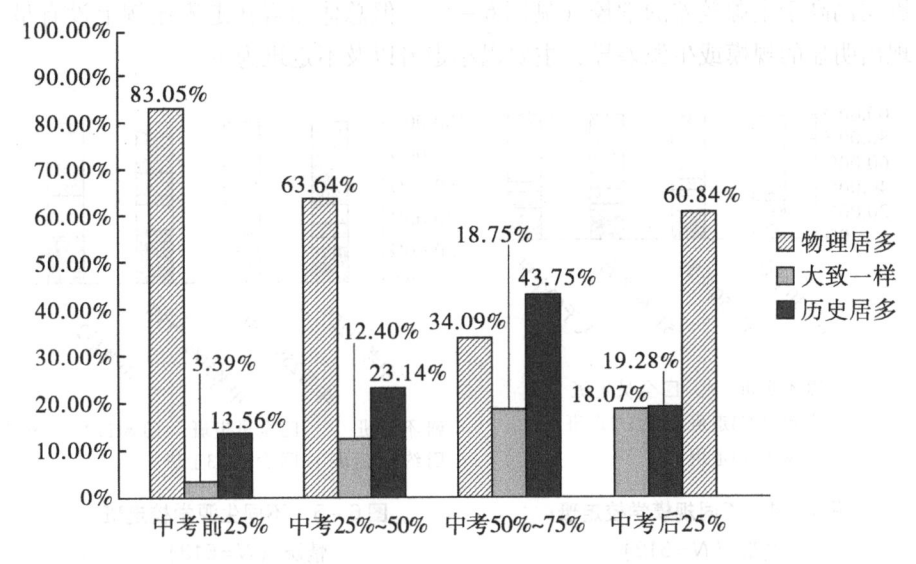

图6-3 不同生源学校限选科目选科情况（$N=512$）

3. 学校走班情况

在学校走班情况的调查当中，28.71%的学校表示不走班，11.52%的学校全员走班，6.05%的学校有逾2/3的学生走班，12.30%的学校有约1/2的学生走班，而41.41%的学校只有少于1/3的学生需要走班。可以看出大多数学校采取"小走班"① 模式（见表6-10）。

表6-10 学校走班情况（$N=512$）

选项	学校数/所	百分比/%
不走班	147	28.71
全员走班	59	11.52
超过2/3走班	31	6.05
约1/2走班	63	12.30
少于1/3走班	212	41.41

对不同规模、不同生源的学校走班情况进行分析，规模较小的学校走班比例要稍低于规模中等和规模偏大的学校（见图6-4）；生源较好的学校走

---

① 一般将走班模式分为两种："大走班"和"小走班"。"大走班"指除语数英三门必考科目以外其他三门选考科目均通过走班完成教学任务；"小走班"指选考科目相同的学生优先组成固定行政班级，其他科目或学生走班教学。

班比例高于生源较差的学校（见图6-5）。但总体而言在走班比例上没有呈现出明显的规模或生源差异，主要以小走班以及不走班为主。

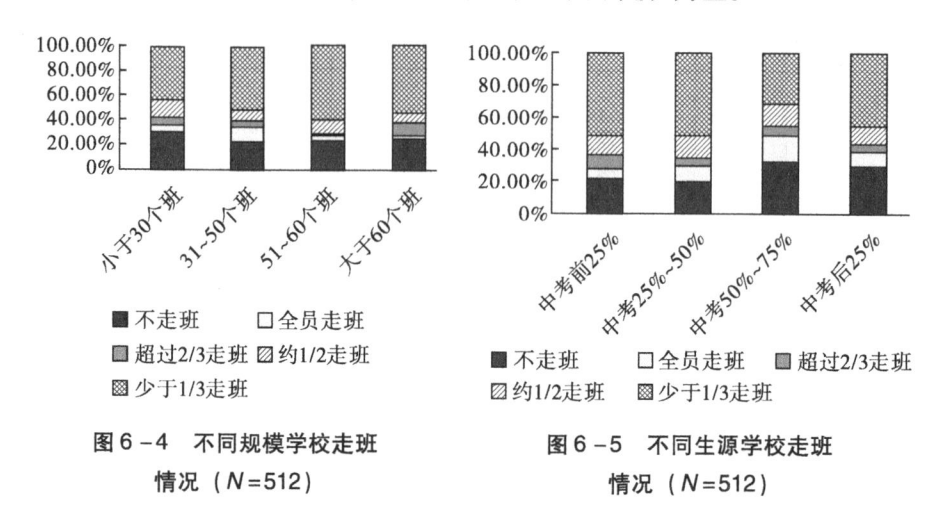

图6-4 不同规模学校走班情况（N=512）

图6-5 不同生源学校走班情况（N=512）

4. 学校对选课走班的评价

在学校对本校选课走班情况满意度的调查中，大部分学校满意度较高，表示非常满意的学校有14.63%，表示满意的学校有61.91%，表示一般的学校有22.07%，仅有0.98%和0.39%的学校表示不满意和非常不满意（见表6-11）。

表6-11 学校对选课走班的满意度（N=512）

选项	学校数/所	百分比/%
非常满意	75	14.65
满意	317	61.91
一般	113	22.07
不满意	5	0.98
非常不满意	2	0.39

在选课走班对教学效果、师生关系、同学关系、班级凝聚力等的影响情况调查中，大多数学校认为与传统行政班相比，选课走班的影响并不大。在对教学效果的影响中，2.34%的学校认为选课走班的教学效果要好得多，30.08%的学校认为好一些，43.16%的学校认为差不多，22.66%的学校认为差一些，1.76%的学校认为差得多；在对师生关系的影响中，0.59%的学校认为选课走班下的师生关系好得多，15.43%的学校认为好一些，54.49%

的学校认为差不多，27.93%的学校认为差一些，1.56%的学校认为差得多；在对同学关系的影响中，0.78%的学校认为好得多，11.52%的学校认为好一些，59.18%的学校认为差不多，27.54%的学校认为差一些，0.98%的学校认为差得多；在对班级凝聚力的影响中，0.98%的学校认为好得多，9.18%的学校认为好一些，41.60%的学校认为差不多，45.31%的学校认为差一些，2.93%的学校认为差得多（见表6-12）。可见在教学效果、师生关系和同学关系方面，大部分学校认为并无较大的负面影响，只是在班级凝聚力上的负面影响大一些。

表6-12 选课走班对教学效果等方面的影响（N=512）

题目	好得多	好一些	差不多	差一些	差得多
	\multicolumn{5}{c}{学校数（所）/百分比（%）}				
与传统行政班相比，选课走班的教学效果	12/2.34	154/30.08	221/43.16	116/22.66	9/1.76
与传统行政班相比，选课走班的师生关系	3/0.59	79/15.43	279/54.49	143/27.93	8/1.56
与传统行政班相比，选课走班的同学关系	4/0.78	59/11.52	303/59.18	141/27.54	5/0.98
与传统行政班相比，选课走班的班级凝聚力	5/0.98	47/9.18	213/41.60	232/45.31	15/2.93

虽然大部分学校表示选课走班对教学效果、师生关系等方面的影响不大，但是却有不少的学校表示选课走班加大了教师的教学压力和学生的学业压力。有10.74%的学校认为选课走班后教师压力大得多，61.52%的学校认为大一些，25.78%的学校认为差不多，另有1.95%认为小一些；在选课走班对学业压力的影响调查中，9.18%的学校认为选课走班下的学业压力比传统行政班大得多，39.06%的学校认为大一些，43.55%的学校认为差不多，另有8.01%和0.2%的学校认为小一些和小得多（见表6-13）。

表6-13 选课走班对教与学压力的影响（N=512）

题目	大得多	大一些	差不多	小一些	小得多
	\multicolumn{5}{c}{学校数（所）/百分比（%）}				
与传统行政班相比，选课走班的教师工作压力	55/10.74	315/61.52	132/25.78	10/1.95	0/0

续上表

题目	大得多	大一些	差不多	小一些	小得多
	学校数（所）/百分比（%）					
与传统行政班相比，选课走班下的学业压力	47/9.18	200/39.06	223/43.55	41/8.01	1/0.2

选课走班相较于传统行政班而言是一种具有挑战性的变革，学校可能面临种种困难。在学校选课走班面临的主要困难调查中，师资不足与教学组织工作烦琐是最大的问题，分别有 82.38%、79.12% 的学校选择，65.71% 的学校表示课室不足，59.77% 的学校表示学生选择能力不足是问题，另有 54.79% 的学校表示指导压力大（见表 6-14）。

表 6-14 学校在选课走班当中面临的主要困难（$N=522$）

选项	学校数/所	百分比/%
师资不足	430	82.38
教学组织工作烦琐	413	79.12
课室不足	343	65.71
学生选择能力不足	312	59.77
学校指导压力大	286	54.79

在"您认为高考采取'3+1+2'的选科考试模式较文理分科是否是一种进步"的调查中，学校的总体评价趋于正向和中立，有 46.74% 的学校认为是进步，有 46.93% 的学校表示不好说，有 6.32% 的学校认为不是进步。这表明有不少学校对新高考选科考试方案采取积极态度，也有不少学校对此保持观望和否定态度（见表 6-15）。

表 6-15 学校对"3+1+2"选科方案的评价（$N=522$）

选项	学校数/所	百分比/%
是	244	46.74
不好说	245	46.93
否	33	6.32

5. 学校对综合素质评价的执行与评价情况

大部分学校已经着手开展综合素质评价工作，其中 96.93% 的学校表示已经启动，也有少部分（3.07%）学校表示尚未开始（见表 6-16）。

表6-16 学校综合素质评价工作开展情况（N=522）

选项	学校数/所	百分比/%
已经启动	506	96.93
尚未开始	16	3.07

对于新高考是否必要开展综合素质评价的调查中，大部分学校持肯定态度，有79.12%的学校表示很有必要，也有少部分学校表示必要性不大，如有17.82%的学校表示可有可无，有3.07%的学校则表示没有必要（见表6-17）。

表6-17 学校对综合素质评价必要性的看法（N=522）

选项	学校数/所	百分比/%
很有必要	413	79.12
可有可无	93	17.82
没有必要	16	3.07

对于现行的综合素质评价方案，有40.42%的学校认为科学合理，有21.84%的学校认为不好说，有37.74%的学校认为有待改进。可见仍有为数不少的学校对综合素质评价方案的认可度不高，其背后原因值得探究（见表6-18）。

表6-18 对综合素质评价方案合理性的看法（N=522）

选项	学校数/所	百分比/%
科学合理	211	40.42
不好说	114	21.84
有待改进	197	37.74

6. 学生发展指导情况

为应对新高考对教育教学以及学生生涯发展提出的新挑战，开展学生发展指导工作是必要的。但是调查发现有近一半学校尚未为学生发展指导做好充分的组织建设与队伍建设准备，只有不到一半（43.68%）的学校已设立学生发展指导中心，有56.32%的学校尚未设立（见表6-19）。

表6-19 学校设立学生发展指导中心情况（$N=522$）

选项	学校数/所	百分比/%
是	228	43.68
否	294	56.32

在不同生源层次的学校对比中，生源位于中考前75%的学校在是否设有学生发展指导中心方面基本是将近各50%，但生源位于中考后25%的学校设有学生发展指导中心的学校比例相对较低，仅有34.94%的学校设有学生发展指导中心，而65.06%的学校尚未设立，可见薄弱学校的学生发展指导工作应当加强（见图6-6）。

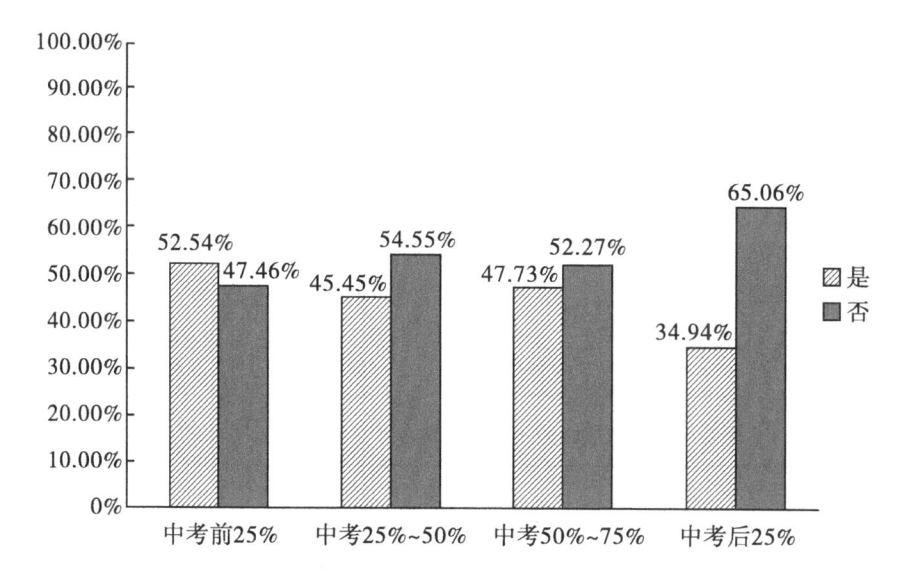

图6-6 不同生源学校学生发展指导中心设立情况（$N=522$）

在设有学生发展指导中心的228所学校中，58.33%学校的学生发展指导中心只有1~3名教师，17.11%有4~6名教师，7.89%有7~10名教师，16.67%有10名以上（见表6-20）。可见大部分学校的学生发展指导中心队伍不够强大，要为新高考背景下的高中学生提供全方位的学生发展指导，队伍建设应当重点关注。

表6-20 学校学生发展指导中心教师数（$N=228$）

选项	学校数/所	百分比/%
1~3名	133	58.33
4~6名	39	17.11
7~10名	18	7.89
10名以上	38	16.67

调查发现大多数学校已经具备一定的生涯教育意识，83.52%的学校表示学校已经开展生涯教育，有16.48%的学校表示尚未开展（见表6-21）。

表6-21 学校开展生涯教育情况（$N=522$）

选项	学校数/所	百分比/%
是	436	83.52
否	86	16.48

但是调查同时发现普通高中生涯教育的系统性有待提高，在每学期开展生涯教育的频次上，有38.07%的学校表示每学期仅开展1~2次生涯教育活动，37.39%的学校表示每学期开展3~5次生涯教育活动，13.99%的学校表示每学期的生涯教育活动在5~10次，每学期开展10次以上生涯教育活动的学校仅有10.55%（见表6-22）。可见在大部分学校，生涯教育的开展还是零散的、缺乏系统规划的。

表6-22 学校开展生涯教育的频次（$N=436$）

选项	学校数/所	百分比/%
每学期1~2次	166	38.07
每学期3~5次	163	37.39
每学期5~10次	61	13.99
每学期10次以上	46	10.55

在学校主要负责生涯教育的教师方面，有94.27%的学校表示学校生涯教育工作主要由班主任负责，60.09%的学校表示主要由心理教师负责，56.88%的学校表示主要由学科教师负责，21.10%的学校表示由专任教师负责（见表6-23）。

表6-23 学校主要负责生涯教育的教师（N=436）

选项	学校数/所	百分比/%
班主任	411	94.27
心理教师	262	60.09
学科教师	248	56.88
生涯教育专任教师	92	21.10

学校最常用的生涯教育实施方式是班会课，有94.04%的学校选择；其次是专题讲座，有82.80%的学校选择；学科教学融合也是常用方式之一，69.04%的学校表示会以此开展生涯教育；有63.76%的学校表示借助心理课开展生涯教育；另有55.50%、54.36%、48.39%的学校表示社会实践活动、社团活动和校内大型主题活动是实施生涯教育的主要途径之一（见图6-7）。

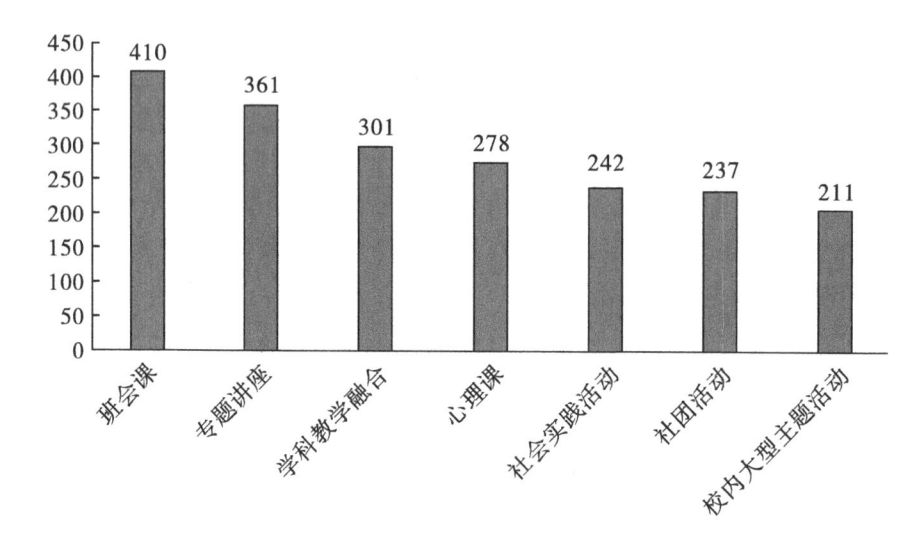

形式	数量
班会课	410
专题讲座	361
学科教学融合	301
心理课	278
社会实践活动	242
社团活动	237
校内大型主题活动	211

图6-7 学校实施生涯教育的主要形式（N=436）

在开展生涯教育存在的困难方面，93.10%的学校提出缺乏专业教师是主要问题，68.58%的学校表示存在校外合作困难，48.28%的学校表示政策支持不足，46.93%的学校表示没有专用场地限制了生涯教育的开展，还有39.27%的学校表示学生不重视是问题之一，另有16.48%、11.49%的学校表示家长不支持、学校不重视是开展生涯教育的困难之一（见图6-8）。

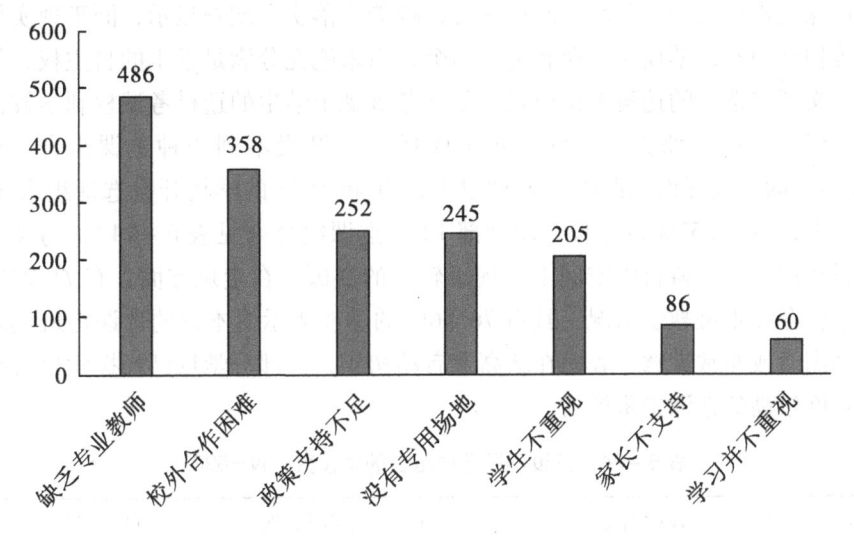

图 6-8 中柱状图数据：缺乏专业教师 486，校外合作困难 358，政策支持不足 252，没有专用场地 245，学生不重视 205，家长不支持 86，学习并不重视 60。

图 6-8　学校开展生涯教育面临的主要困难（$N=436$）

（三）正面发现

根据对调查数据的统计分析，新高考政策实施以来，学校在选课走班、学生发展指导上有值得肯定的积极表现。

1. 学校积极应对高考改革带来的挑战

广东省原定于 2018 年出台新高考方案①，但由于行政管理程序等多方面因素影响，新高考方案未按预期完成，直至 2019 年 4 月才正式发布。虽然新高考方案的延迟发布使学校层面的应对工作处于被动状态，但实际上学校一直积极等待并提前筹措，以确保新旧高考的顺利过渡。在新高考方案正式发布之前，已有不少学校根据最可能的选科方案进行预演。调查也显示，在方案发布至新学期开学的短短几个月间，已有 95.40% 的学校完成了新高考政策的传达，90.61% 的学校制定了选课走班方案，98.08% 的学校完成了选课编班工作，96.63% 的学校启动了综合素质评价工作。学校高度重视高考改革的落地实施，积极应对高考改革带来的挑战。

2. 学校初步探索了适宜的选课走班模式

由文理分科走向"3+1+2"的 12 种选科考试组合、由固定行政班教学走向走班制是新高考对学校教学工作提出的最大的挑战，是否能够建立有效

---

① 广东省人民政府. 广东省人民政府关于深化考试招生制度改革的实施意见［Z］. 2016-03-03.

的选课走班模式关系着高考改革核心精神能否落实。调查显示,囿于现实情况等种种因素,学校在选课和走班两个方面未能充分满足学生的自主权,但较之文理二选一的选科考试模式,新高考所赋予学生的选科考试权利学校已尽力保障。在选课方面,仅有 6.51% 的学校开设不到 3 种选课组合,有 60.34% 的学校开设选课组合 8 种以上,有 46.93% 的学校开设选课组合 10 种以上,有 32.57% 的学校开设全部 12 种选课组合(见表 6 - 24),与文理分科相比,在选科自由空间上实现了较大的突破。在走班方面,有 71.29% 的学校存在走班教学情况,且有 76.56% 的学校表示对本校的选课走班模式感到满意或非常满意,表明在新高考启动初年,大部分学校已经探索出自我满意度较高的选课走班模式。

表 6 - 24 开设不同选课组合的学校数 (N = 522)

开设组合数	学校数/所	百分比/%
3 种以下	34	6.51
8 种以上	315	60.34
10 种以上	245	46.93
12 种	170	32.57

3. 学校普遍具备学生发展指导意识

新高考政策在赋予学生自主权的同时要求学校加强学生发展指导,以使学生能够更好地行使自主权利、做出最优的生涯抉择。2019 年 4 月,广东省教育厅印发了《关于加强普通高中学生发展指导工作的意见》,要求全省普通高中学校在新高考背景下要做好学生发展指导工作,开好生涯教育课程,促进学生全面而有个性地发展。在政策驱动、现实需求以及各级教研的带动下,广东省普通高中已普遍具有学生发展指导意识。调查显示,尽管学生发展指导的科学性和系统性有待提高,但大部分学校已经开始行动,有 92.34% 的学校表示有必要开展高中生涯教育,有 83.52% 的学校已经开展生涯教育,有 99.41% 的学校表示在选课前对学生进行了指导。

(四)存在问题

以广东普通高中为调查对象开展的研究可以反映一些共性问题。尽管高考改革具体工作的推进总体顺利,但是通过对数据的分析发现,实践当中仍然存在一些问题有待解决。

1. 新高考政策的认同度有待提高

广东省高考改革从步调确定到政策发布经历了三年时间,在与先行省市高考方案以及本省旧方案的比较中,相关利益群体对高考新政持不同的态度。积极者认为新高考体现了"促进学生全面而有个性发展、赋予学生自主权、形成多元考试招生模式"等政策承诺,是教育进步的表现;消极者认为无论是"3+3"或"3+1+2",其本质与"3+X"等既往方案并无不同,没有实现质的改变。对综合素质评价的评价更为消极,认为综合评价仅适用于绝少部分优秀学生,大多数学生升学主要依靠高考成绩,综合素质评价对学生没有什么作用,"照表填写、尽量体现优点、完成任务即可"。调查也发现,在对高考政策的评价中,仅不足半数的学校对"3+1+2"的选科考试方案持肯定态度,有21.84%的学校对综合素质评价方案的科学合理性评价为"不好说",37.74%的学校认为"有待改进"。整体而言,新高考政策的认同度还有待提高。

2. 选课走班及学生发展指导支持体系有待完善

尽管学校在选课走班及学生发展指导方面已经普遍采取行动,但是从调查可知,选课走班及学生发展指导工作尚缺乏足够的保障条件,因而存在政策落实不充分、活动开展不系统等问题,主要表现为以下几个方面:一是学校普遍反映在选课走班当中面临多维困难,如师资不足、教学组织工作烦琐、课室不足、教师和学生压力大等;二是学生选课自主权没有得到完全保障,有43.55%的学校表示因过少学生选择而不开设部分选课组合;三是学生发展指导组织建设薄弱,有56.32%的学校尚未设立学生发展指导中心,设立学生发展指导中心的学校中,有58.33%的学校只配置了1~3名教师;四是生涯教育系统性有待提高,存在开展频率较低、主要依靠班会课等非正式课时开展等问题;五是生涯教育队伍有待加强,当前生涯教育主要依靠班主任、心理教师等开展,专业教师较为缺乏。以上种种现象表明学校在选课走班和学生发展指导方面的支持体系有待完善。

3. 欠发达地区与薄弱学校的改革难点需特别关注

区域经济发展水平与生源质量是制约普通高中发展的两大关键因素,欠发达地区与薄弱学校在教育改革当中往往处于不利境地,从而可能导致教育发展上的"恶性循环"。调查发现欠发达地区与薄弱学校在高考改革当中表现出一定的改革落后性,在学生选课自主权的保障方面,总体是欠发达地区与生源较差的学校表现较差。学校开设选课组合少于3种(含3种,下同)的学校中,占比超过10%的前四个地级以上市均位于欠发达地区,而选课组合开8种以上、10种以上、12种以上的学校数占比较高的地级以上市普遍位于珠三角地区。在生源方面，开设选课组合在 3 种以下的学校数占比最高的是生源位于中考后 25% 的学校，在开设选课组合 3 种以下的学校中，生源越好的学校占比越低；在开设选课组合在 8 种以上、10 种以上、12 种的学校中，生源越好的学校占比越高（见图 6-9）。可见经济发达地区与生源较好的学校有更充分的条件保障学生选课自主权，而欠发达地区与生源较差的学校在这一方面存在薄弱环节，应当重点关注。

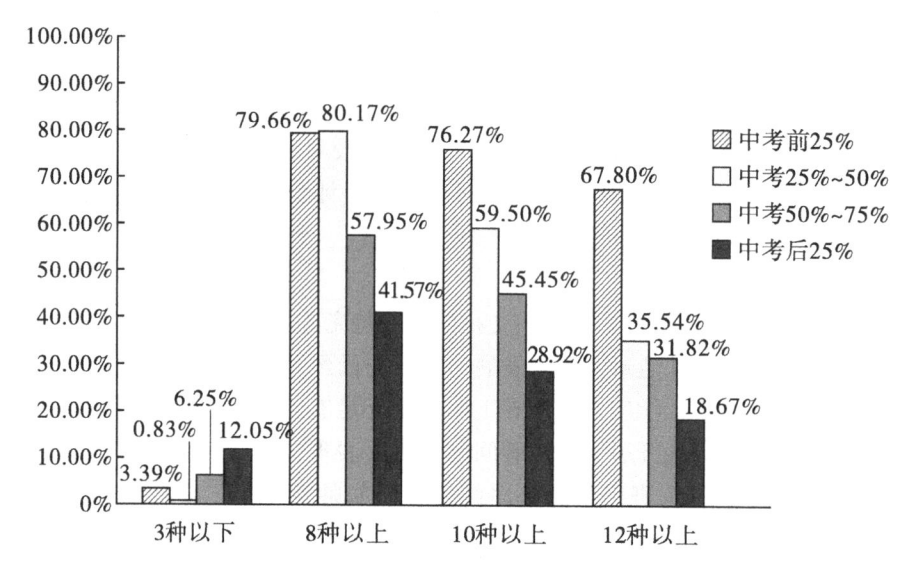

图 6-9 不同生源学校开设选课组合数量情况（N=512）

（四） 改进建议

1. 持续完善政策并加大宣传，提升高考政策的认同感

政策完善是一个在批判质疑中不断改进的过程。自 2014 年新高考启动以来，对新高考政策的褒奖与批判并存，当中有关于考试科目设置与计分模式的反思[1]，也有基于实证调查的综合素质评价制度反思[2]，究其原因，既与高考政策本身的合理性有关，也与对高考政策理解程度有关。各级教育行政部门、教科研单位、一线教师对高考政策的认同感直接影响他们的政策执行力，提升高考政策的认同感非常必要。一方面要从完善政策入手，在理论

---

[1] 胡中锋，董标. 论我国高考改革的十大困境：基于复杂性理论视角 [J]. 教育研究与实验，2018 (3)：70-74.

[2] 彭莎莎. 新高考下普通高中学生综合素质评价政策认同研究：基于上海六所高中的调查 [D]. 上海：上海师范大学，2019.

反思、国际比较、实践检验当中不断提高政策的合理性,回应关于核心科目权重、选考科目计分、同科多考设置、综合素质评价信效度及使用价值等方面的质疑,提升政策本身的科学性与合理性;另一方面要加大政策宣传,开展系统培训,分层分类从考试政策讲解、具体科目考试变化、综合素质评价的具体操作等方面进行深入解读,提升各级各类部门尤其是一线教师对高考改革的认同感与自我效能感,为高考改革目标的顺利实现奠定基础。

2. 构建有效的支持体系,为教学改革与学生发展保驾护航

在我国,高考一直被喻为教育的指挥棒,其对教育系统的影响不言而喻,因此高考改革是"牵一发而动全身",直接影响学校教育教学与学生生涯发展。但同时高考改革与教育教学和学生发展之间也是一种互动关系,高考改革影响教育教学与学生发展,而教育教学和学生发展也制约着高考改革目标的实现。所以,为教育教学与学生发展指导构建有效的支持体系,即是为高考改革目标的实现提供有效的支撑。需要破解学校在教学管理当中的深层难题,研究学校在以选课走班为核心的教学变革中存在的实际困难,从政策、资源、队伍、技术等方面提供支持,必要时打破以学校为基本管理单位的疆界,盘活区域资源,构建立体、灵活的教学支持体系;需要将学生发展指导纳入学校常规工作,重视学生发展指导在高考改革、学生生涯发展当中的重要作用,构建以政府为核心,以学校、家庭、高校、专业组织为一体的支持体系,以及以学生素养为核心的校本课程体系,以学校教师为核心的队伍体系,通过一个中心(学生发展指导中心)、一门课程、一支队伍积极促进学生发展。其中,在突出高中学校主体作用的同时,要特别强调高等院校在学生选科与生涯发展当中的重要作用,高等院校有义务公开关于专业选考科目要求、培养目标、就业数据等全方位信息,为学生选科选考与生涯规划提供直接依据。①

3. 重点支持欠发达地区与薄弱学校,促进教育优质均衡发展

提高欠发达地区高考录取率、增加农村学生上重点高校人数是本次高考改革的重要任务之一②,而保障公平、以人为本一直是高考制度的底线与基本价值取向。而事实是新一轮的高考改革使欠发达地区与薄弱学校陷入了更强烈的"教育不公平"焦虑,认为"落后地区资源缺乏,学生了解面不足,(高考改革)会拉大与经济发达地区的差距","高考改革要充分考虑全省教

---

① 苗学杰. 英国"高考"科目自选的制度设计、现实难点与警戒意义 [J]. 比较教育研究, 2018 (9): 26 - 34.

② 国务院. 关于深化考试招生制度改革的实施意见 [Z]. 2014 - 09 - 04.

育资源、教学水平或能力的不平衡，不要把教育落后地区与发达地区的距离越拉越大，造成教育的更不公平"，"教师特别是欠发达地区教师较难跟上改革的步伐"。[①] 本次调查也证实了欠发达地区与薄弱学校处于高考改革的不利境地，如不采取有效措施，焦虑恐将成为现实。高考改革是教育大事，亦是民生大事，政府应当重点支持欠发达地区与薄弱学校，建立专项计划，以专项经费、人才计划、优质生源为核心，改善欠发达地区及薄弱学校的办学条件、师资队伍、学生素质，优化教育结构与办学模式，使欠发达地区与薄弱学校有改革的底气与动力，守护底线、抬高底部，促进普通高中教育乃至基础教育在改革中优质均衡发展。

四、高考改革下的个体规划

新高考赋予了学生自主选择权，但是享受政策利好的前提是学生必须具备一定的生涯规划素养。《教育部关于普通高中学业水平考试的实施意见》要求学校"要加强学生生涯规划指导"，高中生是否具备良好的生涯规划素养，是高中生取得学业成功、职业发展乃至终身发展的基础，是影响高考改革初衷能否得到落实的关键因素。生涯规划素养是指个体在生涯规划当中体现出来的综合品质，可以具体体现为生涯认知、生涯探索、生涯计划、生涯准备等方面，是学生核心素养的要素之一。

（一）调查工具与对象

本研究使用的《普通高中生生涯规划素养调查问卷》是在已发表的相关问卷的基础上改编形成[②]，改编后的问卷保留了原问卷的 26 个题项（包含 1 个测谎题），对维度名称进行了部分修订，修订后的五个维度分别为"自我探索、升学探索、职业探索、生涯计划、生涯准备"。问卷均为正向计分题，采用李克特（Likert）5 级评分法，选项"1""2""3""4""5"分别计为 1 分、2 分、3 分、4 分、5 分。为了检验《普通高中生生涯规划素养调查问卷》五个因子的拟合度，在原问卷编制者的理论构想和探索性因素分析结果的基础上对初测的样本数据（$N = 320$，性别、学校地区、学校类别均对半平衡）进行了验证性因素分析，其中，$\chi^2 = 7\,297.04$，$df = 300$，RMSEA = 0.094，CFI = 0.893，TLI = 0.878，SRMR = 0.069，各项拟合度指标接近基

---

① 来自本次调查中的开放题。
② 黄顺. 高中生生涯辅导需求调查研究［D］. 南昌：南昌大学，2016.

本要求，原五因素模型对数据拟合良好，可以接受，各因素的载荷矩阵见表 6-25。

表 6-25 五因素的载荷矩阵

项目	因素 1	因素 2	因素 3	因素 4	因素 5
T1	0.65/0.04				
T2	0.73/0.03				
T3	0.73/0.03				
T4	0.63/0.04				
T5	0.74/0.03				
T6		0.67/0.03			
T7		0.65/0.04			
T8		0.88/0.02			
T9		0.92/0.01			
T10		0.91/0.01			
T11			0.91/0.01		
T12			0.90/0.01		
T13			0.91/0.01		
T14			0.85/0.02		
T16				0.834/0.02	
T17				0.90/0.01	
T18				0.94/0.01	
T19				0.66/0.03	
T20				0.62/0.04	
T21					0.74/0.03
T22					0.84/0.02
T23					0.80/0.02
T24					0.76/0.03
T25					0.74/0.03
T26					0.76/0.03

对问卷重新进行内部一致性信度分析（即 Cronbach α 系数检验）和分半信度分析，结果如表 6-26 所示。

表6-26 问卷及维度的内部一致性信度系数和分半信度系数

维度	内部一致性信度	分半信度
自我探索	0.821	0.810
升学探索	0.904	0.859
职业探索	0.939	0.917
生涯计划	0.904	0.784
生涯准备	0.894	0.867
总问卷	0.965	0.914

信度分析结果显示，各个维度项目内部之间均具有较好的同质性。《普通高中生生涯规划素养调查问卷》的 Cronbach α 系数为 0.965，五个维度的 Cronbach α 系数分别为 0.821、0.904、0.939、0.904、0.894。对问卷求分半信度（spilt-half reliability），将所有被试的测试结果按照题目的单双数或是其他分发分成两半，再根据各两半的测试上的结果，计算其一致性。本研究选取了 Spearman-Brown 系数进行报告。结果显示，《普通高中生生涯规划素养调查问卷》的 Spearman-Brown 数为 0.914，五个维度的 Spearman-Brown 数分别为 0.810、0.859、0.917、0.784、0.867。验证性因素分析、信度及效度检验结果表明，最终生成的问卷具有良好的鉴别度和区分度，问卷的信度和效度良好，可以作为高中生的生涯规划素养调查测评工具。

问卷面向广东省普通高中学生展开调查，调查采取分层抽样法选取被试。首先，按照经济发展水平，将地区分为珠三角地区（含广州、深圳、佛山、东莞、中山、珠海、江门7市）和非珠三角地区（广东其余14市）；其次，将学校类型划分为两类，一类为重点高中（国家示范性高中、省一级高中），一类为一般高中（非国家示范性高中、非省一级高中）；另外，还注意覆盖高中不同年级的学生。问卷采取在线填答的方式，共回收问卷3 909份，根据测谎题对问卷进行筛选，剔除无效问卷1 038份，得到有效问卷为2 871份，有效率为73.45%，调查数据用SPSS22.0进行统计分析。样本的人口统计学变量见表6-27。

表6-27 样本的人口统计学变量

变量	类别	人数/人	百分比/%
性别	男	1 219	42.46
	女	1 652	57.54

续上表

变量	类别	人数/人	百分比/%
独生子女	独生	940	32.74
	非独生	1 931	67.26
学校所在地区	珠三角	1 403	48.87
	非珠三角	1 468	51.13
学校类别	重点高中	2 006	69.87
	一般高中	865	30.13
年级	高一	1 161	40.44
	高二	1 193	41.55
	高三	517	18.01
家庭所在地	城镇	2 049	71.37
	农村	822	28.63
父亲文化程度	高中及以下	1 751	60.99
	专科	345	12.02
	本科	565	19.68
	研究生	210	7.31
母亲文化程度	高中及以下	1 884	65.62
	专科	360	12.54
	本科	452	15.74
	研究生	175	6.10

（二）统计与分析

1. 总分及在各维度上的表现

本研究中的高中生生涯规划素养划分为五个维度，分别为自我探索、升学探索、职业探索、生涯计划和生涯准备。通过统计学生在总体和五个维度上的均分可以得出学生在总体和五个维度上的表现，具体见表6-28。

表6-28 高中生生涯规划素养的维度分数

维度	最小值	最大值	平均数	标准差
自我探索	1.00	5.00	3.97	0.73
升学探索	1.00	5.00	3.57	0.94

续上表

维度	最小值	最大值	平均数	标准差
职业探索	1.00	5.00	3.38	1.06
生涯计划	1.00	5.00	3.79	0.84
生涯准备	1.00	5.00	3.65	0.83
总分	1.00	5.00	3.68	0.75

高中生生涯规划素养的总均分为3.68，在自我探索、升学探索、职业探索、生涯计划以及生涯准备维度上的均分分别为3.97、3.57、3.38、3.79、3.65。可以看出，高中生的生涯规划素养整体水平一般。高中生在自我探索维度上的表现最好，其次是生涯计划，在职业探索和升学探索上的表现相对落后。基于高中阶段学生处于自我觉醒的关键期，对自我兴趣、能力、需要、价值观、动机和理想等有强烈的好奇心，且得益于近年来我国心理健康教育的普及，不难解释高中生在自我探索维度上相对优异的表现。但高中生在升学探索、职业探索和生涯准备方面的相对不足，一定程度上反映了普通高中生涯规划教育缺失、学生外部探索机会缺乏的问题。

2. 项目分析

计算26个项目上得分的平均分，能够得到高中生在生涯规划素养各项目上的分布情况，具体见表6-29。

表6-29 高中生生涯规划素养的项目分数

项目	最小值	最大值	平均数	标准差
t1	1	5	4.14	0.88
t2	1	5	4.15	0.83
t3	1	5	3.82	1.04
t4	1	5	3.87	1.02
t5	1	5	3.87	0.97
t6	1	5	3.89	1.04
t7	1	5	3.99	1.03
t8	1	5	3.45	1.16
t9	1	5	3.25	1.22
t10	1	5	3.27	1.20
t11	1	5	3.33	1.18
t12	1	5	3.46	1.15

续上表

项目	最小值	最大值	平均数	标准差
t13	1	5	3.37	1.16
t14	1	5	3.35	1.17
t15	5	5	5.00	0.00
t16	1	5	3.78	1.04
t17	1	5	3.70	1.07
t18	1	5	3.68	1.07
t19	1	5	3.85	0.97
t20	1	5	3.95	0.93
t21	1	5	3.80	0.99
t22	1	5	3.83	0.89
t23	1	5	3.75	0.94
t24	1	5	3.92	0.96
t25	1	5	3.32	1.15
t26	1	5	3.28	1.19

其中 t15 为测谎题，除此以外，得分最高的项目是自我探索维度下的项目；t2 "你了解自己的局限和不足吗"，平均分是 4.15；t1 "你了解自己的性格、气质、兴趣、能力和特长吗"平均分也较高，为 4.14 分，同样属于自我探索维度下的项目；其他得分较高的还有 t7、t20、t24、t6、t4 和 t5，分别属于升学探索、生涯计划、生涯准备、自我探索等；得分最低的项目是 t9 "你了解不同大学的情况（学校概况、招生简章等）吗"，属于升学探索维度的项目。总体而言，自我探索维度得分高，高中生在自我探索上的表现优于外部探索，此外，除了 t1、t2 以外的 24 个项目的平均分均为 4 分以下。

3. 内部差异分析

用独立样本 T 检验从不同性别、是否独生子女、不同经济发展区域、学校类别和城乡区域对高中生的生涯规划素养的各维度及总分进行差异检验，用单因素方差分析从不同年级、父亲文化水平、母亲文化水平对高中生的生涯规划素养的各维度及总分进行差异检验。

早期研究表明性别是影响中学生生涯发展的重要变量[①],本研究调查结果支持该结论。高中男生在生涯规划素养总体和各维度上的表现均高于高中女生且存在显著差异。其中,男生在生涯规划素养总体和自我探索、升学探索、职业探索、生涯计划、生涯准备这五个维度上的均分分别为 3.82、4.07、3.69、3.55、3.90、3.82,女生分别为 3.59、3.89、3.48、3.25、3.72、3.53。不同性别学生在高中生涯规划素养上存在的差异一定程度上可以通过高中阶段男女生性格差异来解释,高中阶段男生相对果断、独立,而女生相对优柔寡断、求稳心重,因此男生比女生更容易确定自己的目标,更具有行动力。此调查结果也提示在未来的生涯规划教育当中要注意男女差异,做好针对性教育。

表 6-30　高中生生涯规划素养在性别上的差异

变量	男 平均数	男 标准差	女 平均数	女 标准差	T 值
自我探索	4.07	0.76	3.89	0.69	6.54***
升学探索	3.69	0.98	3.48	0.90	5.86***
职业探索	3.55	1.10	3.25	1.02	7.52***
生涯计划	3.90	0.87	3.72	0.80	5.75***
生涯准备	3.82	0.86	3.53	0.78	9.53***
总均分	3.82	0.80	3.59	0.70	8.22***

注:*$p<0.05$,**$p<0.01$,***$p<0.001$。

是否独生子女是考量高中生生涯规划素养家庭影响的重要指标之一。调查发现,独生子女与非独生子女高中生在生涯规划素养总体和各维度上的表现存在显著差异。其中,独生子女在生涯规划素养总体和自我探索、升学探索、职业探索、生涯计划、生涯准备这五个维度上的均分分别为 3.79、4.06、3.72、3.52、3.87、3.73,非独生子女分别为 3.63、3.93、3.50、3.31、3.76、3.61,独生子女在生涯规划素养总体和各个维度上的表现均显著优于非独生子女。相比较而言,独生子女在家庭当中获得更多的资源、更多的关注、更多的指导,从而对他们在生涯规划素养上的表现有积极影响。这也说明了家庭因素对高中生生涯规划素养有重要影响,家庭教育是高中生涯规划素养培养不可忽视的相关领域。

---

① SUPER D E, NEVILL D D. Work role salience as a determinant of career maturity in high school students [J]. Journal of Vocational Behavior, 1984, 25 (1): 30-44.

表6-31　高中生生涯规划素养在否独生子女上的差异

变量	独生子女 平均数	独生子女 标准差	非独生子女 平均数	非独生子女 标准差	T值
自我探索	4.06	0.72	3.93	0.73	4.44***
升学探索	3.72	0.92	3.50	0.95	5.82***
职业探索	3.52	1.05	3.31	1.06	4.93***
生涯计划	3.87	0.84	3.76	0.83	3.41**
生涯准备	3.73	0.83	3.61	0.82	3.69***
总均分	3.79	0.75	3.63	0.75	5.16***

注：*$p<0.05$，**$p<0.01$，***$p<0.001$。

不同学校，尤其是不同办学水平的学校对高中生生涯规划素养的影响有所不同。从表6-32可知，重点高中学生与一般高中学生在生涯规划素养的总体和自我探索、升学探索、职业探索、生涯计划四个维度的表现上存在显著差异。其中，重点高中学生在总体和各个维度上的得分分别为3.71、4.00、3.60、3.40、3.82、3.66，一般高中学生则为3.63、3.90、3.51、3.32、3.74、3.63，重点高中学生的生涯规划素养水平显著优于一般高中学生。通常情况下，重点高中比一般高中有着更好的办学资源、办学条件、办学理念，有着更高的发展平台、更优秀的师资队伍和更好的生源，无论从硬件或软件方面来说，重点高中学生所获得的教育资源都比一般高中要好，可以解释学生在生涯规划素养上表现的差异。这一结果提示我们在开展生涯规划教育时要关注一般学校，尤其是特别关注薄弱学校的学生生涯规划素养，尽量使不同学校的学生能够获得相同的教育机会。

表6-32　高中生生涯规划素养在学校类别上的差异

变量	重点高中 平均数	重点高中 标准差	一般高中 平均数	一般高中 标准差	T值
自我探索	4.00	0.72	3.90	0.74	3.33***
升学探索	3.60	0.95	3.51	0.93	2.18*
职业探索	3.40	1.07	3.32	1.05	2.02*
生涯计划	3.82	0.83	3.74	0.84	2.16*
生涯准备	3.66	0.83	3.63	0.82	0.79
总均分	3.71	0.75	3.63	0.76	2.33*

注：*$p<0.05$，**$p<0.01$，***$p<0.001$。

从表6-33可知，不同年级学生在升学探索、职业探索和生涯准备上的表现没有差异性，但是在生涯规划素养总体和自我探索、生涯计划两个维度上各个年级有很大差异。其中，高一学生在总体和各维度上的得分分别为3.72、4.01、3.58、3.42、3.85、3.68，高二学生分别为3.64、3.94、3.55、3.33、3.73、3.62，高三学生分别为3.70、3.94、3.61、3.40、3.82、3.66。总体而言，高一学生表现优于高二、高三学生表现。通过多重比较还发现，在总均分和自我探索、职业探索维度上，高一学生得分显著高于高二年级学生，高二、高三年级没有显著差异；在升学探索、生涯准备、生涯计划维度上不同年级学生之间不存在显著差异。高中生生涯规划素养年级表现并无呈现随着年级增加而提高的现象。

表6-33 高中生生涯规划素养在年级上的差异

变量	高一 平均数	高一 标准差	高二 平均数	高二 标准差	高三 平均数	高三 标准差	F值
自我探索	4.01	0.74	3.94	0.71	3.94	0.73	3.49*
升学探索	3.58	0.99	3.55	0.89	3.61	0.96	1.00
职业探索	3.42	1.11	3.33	1.00	3.40	1.08	2.22
生涯计划	3.85	0.85	3.73	0.83	3.82	0.82	5.85**
生涯准备	3.68	0.86	3.62	0.79	3.66	0.83	2.01
总均分	3.72	0.78	3.64	0.72	3.70	0.76	3.08*

注：*$p<0.05$，**$p<0.01$，***$p<0.001$。

从表6-34可知，珠三角地区（广州、深圳、佛山、东莞、中山、珠海、江门）高中生与非珠三角地区（粤东、粤西、粤北）高中生在生涯规划素养总体和自我探索、升学探索、职业探索和生涯准备四个维度上存在显著差异。其中，珠三角地区高中生在总体和各个维度上的均分分别为3.73、4.01、3.65、3.47、3.82、3.69，非珠三角地区高中生则为3.64、3.93、3.50、3.29、3.77、3.62，珠三角地区高中生在生涯规划素养总体表现及自我探索、升学探索、职业探索和生涯准备上的表现优于非珠三角地区高中生。可见，高中生生涯规划素养表现与区域经济发展水平有一定的关联，发达地区的学生所处环境经济水平高、社会资源丰富，成长环境总体优于欠发达地区学生；此外，发达地区的学校教育理念更为前沿、教育更为开放，生涯规划教育的发展水平总体优于欠发达地区，对高中生生涯规划素养的培养也能起到促进作用。

表6-34 高中生生涯规划素养在区域不同经济发展水平上的差异

变量	珠三角 平均数	珠三角 标准差	非珠三角 平均数	非珠三角 标准差	T值
自我探索	4.01	0.72	3.93	0.73	2.81**
升学探索	3.65	0.94	3.50	0.94	4.11***
职业探索	3.47	1.05	3.29	1.07	4.55***
生涯计划	3.82	0.84	3.77	0.83	1.39
生涯准备	3.69	0.84	3.62	0.81	2.35*
总均分	3.73	0.76	3.64	0.74	3.52***

注：*$p<0.05$，**$p<0.01$，***$p<0.001$。

从表6-35可知，不同家庭所在地（城镇和农村）的高中生在生涯规划素养总体和各维度上均存在显著差异。其中，城镇家庭高中生在总体和各维度上的均分分别为3.74、4.01、3.64、3.45、3.83、3.70，农村学生则分别为3.55、3.86、3.41、3.18、3.70、3.53，城镇家庭高中生的生涯规划素养显著高于农村家庭高中生。城乡高中生在生涯规划素养上不同的表现一定程度上直接受到家庭条件与成长环境的影响，城市学生家庭经济条件更好、成长环境更开放、资源更丰富、父母眼界更开阔，这些都有利于学生生涯规划素养的形成，而农村学生所获得的资源相对较少，家庭的支持可能更加不足，不利于生涯规划素养的发展。此结果提示在高中生涯规划教育当中要更加关注对农村家庭学生的关心与指导。

表6-35 高中生生涯规划素养的城乡差异

变量	城镇 平均数	城镇 标准差	农村 平均数	农村 标准差	T值
自我探索	4.01	0.73	3.86	0.71	5.13***
升学探索	3.64	0.94	3.41	0.94	6.01***
职业探索	3.45	1.06	3.18	1.04	6.20***
生涯计划	3.83	0.84	3.70	0.80	3.84***
生涯准备	3.70	0.84	3.53	0.78	4.94***
总均分	3.74	0.76	3.55	0.71	6.05***

注：*$p<0.05$，**$p<0.01$，***$p<0.001$。

从表6-36可知，父亲文化水平不同的高中生在生涯规划素养总体和各维度上均存在显著差异。其中，当父亲文化水平为高中及以下时，高中生在总体和各维度和上的均分分别为 3.59、3.89、3.45、3.24、3.72、3.57；当父亲文化水平为专科时，高中生在总体和各维度上的均分分别为 3.69、3.98、3.57、3.39、3.79、3.66；当父亲文化水平为本科时，高中生在总体和各维度上的均分分别为 3.80、4.05、3.75、3.54、3.87、3.74；当父亲文化水平为研究生时，高中生在总体和各维度上的均分分别为 4.16、4.36、4.16、4.02、4.21、4.03。

表6-36 高中生生涯规划素养在父亲文化水平上的差异

变量	高中及以下 平均数	高中及以下 标准差	专科 平均数	专科 标准差	本科 平均数	本科 标准差	研究生 平均数	研究生 标准差	F 值
自我探索	3.89	0.72	3.98	0.74	4.05	0.71	4.36	0.71	30.28***
升学探索	3.45	0.93	3.57	0.95	3.75	0.90	4.16	0.90	45.46***
职业探索	3.24	1.04	3.39	1.06	3.54	1.04	4.02	1.02	41.27***
生涯计划	3.72	0.81	3.79	0.85	3.87	0.86	4.21	0.85	24.03***
生涯准备	3.57	0.81	3.66	0.77	3.74	0.83	4.03	0.95	22.68***
总均分	3.59	0.72	3.69	0.74	3.80	0.75	4.16	0.79	42.99***

注：*$p<0.05$，**$p<0.01$，***$p<0.001$。

对数据进行多重比较发现，在自我探索维度上，父亲为高中及以下文化水平的学生自我探索水平显著低于父亲为其他文化水平的学生；父亲为研究生文化水平的学生自我探索水平显著高于父亲为其他文化水平的学生；父亲文化水平为专科的学生与父亲为本科文化水平的学生并无显著差异。在生涯计划、生涯准备维度上，父亲为高中及以下文化水平的学生生涯计划、生涯准备水平显著低于父亲为本科和研究生文化水平的学生；父亲为研究生文化水平的学生生涯计划、生涯准备水平显著高于父亲为其他文化水平的学生；父亲文化水平为专科的学生与父亲为高中及以下和本科文化水平的学生并无显著差异。在总均分和升学探索、职业探索维度上，学生的表现水平随着父亲文化水平的提高递增，且均存在显著差异。总体而言，虽然高中生生涯规划素养水平总分和各个维度并非完全随着父亲文化水平的递增而升高，但可以看出父亲文化水平对高中生的生涯规划素养有重要影响。

从表6-37可知，母亲文化水平不同的高中生在生涯规划素养总体和各维度上的表现不同，且均存在显著差异。其中，母亲文化水平为高中及以下的学生在总体和各维度上的均分别为 3.59、3.89、3.44、3.24、3.72、3.58，母亲文化水平为专科的学生均分别为 3.71、3.98、3.62、3.41、3.83、3.67，母亲文化水平为本科的学生均分别为 3.84、4.11、3.80、3.60、3.89、3.75，母亲文化水平为研究生的学生均分别为 4.27、4.41、4.29、4.19、4.28、4.17。通过多重比较发现，高中生在生涯规划素养总体和各维度上的表现均随着母亲文化水平的递增而升高，且均存在显著差异。此结果表明母亲文化水平对于高中生的生涯规划素养水平有重要影响，母亲文化水平越高，高中生的生涯规划素养水平则越高。与父亲文化水平差异分析比较而言，母亲文化水平对子女的影响似乎更大，此结果或许与父亲、母亲与高中生之间不同的亲子关系程度有关，大多数家庭母亲与孩子之间的亲子关系要优于父亲与孩子之间的亲子关系，因而母亲对孩子的影响有可能更加显著。

表 6-37　高中生生涯规划素养在母亲文化水平上的差异

变量	高中及以下 平均数	高中及以下 标准差	专科 平均数	专科 标准差	本科 平均数	本科 标准差	研究生 平均数	研究生 标准差	F 值
自我探索	3.89	0.71	3.98	0.75	4.11	0.68	4.41	0.75	35.70***
升学探索	3.44	0.92	3.62	0.92	3.80	0.90	4.29	0.84	59.23***
职业探索	3.24	1.04	3.41	1.07	3.60	1.02	4.19	0.94	54.41***
生涯计划	3.72	0.81	3.83	0.86	3.89	0.85	4.28	0.88	27.42***
生涯准备	3.58	0.80	3.67	0.81	3.75	0.84	4.17	0.88	31.26***
总均分	3.59	0.72	3.71	0.76	3.84	0.75	4.27	0.77	54.68***

注：* $p<0.05$，** $p<0.01$，*** $p<0.001$。

（三）结论与讨论

1. 调查结论

根据对高中生生涯规划素养调查结果的分析，得出以下调查结论。

（1）高中生生涯规划素养整体水平一般。

通过分析学生在高中生涯规划素养各维度及总体平均分以及进行项目分析可以发现，高中生生涯规划素养整体水平一般。学生在各维度和总体所取得的平均分均在 4 分以下，除自我探索维度以外，其他维度平均分集中在 3.30~3.97 分之间，处于一般水平。在项目分析方面，除测谎题以外的 25 个题项学生平均分仅有 2 项得分在 4 分以上，有 14 个题项的平均分在 3.50~3.99 分之间，还有 9 个题项的平均分在 3.50 分以下，总体得分不佳，表明高中生生涯规划素养水平还有一定的提升空间。

(2) 高中生内部探索素养优于外部探索素养。

内部探索是指对自我的认知与发现，外部探索是指对外部世界的认知与发现。调查结果显示高中生在自我探索、升学探索、职业探索、生涯计划以及生涯准备五个维度上的均分分别为 3.97、3.57、3.38、3.79、3.65，自我探索维度得分最高，升学探索和职业探索维度得分最低。自我探索属于学生内部世界探索，升学探索与职业探索属于外部世界的探索，根据调查结果可以看出，学生对自我的认知程度要高于对升学、职业等外部世界的认知程度，学生在内部探索素养上的表现优于外部探索素养表现。调查结论与当前的教育现状基本吻合，高中生通过已有的心理健康教育在自我探索方面获得了一定的发展，但由于当前生涯规划教育的缺失，学生缺乏外部探索的机会，因而在外部探索素养上的表现一般。

(3) 高中生生涯规划素养与社会经济文化地位密切相关。

社会经济文化地位是指学生因家庭、学校、区域不同所享有的教育、经济、文化资源层次，不同的社会经济文化地位所享有的经济文化资源各异。用独立样本 T 检验和单因素方差分析从不同性别、是否独生子女、不同经济发展区域、学校类别和城乡区域对高中生生涯规划素养的各维度及总分进行差异检验发现几个现象：一是独生子女在生涯规划素养总体及五个维度上的表现均优于非独生子女；二是发达地区（珠三角地区）的学生在生涯规划素养上各方面（除了生涯计划）的表现优于欠发达地区（非珠三角地区）；三是重点高中（国家示范性高中/省一级高中）学生在生涯规划素养上各方面（除了生涯准备）的表现优于一般高中的学生；四是城镇学生在总体及五个维度上的表现均优于农村学生；五是父母文化水平与学生在高中生涯规划素养中的表现密切相关。由以上五点我们可以看出，独生子女、父母文化水平较高、来自城镇、发达地区、重点高中的学生在生涯规划素养上的表现优于非独生子女、来自农村、欠发达地区、一般高中的学生。相比之下，前者在社会经济、文化、教育资源上都享有一定的优势，因而可以推断高中生生涯规划素养水平与其社会经济文化地位密切相关。

2. 建议

根据调查结论和对高中生涯规划教育的研究，提出以下几项建议。

(1) 加快普及高中生涯规划教育。

研究表明生涯规划教育的实施成效对学生的生涯发展有重要影响[1]，在

---

[1] 张雨强，顾慧，张中宁. 普通高中生高考选考科目现状及影响因素研究：以浙江省5所高中首批选考学生为例 [J]. 教育学报，2018 (8)：29–38.

新高考政策的推动下，高中生涯规划教育已经从"个别探索"发展成为"全体需求"，开展生涯规划教育已经是普通高中不可回避的重要任务之一。如何推动生涯规划教育在普通高中普及是教育行政管理、教研、学校多方需要思考的问题。从教育行政管理角度而言，出台相关政策为高中生涯规划教育的普及提供政策支持、规范要求是必需的，政策是高中生涯规划教育普及的最优保障；从教研角度而言，如何发挥专业力量、打造专业平台是值得关注的问题，要从课程、教学、教师专业能力提升等方面着手，为高中生涯规划教育的普及把好专业关；从学校角度而言，要建立高中生涯规划教育的校本管理模式，凝聚校内校外力量共同推动生涯规划教育的发展。

（2）促进高中生涯规划教育校外平台的搭建。

高中生外部探索素养不佳囿于学校教育的壁垒难以打破，外部探索机会缺乏。究其根本有学校内部原因也受外部因素影响。一方面要通过激发学校积极主动性的方式促使高中生涯规划教育向外开放，主动走出去、请进来；另一方面也要探索建立以学校为主体，以家长、社区、企业、公益机构等多方力量为辅助的高中生涯规划教育实施模式，通过协同机制的建立，为高中生涯规划教育的高校探索、职业体验、研学旅行等教育形式的实现提供基础，为学生提供便利的、充分的外部探索机会，促使外部探索素养提升。

（3）重视高中生涯规划"教育公平效能"的发挥。

教育公平效能是指在促进教育公平上的效应。调查发现社会经济文化地位高的高中生在生涯规划素养上的表现要优于社会经济文化地位较低的高中生，社会不公平对高中生的生涯规划素养有重要影响。高中生涯规划教育作为培养高中生生涯规划素养、为高中生提供个性化生涯规划指导和均等发展机会的重要途径，有助于学生扬长避短，在学业表现和未来发展上取得更好的资源，有助于教育结果公平的实现。因而要重视高中生涯规划教育公平效能的发挥，在实施当中实现全面、全员、个性、均等，通过高中生涯规划教育促进高中生生涯规划素养的全面提升。

第三节 学生评价的优化路径

从学生评价的政策导向来看，我国基础教育学生评价政策始终以培养全面发展的人为导向，从改革开放前的"德智体"全面发展到20世纪初的"德智体美"全面发展再到当下的"五育并举"，促进学生全面发展的宗旨贯穿其中，只是"全面发展"的内涵随着社会发展和教育进步变得更加丰富。但是从政策体系来看，"智育"评价始终占据评价改革的主导地位，以传统考试为主要手段的学生评价模式尚未获得根本的改变，要实现新时代教育评价改革的宏伟目标还需从多方面着手优化基础教育学生评价的政策体系。

一、完善"德体美劳"评价政策

从我国基础教育学生评价政策演变历程来看，考试招生制度改革是最受关注的政策领域，制度体系建设也较为完善，而有关学生"德体美劳"方面素质评价的相关政策虽并非空白，但是存在或更新较慢，或指导性操作性不强的问题，还需进一步的完善补充。总体来说，具有中国特色的基础教育学生学业考试和学业测评政策体系已经建立，未来需要着重对"德体美劳"评价政策进行完善。首先，要根据新时代学生评价要求及时更新学生体质健康和艺术素养评价细则，促使学生体质测评与艺术素养评价能够充分符合新时代教育评价改革精神。其次，要加快出台新时代中小学生德育评价和劳动教育评价政策。虽然《深化新时代教育评价改革总体方案》（见表6-38）和《普通高中学校办学质量评价指南》《义务教育质量评价指南》等文件对德育和劳动教育评价的指标做了规定，但还需对新时代德育、劳动教育评价更加充分详细的政策规定以此引导教育实践方向，增强相关领域评价的规范性和操作性。

表6-38 《深化新时代教育评价改革总体方案》的学生评价要求

评价领域	具体要求
德育评价	根据学生不同阶段身心特点，科学设计各级各类教育德育目标要求，引导学生养成良好思想道德、心理素质和行为习惯，传承红色基因，增强"四个自信"，立志听党话、跟党走，立志扎根人民、奉献国家。通过信息化等手段，探索学生、家长、教师以及社区等参与评价的有效方式，客观记录学生品行日常表现和突出表现，特别是践行社会主义核心价值观情况，将其作为学生综合素质评价的重要内容

续上表

评价领域	具体要求
体育评价	建立日常参与、体质监测和专项运动技能测试相结合的考查机制，将达到国家学生体质健康标准要求作为教育教学考核的重要内容，引导学生养成良好锻炼习惯和健康生活方式，锤炼坚强意志，培养合作精神。中小学校要客观记录学生日常体育参与情况和体质健康监测结果，定期向家长反馈。改进中考体育测试内容、方式和计分办法，形成激励学生加强体育锻炼的有效机制。加强大学生体育评价，探索在高等教育所有阶段开设体育课程
美育评价	把中小学生学习音乐、美术、书法等艺术类课程以及参与学校组织的艺术实践活动情况纳入学业要求，促进学生形成艺术爱好、增强艺术素养，全面提升学生感受美、表现美、鉴赏美、创造美的能力。探索将艺术类科目纳入中考改革试点
劳动教育评价	实施大中小学劳动教育指导纲要，明确不同学段、不同年级劳动教育的目标要求，引导学生崇尚劳动、尊重劳动。探索建立劳动清单制度，明确学生参加劳动的具体内容和要求，让学生在实践中养成劳动习惯，学会劳动、学会勤俭。加强过程性评价，将参与劳动教育课程学习和实践情况纳入学生综合素质档案
学业评价	完善各级各类学校学生学业要求，严把出口关。对初、高中毕业班学生，学校须合理安排中高考结束后至暑假前的教育活动。完善过程性考核与结果性考核有机结合的学业考评制度，加强课堂参与和课堂纪律考查，引导学生树立良好学风

二、增强多元评价的合法性

多元评价既包括评价内容的多元也包括评价主体的多元，前者是指对学生的多方面素养开展评价，后者是指由多方主体对同一对象开展评价。我国当前的学生评价政策基本实现了内容上的多元评价，但是从主体的角度来看校外主体的参与仍然不足。实际上在学生评价尤其是德育领域的评价中多方主体的评价是非常必要的，在道德行为方面，如果以学生为主体开展自评容易产生"社会称许效应"，而若单以教师为主体则可能导致评价不够客观。多元评价这一理念并不新颖，它在20世纪初就获得了我国研究者的注意，积极呼吁要在学生评价当中采取多元评价的方式以全面评价学生的发展。①②《深化新时代教育评价改革总体方案》也强调要"探索学生、家长、教师以及社区等参与评价的有效方式，客观记录学生品行日常表现和突出表现，特别是践行社会主义核心价值观情况，将其作为学生综合素质评价的重要内容"。从当前来看多元主体参与学生评价的合法性已经获得政策的注意，但是从操作层面多元主体如何有效参与学生评价还未有明确的规范引领，多元评价的合法性还需进一步增强。

三、全面推进增值评价

增值性评价是国际上最为前沿的教育评价方式之一，美国田纳西州教育改革法案（1992）将"增值性评价"定义为"一种通过用教育成果评价学生学业成就的方法，进而评价教师、学校和学区性能的统计模式"。我国著名教育测评专家辛涛教授认为"在现在的教育评价领域中，增值性评价是指通过追踪收集学生在一段时间内不同时间点上的标准化测验成绩，基于学生自身测验成绩的纵向比较，并考虑其他不受学校或教师控制的因素对学生成绩的影响的研究，对数据进行统计分析，将上述因素对学生成绩的影响与学校或教师对学生成绩的效应分离开来，追踪学生在一段时间内学业上的变化，考察学校或教师对学生学业成绩影响的净效应，进而实现对学校或教师效能较为科学、客观的评价"③。从评价结果来看，增值性评价比结果性评价更能评判学生的进步程度、更能客观地反映学生发展的情况。近年来的多项政策已经意识到了增值评价的价值，《深化新时代教育评价改革总体方案》提出要"改进结果评价，强化过程评价，探索增值评价，健全综合评价"，《义务教育质量评价指南》提出要"注重结果评价与增值评价相结合"。但是增值评价在我国还未从政策理念转换为统一的政策行动，更多的是作为"自选动作"由各地探索。从建立更为科学的学生评价，尤其是过程性评价体系的角度而言，未来需要切实落实增值性评价的政策要求，由各级行政部门确定切实可行的操作方案和技术手段，使增值真正成为评价学生发展的重要指标。

---

① 吕华. 让学生在多元评价中健康发展 [J]. 山东教育, 2002（34）: 23 – 24.
② 周萍. 多元评价，共同关注学生成长 [J]. 上海教育, 2004（5）: 67.
③ 辛涛, 张文静, 李雪燕. 增值性评价的回顾与前瞻 [J]. 中国教育学刊, 2009（4）: 40 – 43.

第七章 教师评价：从奖惩走向发展

构建科学的教师评价体系有多重意义。从教师个体层面而言，教师评价是引导教师个体专业成长、影响职业幸福感的重要因素；从教育发展角度来说，"强教先强师"，教师评价是促进教师队伍专业素养整体提升、提高教育质量的关键举措；从国家发展人才战略来看，教师评价甚至是影响中国现代化进程的改革领域。

第一节 教师评价的多维解析

"教师评价"既是理论研究领域的一个重要概念，也是教育政策话语体系的组成部分，要理解什么是"教师评价"，需要从理论和政策双重视角进行解释。

一、理论阐释

（一）"教师评价"的理论基础

"教师评价"这一概念诞生于20世纪20年代的美国，在其内涵演变的过程中受到不同时期的多种理论指导。

1. 教师效能理论

教师效能理论是在美国著名心理学家班都拉（Bandura）的社会认知理论的影响下发展而成。20世纪70年代，班都拉提出了"自我效能"的概念，认为自我效能是个体在特定的环境中对自己能否完成某种行为或任务的信心和期望。[①] 根据班都拉的理论演绎，一些学者开始从效能的视角去理解教师效能，美国兰德公司的阿莫尔（Armor）对个人教学效能和一般教学效能的概念进行了阐释，他认为教师自身的教学作用与外部环境因素对学生的影响结果的比较称为一般教学效能；教师通过自己的教学行为帮助学生解决学习上的困难，并且自身能够深刻地体会到教学成功感称之为个人教学效能；教师能解决学生缺乏学习动机的问题，并且对自己的教学能力、教学水平充满自信，说明教师具备较高的个人教学效能，反之亦然。[②] 20 世纪 80 年代的教师效能理论评价的是教师的内部效能，也就是教师通过教育教学实现知识传递的能力；20 世纪 90 年代转向关注教师的外部效能，主要从教师提供教育服务、满足社会需要的角度评价教师效能；21 世纪以后主要从未来效能的角度评价教师，认为教师的关键作用在于促进学生多样化和可持续发展。[③] 总而言之，在教师效能理论的指导下，教师评价被理解为是对教师工作质量和成效的评价。

2. 建构主义理论

建构主义理论是认知心理学当中的一个重要的理论分支，也是极具传奇色彩和革命性的理论学派。建构主义理论建立在皮亚杰（Piaget）、科尔伯格（Kernberg）、斯滕伯格（Sternberg）、卡茨（Katz）和维果斯基（Vogotsgy）等人的学术基础之上，它的核心观点是：知识并非是个体对现实世界的客观表征，而是人们在与情境交互作用的过程做所建构的对世界的解释，"情境""写作""对话""意义建构"是知识的四大属性。[④] 因此，在学习当中学生不是被动地接受知识，而是具有主体性、能动性、发展性、个性化的人，他们能够在学习活动当中以个性化的经验为基础建构对知识的理解和认知，具有极大的差异性；教学不是教师向学生传递知识的过程，而是学生主动建构的过程，教师在教学活动当中的角色需要转换，从教学的主导者转换成学生学习的支持者，教师需要在教学活动当中积极创造机会，帮助学生解决问题，从而建构自己的知识。建构主义理论下的教师评价不在于以终结性的指

[①] BANDURA A. Self-efficacy: toward a unifying theory of behavioral change [J]. Psycholiogcal Review, 1997 (84): 191 – 215.

[②] 荀洪梅，马云鹏. 美国教师效能理论的发展阶段与应用 [J]. 外国教育研究，2013 (11): 89 – 96.

[③] 毛利丹. 中小学教师评价研究：基于教师的视角 [D]. 上海：华东师范大学，2016.

[④] 李了建，宋萑. 建构主义：理论的反思 [J]. 全球教育展望，2007 (4): 44 – 51.

标如教学质量、学生成绩为主要评价标准，而是主张关注教师在教学过程当中的表现，提倡对教师进行表现评价。

3. 临床督导理论

教师评价当中的临床督导（clinical supervision）模式源自医学和心理学理论，在上述领域当中，临床督导是指对被督导者进行工作现场的管理和指导，它强调的是评价的"临床性"、表现性和及时反馈。临床督导理论之下的教师评价主要围绕课堂教学评价进行，课堂即是教学的"临床行为"，它关注的是教师在课堂上所表现出来的专业素质，主要通过课堂观察来实现。临床督导理论下的教师评价是以课堂、教学为中心的评价，实施评价的关键就在于课堂观察工具的开发与应用和临床数据的收集与分析。临床式的教师评价对课堂教学的改进是最为直接的，但是也存在一定缺陷，如：高度依赖于观察者的专业程度，评价结果具有很大的主观性，容易存在"偏见"或者"歪曲"现象，结果可能存在争议。

（二）"教师评价"的多元定义

1. 教育效果评价

在界定教师评价方面有几种主流观点。当前的大多数定义从教师效能理论的角度去理解教师评价，认为教师评价是对教育效果的评价。如《实用教育大词典》认为教师评价是对教师资格和教学质量的评价[①]；《教育大辞典》认为教师评价是对教师的教学活动及其效果的测量和判断[②]；王汉澜提出教师评价是依据学校的培养目标和教师根本任务，运用现代化教育评价理论和方法对教师个体的工作质量的价值判断[③]；陈玉琨认为教师评价是对教师工作现实或潜在价值做出判断的活动[④]；陈永明提出教师评价是通过对教师素质和教师教学行为表现状况的测量，评判教师素质水平及其教育教学效果[⑤]。

2. 专业素质评价

部分学者提出教师评价应当是面向教师专业素质的评价。如胡中锋提出教师评价是根据一定的评价标准和程序，采取多种方法搜集评价资料，对教师个人资格、能力与表现进行价值判断的过程[⑥]；傅道春认为教师评价是指

---

① 王焕勋. 实用教育大词典［M］. 北京：北京师范大学出版社，1995：211.
② 顾明远. 教育大辞典：上［M］. 上海：上海教育出版社，2002：50.
③ 王汉澜. 教育评价学［M］. 开封：河南大学出版社，1995：354.
④ 陈玉琨. 教育评价学［M］. 北京：人民出版社，1999：98.
⑤ 陈永明. 教师教育研究［M］. 上海：华东师范大学出版社，2002：346.
⑥ 胡中锋. 教育评价学［M］. 北京：中国人民大学出版社，2008：222.

对教师职业、教育思想、教学行为、教学内容、专业水平、道德水平等方面进行的有目的或无目的的价值判断活动①。

3. 全面的评价

除了教育效能和专业素质评价观以外，也有个别观点认为教师评价是对教师表现的评价。更有学者从一个全面的视角去界定教师评价，认为教师评价不仅指向素质，还指向表现和效能，"教师评价是依据教育的培养目标和教师的根本任务，运用科学的教育评价理论和方法，对教师的素质和能力、履职的情况及已取得的成绩做出价值判断，并对其专业发展水平的提升、工作方法的改进给予指导的过程"②。

二、政策话语

从理论层面去理解教师评价是对教师评价应然状态的洞察，但是仅从理论角度去阐释教师评价是不够的，政策体系如何定义教师评价对于确定教师评价的内涵也非常重要。从我国当前的政策来看，教师评价包含几个方面。

（一）教师评价是职业资格评价

我国实行教师资格考试制度，要进入中小学教师队伍必须取得教师资格证，教师资格考试是职前教师向在职教师转换必须经过的考核和评价。根据《中小学教师资格考试暂行办法》，中小学教师资格考试是考核申请教师资格证人员是否具备从事教师职业所必需的教育教学基本素质和能力的考试。

（二）教师评价是人事考核

学校是一个有制度的正式组织，教师是该组织当中的一员，需要承担一定的职务职责、接受组织管理和人事考核。1986年原国家教委印发了《中学教师职务试行条例》《小学教师职务试行条例》，提出要在中小学实行聘任制任命制，根据一定的标准考核教师履职情况，对教师进行定岗定级。以职务考评为基础建立的中小学教师职称制度也是教师评价的最为主要的内容之一，职称评定在内容上体现为是对教师专业技术水平的评价，但是从评聘结合的角度来看，职称评定实际上已经演化为一种具有竞争性的职级评价。

---

① 傅道春. 教师的成长与发展 [M]. 北京：教育科学出版社，2001：195.
② 刘范美. 中小学教师专业发展评价现状与对策探析：基于广东省粤北地区的调查 [J]. 教育理论与实践，2019（2）：34-36.

（三） 教师评价是荣誉评价

对中小学教师实行评优评先奖励是我国激发教师队伍活力和提高教师工作积极性的重要措施。1989年原国家教委就提出要在教师节表彰优秀教师。2009年修订的《中华人民共和国教师法》规定学校和各级政府应对有突出贡献的教师给予表彰和奖励，对重大贡献的教师授予荣誉称号。2015年国务院办公厅印发的《乡村教师支持计划（2015—2020年）》提出要建立乡村教师荣誉制度。

（四） 教师评价是职业道德评价

学高为师、身正为范。在中国文化情境当中，教师是被赋予极高道德期望的职业，在对教师的评价当中，道德总是被摆在首要位置，尤其是在新时代背景下，立德才能树人，师德师风评价基本已经成为各级各类学校以及政府开展教师评价的首要指标且是必达指标。

（五） 教师评价是专业素养评价

无论是资格考试、人事考核、荣誉制度还是职业道德，实际上都是将教师视为"职业人"而非"专业人"进行评价。教师职业作为一个教书育人、专业性很强的职业领域，需要一定的专业评价标准进行引领。2012年，教育部印发了《幼儿园教师专业标准（试行）》《小学教师专业标准（试行）》和《中学教师专业标准（试行）》，从专业素质角度为教师评价提供了标准。

第二节　教师评价的政策标准

从教师评价的理论定义和政策解释来看，教师评价基本聚焦于职后阶段。但是随着教师教育职前职后一体化体系的建立，教师评价也应当向职前阶段延伸。从我国相关的政策来看，教师评价实际上从职前教师、合格教师、专业教师、优秀教师等角度做了规定。

一、职前教师的评价标准

师范生是我国职前教师教育的主要对象，也是我国教师队伍的主要来源，对师范生的培养要求体现了国家对何为好教师的期望。2017年教育部印发的《普通高等学校师范类专业认证实施办法》对师范专业人才培养提出了明确的要求，规定师范专业要根据教师专业标准制定师范生的毕业要求，并将师范生毕业要求达成情况作为评价师范专业水平的重要指标。以小学教育专业认证标准（第三级）为例，师范生的毕业要求指标包括践行师德、学会教学、学会育人、学会发展四项，也就是说要成为一名取得师范专业毕业证书的合格的储备教师需要达到以上几项指标要求。具体评价标准如表7-1所示。

表7-1 小学教育专业认证标准（第三级）"毕业要求"指标

二级指标	评价点	评价标准
践行师德	师德规范	践行社会主义核心价值观，增进对中国特色社会主义的思想认同、政治认同、理论认同和情感认同。贯彻党的教育方针，以立德树人为己任。遵守中小学教师职业道德规范，具有依法执教意识，立志成为有理想信念、有道德情操、有扎实学识、有仁爱之心的好老师
	教育情怀	具有从教意愿，认同教师工作的意义和专业性，具有积极的情感、端正的态度、正确的价值观。具有人文底蕴和科学精神，尊重学生人格，富有爱心、责任心、事业心，工作细心、耐心，做学生锤炼品格、学习知识、创新思维、奉献祖国的引路人
学会教学	知识整合	具有较好的人文与科学素养。扎实掌握主教学科的知识体系、思想与方法，重点理解和掌握学科核心素养内涵；掌握兼教学科的基本知识、基本原理和技能，了解学科知识体系基本思想和方法；了解小学其他学科基本知识、基本原理和技能，具有跨学科知识结构；对学习科学相关知识能理解并初步应用，能整合形成学科教学知识。初步习得基于核心素养的学习指导方法和策略
	教学能力	理解教师是学生学习和发展的促进者。依据学科课程标准，在教育实践中，能够以学习者为中心，创设适合的学习环境，指导学习过程，进行学习评价。具备一定的课程整合与综合性学习设计与实施能力
	技术融合	初步掌握应用信息技术优化学科课堂教学的方法技能，具有运用信息技术支持学习设计和转变学生学习方式的初步经验

续上表

二级指标	评价点	评价标准
学会育人	班级指导	树立德育为先理念。了解小学德育原理与方法，掌握班级组织与建设的工作规律与基本方法。掌握班集体建设、班级教育活动组织、学生发展指导、综合素质评价、与家长及社区沟通合作等班级常规工作要点。能够在班主任工作实践中，参与德育和心理健康教育等教育活动的组织与指导，获得积极体验
	综合育人	树立育人为本的理念，掌握育人基本知识与技能，善于抓住教育契机，促进小学生全面和个性发展。理解学科育人价值，在教育实践中，能够结合学科教学进行育人活动。了解学校文化和教育活动的育人内涵和方法。积极参与组织主题教育、少先队活动和社团活动
学会发展	自主学习	具有终身学习与专业发展意识。了解专业发展核心内容和发展阶段路径，能够结合就业愿景制订自身学习和专业发展规划。养成自主学习习惯，具有自我管理能力
	国际视野	具有全球意识和开放心态，了解国外基础教育改革发展的趋势和前沿动态。积极参与国际教育交流。尝试借鉴国际先进教育理念和经验进行教育教学
	反思研究	理解教师是反思型实践者。运用批判性思维方法，养成从学生学习、课程教学、学科理解等不同角度反思分析问题的习惯。掌握教育实践研究的方法和指导学生探究学习的技能，具有一定的创新意识和教育教学研究能力
	交流合作	理解学习共同体的作用，具有团队协作精神，掌握沟通合作技能，积极开展小组互助和合作学习

二、合格教师的评价标准

合格教师的评价重点是被评者是否符合资格要求、是否达到岗位工作标准，评价结果体现为是否取得资格或是否考核合格，相关的评价包括教师资格考试和教师职务考核。教育部 2013 年印发的《中小学教师资格考试暂行办法》规定，教师资格证的申请者首先必须达到基本的国籍要求、法律与道德要求、身体素质要求和《教师法》规定的学历要求。在此基础上，教师资格考试笔试主要围绕从事教师职业所应具备的教育理念、职业道德、法律法规知识、科学文化素养、阅读理解、语言表达、逻辑推理和信息处理等基本能力，教育教学、学生指导和班级管理的基本知识，拟任教学科领域的基本知识，教学设计实施评价的知识和方法，运用所学知识分析和解决教育教学实际问题的能力、课堂技能等方面展开。

教师资格考试内容是教师职业的基本准入门槛，在职后教师评价体系当中存在着更为细化的评价指标。原国家教委1986年印发的《小学教师职务试行条例》《中学教师职务试行条例》则属于此类标准，文件在确定中小学教师职务等级的基础上提出了不同职务教师所必须达到的工作要求，以中学教师为例，低职务教师的主要任务是参与教育教学工作和教学研究活动，职务高的教师除此以外还需承担对更低职务教师或新教师的指导和培训义务，体现了对不同职务教师专业能力的要求。具体见表7-2。

表7-2 中学教师职责要求

职级	职　责
中学三级	1. 承担初中一门学科的教学任务，备课，讲课，辅导，批改作业，考核学生成绩。2. 在高级教师或一级教师的指导下，在课内外对学生进行思想品德教育，担任初中班主任。3. 参加教学研究活动
中学二级	1. 承担高中或初中一门学科的教学任务，备课，讲课，辅导，批改作业，考核学生成绩。2. 在课内外对学生进行思想品德教育，担任班主任或组织、辅导学生课外活动。3. 参加教学研究工作
中学一级	1. 承担高中或初中一门学科的教学任务，备课，讲课，辅导，批改作业，考核学生成绩。2. 在课内外对学生进行思想品德教育，担任班主任或组织、辅导学生课外活动。3. 承担和组织教育教学研究工作。4. 指导二、三级教师的教育教学工作，或承担培养新教师的任务
中学高级	1. 承担学校安排的教育教学任务，指导教育教学研究工作。2. 承担教育科学研究任务。3. 指导一、二、三级教师的教育教学工作，或承担培养教师的任务

三、专业教师的评价标准

合格教师的评价标准是从职业准入和岗位达标的角度开展的，在合格教师的评价当中，教师被视为一个"职业人"，评价关注的是教师的职业特性和职业要求。而专业教师的评价标准则是指从教师专业性的角度提出的专业技术要求，在专业教师的评价标准当中教师被视为"专业人"，评价关注的是教师的专业技术水平。我国教师评价当中不少关于教师专业水平的方向性要求，但是成体系的、规范化程度比较高的主要有教育部面向中小幼教师分别制定的教师专业标准和作为中小幼教师职称评定依据的教师评价标准。

2012年，教育部印发了《幼儿园教师专业标准（试行）》《小学教师专业标准（试行）》和《中学教师专业标准（试行）》，文件当中提出，专业标准是对幼儿园、小学和中学合格教师专业素质的基本要求，是教师实施教育教学行为的基本规范，是引领教师专业发展的基本准则，是教师培养、准入、培训、考核等工作的重要依据。从具体内容来看，不同学段的专业标准在基本理念上具有一致性，都以师德为先、学生为本、能力为重、终身学习作为标准制定的基本理念，评价领域和评价维度也是一脉相承，中小幼均从专业理念与师德、专业知识、专业能力三个维度开展评价；具体来说，专业标准体现了不同学段的特点与差异，如在"专业理念与师德"维度不同学段的教师要求具备对特定学段学生态度与行为的正确理解，在"专业知识"和"专业能力"维度上小学阶段对基础教育知识、组织与管理方面的要求更高，而中学阶段对教师的学科知识和学科教学能力的要求更高，除此以外，中小学教师要求具备更强的反思与发展能力（见表7-3）。

表7-3 中小幼教师专业标准评价要点

维度	学段	领　　域
专业理念与师德	幼儿园	职业理解与认识、对幼儿的态度与行为、幼儿保育和教育的态度与行为、个人修养与行为
	小学	职业理解与认识、对小学生的态度与行为、教育教学的态度与行为、个人修养与行为
	初中	职业理解与认识、对学生的态度与行为、教育教学的态度与行为、个人修养与行为

续上表

维度	学段	领域
专业知识	幼儿园	幼儿发展知识、幼儿保育和教育知识、通识性知识
	小学	小学生发展知识、学科知识、教育教学知识、通识性知识
	中学	教育知识、学科知识、学科教学知识、通识性知识
专业能力	幼儿园	环境的创设与利用、一日生活的组织与保育、游戏活动的支持与引导、教育活动的计划与实施、激励与评价、沟通与合作、反思与发展
	小学	教育教学设计、组织与实施、激励与评价、沟通与合作、反思与发展
	中学	教学设计、教学实施、班级管理与教育活动、教育教学评价、沟通与合作、反思与发展

专业标准主要是从教师必备的专业素质的角度去提出教师的评价标准，对教师评价主要起到指导和引领的作用。而真正约束我国教师发展的是职称制度。职称制度是中国特色教师评价制度的核心组成部分，我国教师职称评价制度是在职务聘任制基础上建立的，是将专业技术评价与岗位评聘相结合的教师评价制度，教师要获得职务晋升必须达到一定的职称要求，而职务晋升又直接关系了教师的专业地位与经济待遇，职称评定是真正与教师专业发展和切身利益直接相关的评价制度。为了建立更为科学、更为完善、更有利于教师专业发展的教育评价制度，2015年人力资源社会保障部和教育部联合印发了《关于深化中小学教师职称制度改革的指导意见》，提出了中小学教师专业技术水平评价的基本标准条件，并明确要求地方根据标准制定具体的评价条件，是中小学教师职称评审的重要基础和主要依据。《关于深化中小学教师职称制度改革的指导意见》确定中小学教师职称系列包含正高级教师、高级教师、一级教师、二级教师、三级教师五个职称等级，评价指标主要包括教师的职业理想和信念、教育教学能力、教育教学成效、专业发展引领和工作资历等方面（见表7-4）。

表7-4　中小学教师职称评价标准

职称	评价标准
正高级教师	1. 具有崇高的职业理想和坚定的职业信念；长期工作在教育教学第一线，为促进青少年学生健康成长发挥了指导者和引路人的作用，出色地完成班主任、辅导员等工作任务，教书育人成果突出。2. 深入系统地掌握所教学科课程体系和专业知识，教育教学业绩卓著，教学艺术精湛，形成独到的教学风格。3. 具有主持和指导教育教学研究的能力，在教育思想、课程改革、教学方法等方面取得创造性成果，并广泛运用于教学实践，在实施素质教育中，发挥了示范和引领作用。4. 在指导、培养一级、二级、三级教师方面做出突出贡献，在本教学领域享有较高的知名度，是同行公认的教育教学专家。5. 一般应具有大学本科及以上学历，并在高级教师岗位任教5年以上
高级教师	1. 根据所教学段学生的年龄特征和思想实际，能有效进行思想道德教育，积极引导学生健康成长，比较出色地完成班主任、辅导员等工作，教书育人成果比较突出。2. 具有所教学科坚实的理论基础、专业知识和专业技能，教学经验丰富，教学业绩显著，形成一定的教学特色。3. 具有指导与开展教育教学研究的能力，在课程改革、教学方法等方面取得显著的成果，在素质教育创新实践中取得比较突出的成绩。4. 胜任教育教学带头人工作，在指导、培养二级、三级教师方面发挥了重要作用，取得了明显成效。5. 具备博士学位，并在一级教师岗位任教2年以上；或者具备硕士学位、学士学位、大学本科毕业学历，并在一级教师岗位任教5年以上；或者具备大学专科毕业学历，并在小学、初中一级教师岗位任教5年以上；城镇中小学教师原则上要有1年以上在薄弱学校或农村学校任教经历
一级教师	1. 具有正确教育学生的能力，能根据所教学段学生的年龄特征和思想实际，进行思想道德教育，有比较丰富的班主任、辅导员工作经验，并较好地完成任务。2. 对所教学科具有比较扎实的基础理论和专业知识，独立掌握所教学科的课程标准、教材、教学原则和教学方法，教学经验比较丰富，有较好的专业知识技能，并结合教学开展课外活动，开发学生的智力和能力，教学效果好。3. 具有一定的组织和开展教育教学研究的能力，并承担一定的教学研究任务，在素质教育创新实践中积累了一定经验。4. 在培养、指导三级教师提高业务水平和教育教学能力方面做出一定成绩。5. 具备博士学位；或者具备硕士学位，并在二级教师岗位任教2年以上；或者具备学士学位或有大学本科毕业学历，并在二级教师岗位任教4年以上；或者具备大学专科毕业学历，并在小学、初中二级教师岗位任教4年以上；或者具备中等师范学校毕业学历，并在小学二级教师岗位任教5年以上

续上表

职称	评价标准
二级教师	1. 比较熟练地掌握教育学生的原则和方法，能够胜任班主任、辅导员工作，教育效果较好。2. 掌握教育学、心理学和教学法的基础理论知识，具有所教学科必备的专业知识，能够独立掌握所教学科的教学大纲、教材，正确传授知识和技能，教学效果较好。3. 掌握教育教学研究方法，积极开展教育教学研究和创新实践。4. 具备硕士学位；或者具备学士学位或有大学本科毕业学历，见习1年期满并考核合格；或者具备大学专科毕业学历，并在小学、初中三级教师岗位任教2年以上；或者具备中等师范学校毕业学历，并在小学三级教师岗位任教3年以上
三级教师	1. 基本掌握教育学生的原则和方法，能够正确教育和引导学生。2. 具有教育学、心理学和教学法的基础知识，基本掌握所教学科的专业知识和教材教法，能够完成所教学科的教学工作。3. 具备大学专科毕业学历，并在小学、初中教育教学岗位见习1年期满并考核合格；或者具备中等师范学校毕业学历，并在小学教育教学岗位见习1年期满并考核合格

四、优秀教师的评价标准

荣誉制度是我国对优秀教师进行奖赏的主要制度。建立教师荣誉制度有利于提高教师职业的荣誉感和认同感，也有利于营造全社会尊师重教的文化氛围。教师荣誉制度是我国教师队伍建设长期坚持的基本国策，是对优秀教师进行表彰和鼓励、激励教师持续成长的重要举措。20世纪90年代我国开始正式建立国家教师荣誉制度，原国家教委分别于1993年印发了《特级教师评选规定》、1998年印发了《教师和教育工作者奖励规定》，是我国教师荣誉制度建设之路上的重要里程碑。

特级教师是我国面向中小学教师特设的一项教师荣誉制度，也是当前最受行业认可、最具有含金量的优秀教师评价之一。根据《特级教师评选规定》，"特级教师"是国家为了表彰特别优秀的中小学教师而特设的一种既具先进性又有专业性的称号，特级教师应是师德的表率、育人的模范、教学的专家。参评特级教师的候选人必须具备以下条件：一是要坚持正确的政治方向。要坚持党的基本路线，热爱社会主义祖国，忠诚人民的教育事业，认真贯彻执行教育方针，一贯模范履行教师职责，教书育人，为人师表。二是要具备一定的职称职务，具有过硬的专业技术能力。申报特级教师必须具有中小学校高级教师职务，对所教学科具有系统的、坚实的理论知识和丰富的教学经验，精通业务，严谨治学，教育教学效果特别显著，或者在学生思想政治教育、教育教学改革、教材建设等领域成绩卓著，在当地教育界有声望。三是要有很强的专业引领能力。要在培训提高教师的思想政治、文化业务水平和教育教学能力方面做出显著贡献。

根据《教师和教育工作者奖励规定》，国家教育行政部门为教师队伍设立"全国优秀教师""全国优秀教育工作者""全国模范教师""全国教育系统先进工作者"荣誉称号。其中"全国优秀教师""全国优秀教育工作者"主要奖励长期从事教育教学、科学研究和管理、服务工作并取得显著成绩的教师和教育工作者，"全国模范教师""全国教育系统先进工作者"主要奖励"全国优秀教师""全国优秀教育工作者"当中有杰出贡献的个人。"全国优秀教师""全国优秀教育工作者"在具备基本的政治素养和职业道德的基础上，需要具备下列条件之一：全面贯彻教育方针，坚持素质教育思想，热爱学生，关心学生的全面成长，教书育人，为人师表，在培养人才方面成绩显著；认真完成教育教学工作任务，在教学改革、教材建设、实验室建设、提高教育教学质量方面成绩突出；在教育教学研究、科学研究、技术推广等方面有创造性的成果，具有较大的科学价值或者显著的经济效益、社会效益；在学校管理、服务和学校建设方面有突出成绩。简而言之，优秀教师或优秀教育工作者必须在人才培养、教学质量、社会价值、教育管理方面具有突出的表现。

除以上两项主要荣誉以外，中央政府和教育部还对在教学上有优异表现和长期在乡村从教的个人进行奖励和表彰。2012年，为加快实施人才强国战略，中共中央、组织部印发了《国家高层次人才特殊支持计划》（简称"国家特支计划"），确定每年遴选一批科技创新领军人才、科技创业领军人才、哲学社会科学领军人才、教学名师、百千万工程领军人才，其中教学名师面向教育领域开展，参选者条件为：长期从事一线教学工作，培养优秀青少年有突出贡献，对教育思想和教学方法有重要创新，为人师表，师德高尚，在教育领域和全社会享有较高声望。2015年国务院办公厅印发《乡村教师支持计划（2015—2020年）》，当中提出要建立乡村教师荣誉制度，国家对在乡村学校从教30年以上的教师颁发荣誉证书，并要求省（区、市）、县（市、区、旗）要分别对在乡村学校从教20年以上、10年以上的教师给予鼓励；在评选表彰教育系统先进集体和先进个人等方面要向乡村教师倾斜。

总体来看，职前教师、合格教师、专业教师、优秀教师的评价基本上都围绕德、能、绩几方面开展。对于职前教师而言，道德品质、专业情怀、教育理论知识、教学技能和综合素养是重点；对于职后教师，尤其是专业教师和优秀教师而言，职业贡献和教学业绩则更为重要，要从一名合格教师成长为优秀教师，必须在教育教学领域有所建树。

第三节　教师评价的改革方向

基础教育高质量发展需要高质量的教师队伍保驾护航，面向新时代的政策需求，我国教师评价还需根据教师队伍建设的大政方针进一步改革创新。

一、改革的政策导向

党的十八大以来国家陆续印发了多份迎合新时代教育改革发展和教师队伍建设需要的政策文件，提出了未来以及相当长一段时间内教师评价的改革方向。

（一）以师德师风为先

百年大计，教育为本；教育大计，教师为本。新时代教育以立德树人为第一要务，教师是立德树人工程的"施工者"，教师的思想政治与职业道德也被视为教师评价的核心要素。2018年中共中央、国务院《关于全面深化新时代教师队伍建设改革的意见》提出教师队伍建设要把提高教师思想政治素质和职业道德水平摆在首要位置，要推动教师成为先进思想文化的传播者、党执政的坚定支持者、学生健康成长的指导者。2019年印发的《中国教育现代化2035》提出"大力加强师德师风建设，将师德师风作为评价教师素质的第一标准"。《深化新时代教育评价改革总体方案》强调"把师德表现作为教师资格定期注册、业绩考核、职称评聘、评优奖励首要要求，强化教师思想政治素质考察，推动师德师风建设常态化、长效化"。在一些政府和学校的评价中，师德师风问题甚至是一票否决的重要指标，在新时代教师评价当中，师德师风将始终被奉为首要条件、第一标准。

（二）强调教育教学业绩

教育教学是教师工作的主阵地，教育教学业绩始终是考核评价教师的核心指标。《深化新时代教育评价改革总体方案》提出要把履行教育教学职责作为评价教师的基本要求，要引导教师上好每一节课、关爱每一个学生；要完善中小学教师绩效考核办法，绩效工资分配向班主任倾斜，向教学一线和教育教学效果突出的教师倾斜；同时要求教师必须具备一定的评价能力和完成一定的评价任务，要探索建立中小学教师教学述评制度，任课教师每学期须对每个学生进行学业述评，述评情况纳入教师考核内容。《关于全面深化新时代教师队伍建设改革的意见》明确指出教师评价要突出教育教学实绩，建立符合中小学教师岗位特点的考核评价指标体系，引导教师潜心教书育人。

（三）鼓励奉献精神

乡村学校和薄弱学校发展是掣肘我国基础教育优质均衡发展的短板，因此乡村、薄弱学校的教师队伍建设成为了新时代强师建设的关键任务，新时代教师评价将教师到乡村或薄弱学校从教等乐于奉献的职业选择作为职称评定必要条件和绩效考核的要点。2022年教育部等八部门联合印发的《新时代基础教育强师计划》提出将到农村学校或薄弱学校任教1年以上作为教师申报高级职称的必要条件，3年以上作为选任中小学校长的优先条件；要求各地绩效工资核定要向乡村小规模学校、艰苦边远地区学校等倾斜，向从事特殊教育随班就读工作的教师倾斜。《关于全面深化新时代教师队伍建设改革的意见》也提出要在培训、职称评聘、表彰奖励等方面向乡村青年教师倾斜，以此加快乡村青年教师成长步伐。

二、改革的实施路径

我国现行的教师评价政策体系在督促教师履行工作职责、激发教师工作活力、促进教师专业发展方面发挥了重要的作用，但是也存在一些有待完善之处。例如教师评价主流措施主要是年度考核与职称评定，结果应用重奖惩而轻发展；教师评价内容偏重教学业绩而较少关注教育质量；在学生发展评价方面偏重以终结性的学业成绩作为主要指标而缺乏对学生五育并举的增值评价的关注。可以着手从以下方面构建教师评价新模式。

（一）轻奖惩而重发展

从教育管理的角度来说，评价只是手段而非目的，教师评价最终指向的是教师的专业发展而非对教师进行等级排序。当前的教师评价标准虽然瞄准的是教师的道德品质、专业知识、专业能力、教学业绩等专业素质，但是从结果角度来说，我国的教师评价政策还是侧重于奖惩性而非发展性。以占据教师评价主导地位的年度考核和教师职称评定为例，年度考核从德能勤绩方面去评价教师，给予优秀、合格、不合格等结论，职称评定更是"选拔性"评价，对教师的工作业绩按照一定的标准进行评价并根据岗位数量进行"选拔"，优者获得职称晋升而其他教师则落失晋升机会。一项面向广东部分地区的调查发现，73.25%的被调查教师认为其所在学校都是以年度考核这种普遍与大众化的方式来对教师的专业发展进行评价。① 此种评价模式容易导致教师以及上级部门对教师专业发展的选择性关注，使得教师专业发展遭受指标裹挟，不能从科学的角度进行长远规划。从科学性的角度来说，21世纪以来从"教师专业化""教师专业发展""教师专业性"等话语体系出发去理解教师职业、考察教师工作已成为具有全局性的理论范式。② 未来的教师评价政策从理念上要从考核、选优向促进教师全体全员发展转变，以科学的教师专业发展评价代替传统意义上的教师业绩考核，用教师专业性替代教师质量，更有利于教师个体的专业水平提升，也更有利于促进教师队伍质量的提升。③

（二）从重"教"向重"学"转变

从"输入"角度或"输出"角度去评价教师是新时代教师评价改革需要回答的问题之一。④ 在学校内部评价和社会公众评价当中，大家倾向于以学生学业成绩这一输出性的结果来评价教师，而在我们的制度体系上，教师评价又侧重于"输入"评价——面向教师的教育教学行为、教学业绩成果等等。同样以职称评审条件为例，正高级教师的评价条件主要围绕学历资历、育人工作、课程教学、教研科研和示范引领等领域进行确定，聚焦的是教师个体在教育教学工作的投入程度以及产出结果，提及但是并不十分关注学生发展结果，偏离了教师工作的本真目的。教师评价本质上是对教师的专业实践进行评价，教师的专业实践不仅是在实践中发展自我，更是为学生的学习

---

① 刘范美. 中小学教师专业发展评价现状与对策探析：基于广东省粤北地区的调查 [J]. 教育理论与实践, 2019 (2): 34 - 36.

② 叶澜. 一个真实的假问题："师范性"与"学术性"之争的辨析 [J]. 高等师范教育研究, 1999 (2): 10 - 16.

③ 王国明. 从业绩考核到专业发展评价：中小学教师评价机制研究 [J]. 贵州师范大学学报（社会科学版）, 2019 (3): 72 - 80.

④ 卢谢峰. 做好教师评价需着力思考和解决四个问题 [J]. 教育测量与评价, 2021 (1): 15 - 17, 48.

和发展提供专门性服务，因此教师评价的根本目的在于促进学生的学习与发展。① 所以，教师评价要有产出导向意识，且是以学生为中心的产出导向意识，不能侧重于教，应当侧重于学，采用表现性评价等手段围绕"以学为中心"的教学活动和业绩进行评价，引导教师潜心教书育人。

（三）终结性评价与增值性评价相结合

终结性评价的优点是便于实施，但是牺牲了对教师教育教学业绩的纵向观察，从科学性的角度来说，终结性评价不如增值性评价能客观反映教师的教育教学业绩。虽然增值性评价这一概念并不陌生，在实践当中也有一些区域应用在学生评价和学校效能评价领域，但是教师评价当中甚少运用，当前的教师评价模式以终结性评价为主，表现性评价次之。从国际经验来看，在教师评价当中采用增值性评价的方法是科学的、必要且可行的。在《科尔曼报告》的影响下，美国自20世纪70年代起便探索建立增值性评价系统，威廉·桑德斯（William L. Sanders）教授团队创立的田纳西州增值评价系统（Tennessee Value-Added Assessment System，简称TVAAS）便是目前世界上最为完善、使用最为广泛的增值评价系统之一，该增值评价主要通过追踪学生在一段时间内学业上的变化，考察学校或教师对学生学业成绩影响的净效应，进而实现对学校或教师效能较为科学、客观的评价。② 与终结性评价相比，增值性评价能够更为公平地评价教师对学生发展的贡献，同时也更能激励教师专业发展。中国教师评价政策改革要从增值性评价着手，探索建立具有中国特色的、以学生五育发展为分析中心的教师增值性评价体系，以此回应评价促教师发展的应然取向。

（四）职前职后一体化设计

《新时代基础教育强师计划》提出建设高质量教师队伍要推进职前培养和职后培训一体化，创新师范生教育实践和教师专业发展机制模式，提升教师培养培训质量。从"师范教育"到"职前教师教育"的概念转变也体现了我国一体化设计教师教育体系的发展理念，教师评价职前职后一体化是呼应教师教育职前职后一体化的现实趋势，也是系统化培育高质量教师队伍的理性选择。

---

① 周文叶. 试论"学为中心"的教师评价框架［J］. 教育研究，2021（7）：150－159.

② 胡咏梅，施世珊. 相对评价、增值评价与课堂观察评价的融合：美国教师评价的新趋势［J］. 比较教育研究，2014（8）：44－50.

从前述材料分析可知，当前职前教师教育评价当中对职前教师专业素养的诉求主要反映在师范专业认证的标准体系当中，与职后教师评价标准体系缺乏连贯性。未来可探索建立职前职后教师评价一体化的标准体系，研制贯通职前职后发展阶段的教师专业素养标准，前置教师评价的专业素养要求，从职前阶段开始引领教师专业成长，为职后教师高质量发展奠定良好基础。

第三篇

展望新时代基础教育评价体系

第八章 体系借鉴：英国经验

建立完善的教育评价体系、树立良好的教育评价导向是教育强国的可靠经验，也是构建完善的政策体系的重要基础。英国的教育评价体系是当今时代最具优越性的教育评价体系之一，剖析英国教育评价体系对我国基础教育评价改革有借鉴价值。

第一节 英国教育评价特点

教育评价体系是教育体系和社会政治文化系统的有机构成，受政治制度和教育体系等因素影响。从政治制度而言，英国为议会制君主立宪制国家，教育受到议会、政府的双重规管，议会与政府同时具备教育评价职能；从教育体系来看，英国教育具有"公立为主、多样化办学、国际化程度高"的特点，基础教育阶段逾九成儿童就读于公立学校，办学形式有文法学校（Grammar Schools）、自由学校（Free Schools）、特色学校（Specialist Schools）、宗教学校（Faith Schools）等多种；高等教育中172所大学有166所为公立大学，其中19%的在校生为留学生、21%的研究经费来源于海外、28%的教职工是外国人、48%的学术成果由跨国成员合作发表。[1] 在此背景下建立的英国教育评价体系既有英国政治特色也体现英国教育特点，形成了以议会、政府为主导，第三方专业机构、办学单位、学生、用人单位为主体的评价格局。如在教育评价机构的设置方面，有独立于政府的英国教育、儿童服务与技能标准局（Office for Standards in Education, Children's Services

---

[1] 数据来源于英国文化教育协会（British Council, BC），2018。

and Skills, Ofsted)①，也有设置于教育部负责高等教育教学评价的学生署（Office for Students, OfS）。此外，第三方教育评价机构如高等教育质量保障局（The Quality Assurance Agency for Higher Education, QAA）、独立学校督导团（Independent Schools Inspectorate, ISI）、高等教育出资机构②③等也在教育评价当中扮演重要角色。总体而言英国教育评价有以下几个突出特点。

一、组织建设注重"独立"

英国历来推崇教育评价独立，认为"独立"是教育评价的关键，以机构独立、事权独立为核心，有三种主要的运作模式。

一是独立于政府的模式，以教育标准局为代表。教育标准局是一个"非政府隶属机构"（Anon-ministerial Government Department），独立于政府设置，自喻与政府之间是一臂之遥（an arm length）的关系：虽财政上接受政府资助但不需向政府直接报告工作，总督学由女王任命，工作直接向议会负责，是代表议会监督政府教育职责和监控教育质量的评价组织。教育标准局以提供独立的教育评价为使命，不偏向政府也不偏向学校，目标是为社会公众尤其是家长提供专业、独立的学校评价，为议会提供学校教育是否达到国家标准、政府投入是否物有所值的结论，为英国教育质量的整体提升提出改进建议。

二是教育系统内部独立的模式，以学生署为代表。学生署是依据《2017年高等教育和研究法案》（Higher Education and Research Act 2017）设立的公共部门、独立规管机构（independent regulator），是为适应高等教育学费改革而设的评价组织，其日常管理由董事会负责，业务则受教育部指导，每年按照教育部发出的指导信确定工作重点和高校拨款金额，并通过教育部向议会报告工作。④ 与其他评价机构以回应议会、政府、民众需求为目的开展教育

---

① 简称"教育标准局"。
② 高等教育出资机构指英国四个地区的高等教育出资机构，分别为英格兰研究协会（Research England）、苏格兰资助委员会（Scottish Funding Council, SFC）、威尔士高等教育资助委员会（Higher Education Funding Council for Wales, HEFCW）和北爱尔兰经济部（Department for the Economy, Northern Ireland, DfE）。
③ REF. What Is The REF? [EB/OL]. (2015-01-15) [2020-06-15]. https://www.ref.ac.uk/about/what-is-the-ref/.
④ UK Legislation. Higher Education and Research Act 2017 [EB/OL]. (2017-12-29) [2020-01-15]. http://www.legislation.gov.uk/ukpga/2017/29/contents/enacted.

评价不同，学生署的教学评价工作以保护学生利益为出发点，其宗旨是保障每一位高等教育阶段学生获得满意的高等教育经历，并为未来职业与生活做好充分准备。①

三是独立于官方的模式。独立于官方即是独立于任何代表国家意志的机构进行运作，以高等教育质量保障局为代表。高等教育质量保障局是完全意义的第三方教育评价机构、非营利性的专业评价组织，其资金来源于项目委托方，主要为英国高等教育基金委员会（Higher Education Funding Council for England，HEFCE）和高等院校、海内外高等教育相关机构等，机构由董事会运营，董事会则由分别代表高等学校利益的教授、代表公共利益的公共服务专家以及代表学生利益的大学生组成，其机构运作、组织规章制定、人事任免、业务开展等完全自主管理。②③

二、评价工作强调"专业"

英国教育评价体系在国内外享有较高的声誉，根本源于其评价工作的专业化程度。在英国，教育评价虽然是行政管理的有效手段，但在定位上更多地突出它的专业指导功能，例如教育标准局认为督导（inspection）并非规管（regulation），规管根据要求做出是否合格的结论即可，而督导是一门艺术，需要以专业水平较高的专业队伍为支撑。在英国，督学有着较高的准入门槛、严格的培训要求和规范的退出机制。申请者所在学校必须在督导当中获得"良好"以上等级是基本要求，此外还需具有5年以上的学校管理经验、持有教师资格证等。在队伍专业素养的保障方面，教育标准局建立了严格的岗前培训和在职进修制度，新督学在上岗之前必须接受4天的现场培训和经历一定时间的"跟岗实习"，在正式参与督导工作之前需要积累随队督导经验并经皇家督学评价合格。退出机制方面，教育标准局规定无论是全职督学还是兼职督学，每年都必须按合同要求接受相应培训；每年参加督导的时间不得超过20天；所在学校不得获得"良好"以下的督导等级；必须保证在督导中做出的任何结论都是公正的。以上任意一点达不到要求都需退出督学

---

① OFS. What We Do [EB/OL]. (2018-11-12) [2020-01-15]. https://www.officeforstudents.org.uk/about/our-strategy/.

② QAA. How We Are Funding. [EB/OL]. (2019-12-06) [2020-12-06]. https://www.qaa.ac.uk/about-us/how-we're-run/how-we're-funded.

③ QAA. QAA Code of Best Practice [EB/OL]. (2018-10-06) [2020-10-06]. https://www.qaa.ac.uk/.pdf.

队伍。教育标准局一直秉持督导质量取决于督学队伍质量的理念，对督学的专业性保有较高的要求，以保障督学能够在督导过程专业地获取信息、做出公正的结论，同时为学校改进提供专业指导。

三、评价重点落脚"内涵"

"内涵"是相对于"外延"的概念，评价重点落脚内涵是指评价更为关注教育的内涵发展而非规模发展。英国教育评价的内涵性突出，各级各类学校的督导框架、质量标准、评价指标多围绕课程教学、学生发展、学位质量等教育内涵发展指标设计，基本不涉及教育投入、硬件设施、校园建设等规模性因素。现行的教育评价体系中，基础教育阶段学校主要使用《教育督导框架》（"Education Inspection Framework"），高等教育机构主要受《英国高等教育质量准则》（"UK Quality Code for Higher Education"）、《教学卓越框架》（"Teaching Excellence and Student Outcomes Framework"）、《科研卓越框架》（"Research Excellence Framework"）约束（见表8-1）。其中《英国高等教育质量准则》属于"合格性评估"，达到准则的要求可算合格高校，可继续保留办学资格；而《教学卓越框架》属于"选优性评估"，是在更高的质量层次上评价高等院校的质量表现；《科研卓越框架》则主要关注高等院校在科研方面的表现，是与《教学卓越框架》平行的评价项目。从评价指标来看，不同学段、不同评价项目的评价指标方向较为一致，主要从教育过程与结果维度评价教育质量，不从教育投入维度进行评价。由此可见英国教育评价有着明晰的内涵性定位，树立了以内涵发展为核心的教育评价导向，对引导各级各类教育的内涵发展发挥了重要作用。

表8-1 英国各级各类评价项目概况

项目名称	组织部门	评价对象	主要评价指标
教育督导框架2019[①]	教育标准局	早期教育机构、基础教育学校、继续教育及技能培训机构等	教育质量、行为与态度、个体发展、领导与管理

[①] OFSTED. Education Inspection Framework [EB/OL]. (2023-7-14) [2023-08-10]. https://www.gov.uk/government/publications/education-inspection-framework.pdf.

续上表

项目名称	组织部门	评价对象	主要评价指标
英国高等教育质量准则①	高等教育质量保障局	高等教育机构	标准要求（含课程学术标准、学位质量标准） 质量要求（含课程质量、学习与成就需要满足）
教学卓越框架②	学生署	高等教育机构	教学质量、学习环境、学习结果
科研卓越框架2021③	出资机构	高等教育机构	科研产出、科研影响、科研环境

四、结果应用突出"高利害"

以评价促进教育发展是英国开展教育评价的宗旨之一，也是贯穿评价过程的重要理念。与我国不同的是，英国并不回避教育评价的高利害性，反而重视通过高利害的结果应用手段促进教育发展，优秀学校可以获得办学自主、享有财政支持优待，欠佳的学校则可能面临停办的后果。在基础教育学校的评价中，教育标准局根据《教育督导框架》将学校评为四个等级：优秀（outstanding）、良好（good）、有待改进（requires improvement）、不合格（inadequate）（见表8-2）。学校所获评等级与学校的督导周期、办学资格与办学规划有直接关系，获评优秀的学校除非发现存在与儿童安全有关的问题否则可不再接受督导，评为良好的学校每4~5年需接受督导一次，有待改进的学校24~30个月需接受督导一次，不称职的学校每24个月需接受督导一次。获得良好以上等级的学校才算合格学校，持续不合格的学校将会取消办学资格。

---

① QAA. The revised UK Quality Code for Higher Education [EB/OL]. (2019-09-17) [2020-09-27]. https://www.qaa.ac.uk/quality-code.pdf.

② DFE. Teaching Excellence and Student Outcomes Framework Specification [EB/OL]. (2019-09-29) [2020-03-21]. https://www.gov.uk/government/publications/teaching-excellence-and-student-outcomes-framework-specification.pdf.

③ HEFCE. Panel Criteria And Working Methods of REF 2021 [EB/OL]. (2020-01-15) [2020-07-15]. https://www.ref.ac.uk/media/1084/ref-2019_02-panel-criteria-and-workingmethods.pdf.

表8-2　英国教育标准局教育督导结果及应用情况

评价等级及学校比例	结果应用
优秀（20%）	可不再接受常规督导（豁免）；可能会被要求为全国范围内的落后学校提供支持；可能成为"教学学校（与有需要的学校结成联盟，为其提供教师培训、专业发展、教学指导等方面支持的学校）"①
良好（60%）	进入"短检"周期；可能会被要求为当地的落后学校提供支持；可以选择脱离地方当局的控制
有待改进（15%）	将被邀请参加研讨会；将接受皇家督学视察并讨论改进计划与行动方案；通常两年后重新接受督导（取决于改进速度）；如果三次被评为"有待改进"则可能被认定是领导能力不足的证据
不称职（5%）	可以采取特殊措施（3个月内重新接受督导）；教育标准局将每学期到校视察并报告进展情况，直至学校评为"有待改进"以上等级；当地行政长官或学校出资者可以更换校长；鼓励这些学校与实力较强的学校合作

在《教学卓越框架》的实施中，依据学校在教学质量、学习环境、学习结果等方面的表现，学生署可将高等院校评为金（gold）、铜（bronze）、银（silver）三个等级，学校所获等级直接与财政拨款、收费标准挂钩。依据英国商业创新与技能部（Department for Business Innovation and Skills，BIS）2016年发布的《成功的知识经济：教学卓越、社会流动与学生选择》（"Success as a Knowledge Economy：Teaching Excellence，Social Mobility and Student Choice"），《教学卓越框架》实施的前两年（2017/2018、2018/2019学年），高校在评价当中达到金、铜、银任一等级都可获得根据通货膨胀上涨学费的权利，但从2019/2020学年开始将采取差别化激励措施，评为最低等级的学校学费上涨幅度不得超过通货膨胀的50%，评为较高等级的学校可按100%的通货膨胀率上涨学费但不得超过议会通过的最高收费标准，预计在《教学卓越框架》实施的前十年，奖励性收入将为高等院校创造每年约

---

① National College for Teaching and Leadership. Teaching Schools：The School Perspective［EB/OL］.（2015-03-12）［2020-03-20］. https://www.gov.uk/government/publications/teaching-schools-the-school-perspective.

10 亿英镑的价值。① 在看似强势、高利害的评价结果应用背后是教育评价发展性的落实，事实证明，英国通过发展性评价理念与高利害评价结果应用双管齐下的措施为英国教育保持令人满意的水平做出了重要贡献。学生署 2019 年发布的年度报告显示，2019 年高等教育全国学生调查（National Student Survey，NSS）有 83% 的学生对课程感到满意，在新一轮的教学卓越评估中有 71 所学校获得了金牌等级，毕业生薪资收入与社会贡献力也有显著提升②。

五、评价系统实现"开放"

英国的教育评价体系是一个开放系统，从评价机制调适、评价主体参与、评价结果公告、评价机构发展等方面都体现了开放性特征。英国的教育评价机制灵活、适变力强、能够与时俱进，以高等教育评价为例，2010 年以前英国高等教育的定位是人人可受益的福利，高校经费主要来源于公共经费管理机构，高等教育质量评价主要由经费管理机构委托高等教育质量保障局负责；2010 年以后，高等教育转变为谁获利谁支付的自我提升途径，高校经费主要来源于学费，学生成为高等教育的"客户""消费者"，以保障学生"消费者权益"为目标的学生署和以评价高校教学是否"物有所值"为目的的《教学卓越框架》成为新的评价方向标，同时《教学卓越框架》的评估结果也成为高校经费拨款的重要依据。评价主体强调多元化，其中尤其强调学生参与，在英国的教育评价理念中，年轻人是社会的未来、是教育服务的对象，教育评价中学生的意见非常重要，在高等教育质量保障局的董事会中，16 名董事有 2 名为学生，在董事会下的二级委员会中，学生的人数更多一些，且自 2006 年起，学生是评估团队的必要成员，作为具有话语权的评估者参与高等教育评估工作。高校的内部评估中同样重视多主体参与，如伦敦南岸大学（London South Bank University，LSBU）在对医学专业课程质量的评估中引入合作医疗中心的评价反馈，并根据反馈结果进行课程与教学调

---

① Department for Business & Skills（BIS）. Success as a Knowledge Economy：Teaching Excellence，Social Mobility and Student Choice ［EB/OL］. （2020 - 01 - 13）［2020 - 07 - 13］. https：//www. gov. uk/government/uploads/system/uploads/attachment_data/file/523396/bis-16-265-success-as-aknowledge-economy. pdf.

② OFS. English Higher Education 2019 ［EB/OL］. （2020 - 09 - 22）［2020 - 03 - 22］. https：//www. officeforstudents. org. uk/media/53fd78d2-6388-4540-b622-3e73be0434c8/ofs-annual-review-2019. pdf.

整,以确保毕业生有足够的生涯胜任力,确保学校所授予学位经得起市场的考验。英国的教育评价透明度很高,尤其在教育评价结果的公开方面,评价报告一经形成,即在评价机构或学校官网发布,且面向所有群体的评价报告无信息差异。为保持英国教育评价体系的持久卓越,英国教育评价机构还注重将自身融入国际化评价体系当中,通过元评价检验自身体系的科学性与合理性,高等教育质量保障局积极加入欧洲高等教育质量保障联盟(European Association for Quality Assurance in Higher Education,ENQA)并接受其专业评估,有效地激励了英国高等教育质量保障局对标国际、保持一流、追求卓越。

第二节　借鉴意义

深化教育评价改革需要系统反思、统筹推进,对照英国经验,我国教育评价体系改革可重点从以下方面着手。

一、加快推进"管办评分离"

管办评分离形式上是组织关系厘清,实质上是追求教育评价独立。独立是教育评价的基础,是保障教育评价客观性与公正性、发挥教育评价改进与诊断功能的前提。我国教育评价独立性缺失由来已久,"既当运动员又当裁判员"是我国教育评价的现实写照,现行的教育评价体系由督导、评估、监测三个系统构成,各类评价机构基本属于教育行政隶属或"次隶属"的关系,没有形成真正意义的独立运作机制。[①] 如此独立性的缺失一定程度上导致了我国教育评价工作高度行政化和形式化,可以有效促进教育表面规模发展但难以引导教育实质内涵发展。因此,新时代教育评价改革需以"放管服"为政策抓手,以"管办评分离"为改革目标,逐步探索具有中国特色的独立教育评价体系。一方面要厘清三方的权利与义务边界,建立科学权威的第三方教育评价机构管理制度,规范第三方教育评价工作;另一方面要加快培育具有专业性、业务承接资格、强大专业力量的教育评价专业机构,改

---

① 陈孙延,张端鸿. 我国教育督导的现状、困境与对策研究[J]. 上海教育评估研究,2020(4):11-15.

变第三方教育评价"社会参与度不高、机制不健全、评估活动缺乏规范"[①]的现实状态，为"管办评分离"的实现奠定现实基础。

二、构建教育评价管理专业模式

教育评价工作是一项存在多方面利益冲突的实践活动，由谁主导、为谁服务直接影响价值判断过程。从实践主导力量来看，教育评价的管理模式可以划分为行政管理模式、专业管理模式两种主要模式。行政管理模式主要表现为从项目管理上由行政机关主导而非专业机构运营，评价目的更多的是为行政服务而非教育改进，评价较多地发生在特定情境（双发预定的时间场所）而非随机情境（真实情境），评价过程行政干预较为严重，评价结果作为奖惩标准而非专业改进依据；专业管理模式反之（见表8-3）。整体而言我国的教育评价管理模式更倾向于行政管理模式，一定程度上制约了我国教育的改革与发展。教育评价本体价值是为教育服务、为提升教育质量服务，行政管理模式下的教育评价受到价值抑制，不能充分发挥教育评价的作用，深化教育评价改革应推进教育评价管理由行政模式向专业模式转变，提高教育评价的专业性。

表8-3 教育评价管理行政模式与专业模式特点

比较项	行政模式	专业模式
项目管理	行政机关	专业机构
评价目的	为行政服务	为教育服务
评价情境	特定情境	随机情境
评价过程	行政干预	专业独立
结果应用	奖惩	改进

三、从注重规模走向关注内涵

教育评价事关教育发展方向，有什么样的评价指挥棒，就有什么样的办学导向。中华人民共和国成立70多年来我国教育规模发展取得了举世瞩目

[①] 李亚东，俎媛媛. 我国第三方教育评价的核心问题辨析及政策建议［J］. 教育发展研究，2018（21）：1-5.

的成就，2019年，小学净入学率达到99.9%，初中毛入学率达到102.6%，高中阶段毛入学率达到89.5%，高等教育阶段毛入学率达到51.6%。① 如何促进教育内涵发展已然成为新时代教育的核心命题。但是当前的教育评价体系还未能完全满足教育内涵发展需要，表现为在督导、评估、监测当中，督导以督政为主，评估则侧重规模性指标，教育评价的内涵发展导向没有完全树立。教育评价内涵性是教育评价从低级阶段向高级阶段发展的重要表现，也是教育发展从规模发展转向内涵发展的重要标志。未来教育评价体系的建设应当参考英国经验，在评价当中以"课程教学""学生发展""教育过程"为中心，将评价侧重点从规模向内涵转移，从教育背景、教育投入向教育过程、教育结果转变，主动"转型升级"，引领教育内涵发展。

四、完善评价结果应用机制

"以评促建"的实现既在评价设计、评价过程，更在评价结果，教育评价是否能够实现、在多大程度上实现改进功能，很大程度上取决于评价结果的应用。但是无论在督导、评估或监测方面，我国的教育评价结果应用都是不足的。在督导评估方面，普遍存在整改主体单一、整改力度不大、整改结果跟踪不足等问题；在质量监测方面，结果应用观念上不重视、机制上不健全、队伍上专业人员不足，导致监测结果应用的整体效果不佳、质量监测工作的意义大打折扣。② 以英国为鉴，新时代教育评价改革应着力构建评价结果应用的长效机制，以强有力的措施推动各级部门积极应用评价结果，从政策、投入、队伍、技术等多方面为评价结果应用提供支撑，持续跟踪评价结果应用效果，促使教育在评价当中改革发展。

五、保持开放和持续优化

教育评价要保持科学卓越、要积极回应公共责任，必须向时代开放、向利益相关者开放、向公众开放、向国际开放。当前我国的教育评价体系一定程度上存在封闭、滞后、单主体、视野窄等问题，需要通过进一步提高教育

---

① 教育部. 中国教育概况 [EB/OL]. (2020-08-31) [2020-12-10]. http://www.moe.gov.cn/jyb_sjzl/s5990/.

② 庞春敏. 义务教育质量监测结果运用需求分析及建议：以广东省为调查对象 [J]. 教育测量与评价, 2017 (10): 15-19.

评价体系的开放性予以解决。向时代开放要求教育评价必须与时代步伐保持一致，评价理念、评价技术、评价指标等方面需反映教育的发展要求；向利益相关者开放要求教育评价要提高利益相关者如学生、家长的实质性参与，形成开放的教育评价主体系统，全方位、多角度诊断教育问题；向公众开放要求评价机构提高评价过程、评价结果的公开程度，以信息化手段为支持，充分分享教育评价数据、评价结果，提高教育评价透明度与公信力；向国际开放要求教育评价要始终以开放的眼光瞭望世界、对标一流，通过融入国际化评价标准体系等方式持续优化，最终达成"形成体现世界水平的教育评价体系"① 的改革目标。

---

① 中共中央，国务院. 深化新时代教育评价改革总体方案［EB/OL］. （2020 - 10 - 13）［2020 - 12 - 08］. http://www.moe.gov.cn/jyb_xxgk/moe_1777/moe_1778/202010/t20201013_494381.html.

第九章 理论前沿

理解基础教育评价体系从理论开始，展望基础教育评价体系也需关切理论的发展。基础教育评价体系是管理理论以及教育评价理论在实践当中的体现，相关理论研究很大程度上代表了教育评价的前沿方向，是我国基础教育评价体系持续完善不可忽视的重要参考。

第一节 教育评价研究的现状描绘

运用可视化分析工具 CiteSpace（6.2.2）对教育评价研究的文献产出时间、作者、关键词、发文国家等进行分析，可以把握教育评价研究领域的热点主题与整体态势。CiteSpace 是用于文献计量和分析的可视化工具，具有操作简单、信息量大和易于解读等优势，还可以避免定性分析的主观性。[①] 计量分析过程包括搜集数据、建立本地数据库、进行参数设置、生成可视化图谱、进行图谱分析和解读几个步骤。

一、数据来源

教育评价研究起源较早，近年来在国际学术领域仍然保持一定的热度。为了更好地把握教育评价研究的近期发展趋势，本研究主要聚焦于近 15 年的文献，即主要对 2008—2022 年间的文献进行分析。国际研究现状主要基

[①] CHEN C. Citespace ii: Detecting and visualizing emerging trends and transient patterns in scientific literature [J]. Journal of the American Society for Information Science and Technology, 2006 (3): 359 – 377.

于 Web of Science 数据当中的外文文献开展，在 Web of Science 核心合集数据库中限定年份（2008—2022）以"education evaluation""education assessment""educational evaluation""educational assessment""education appraisal""educational appraisal"为主题词进行精确搜索，得到以英文撰写的论文、会议论文、综述论文、在线发表论文在内的相关文献 1 852 条，将文献完整记录以纯文本格式导出，经 CiteSpace 数据转换和查重后共将 1 852 条文献记录纳入分析。国内研究数据主要来源于中国知网（CNKI），搜索时文献类型选择"期刊"，同时选择高级检索，文献来源类别限定为"CSSCI"，搜索关键词选定为"教育评价"，剔除重复和会议综述、投稿指南、宣传稿等无关文献后得到文献记录 2 683 条纳入分析。

二、文献分布

在过去 15 年间，国际教育评价研究相关文献量呈递增趋势。根据图 9 - 1 可知，国际教育评价研究在 2008—2022 年间保持波动上升趋势，2017 年达到了一个小高峰，年发文量达 168 篇，随后有所回落，2022 年发文量又攀升至 186 篇，为迄今为止的最高点，说明国际教育评价研究发展态势良好，教育评价研究保有一定的关注度且呈逐渐上升趋势。

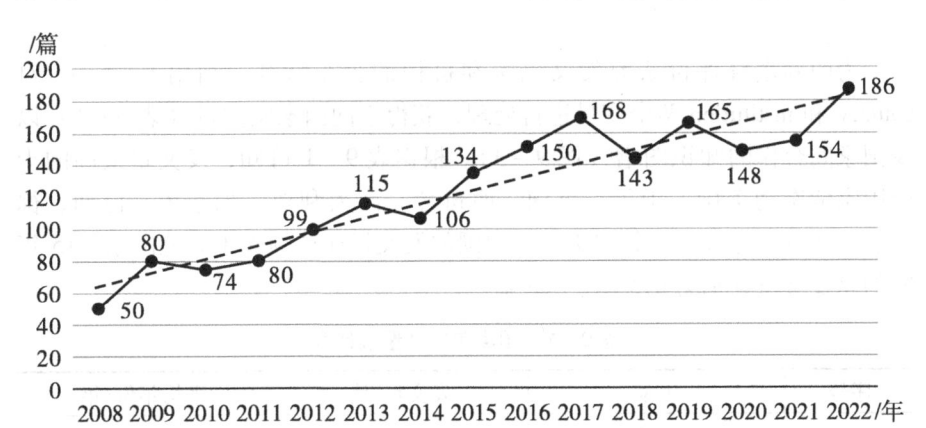

图 9 - 1　Web of Science 核心合集数据库教育评价发文量及分布情况

与国际的递增态势不同，国内教育评研究在 2008—2019 年之间发展较为平缓，2008 年发文量为 144 篇，期间虽有波动上升，但是基本保持在 180 篇以下，增长幅度不大。但是至 2020 年开始明显增长，2021、2022 年骤增，发文量从 2019 年的 161 篇增至 2022 年的 283 篇。推测 2020 年中共中央、国务院印发的《深化新时代教育评价改革总体方案》对我国教育评价研究有较大的影响，重大政策的印发促使研究者更加关注教育评价研究从而加快了相关文献的增长速度。相比之下，国内外教育评价研究有着不尽相同的演变趋势，但是总体趋势是关注度越来越高（见图9-2）。

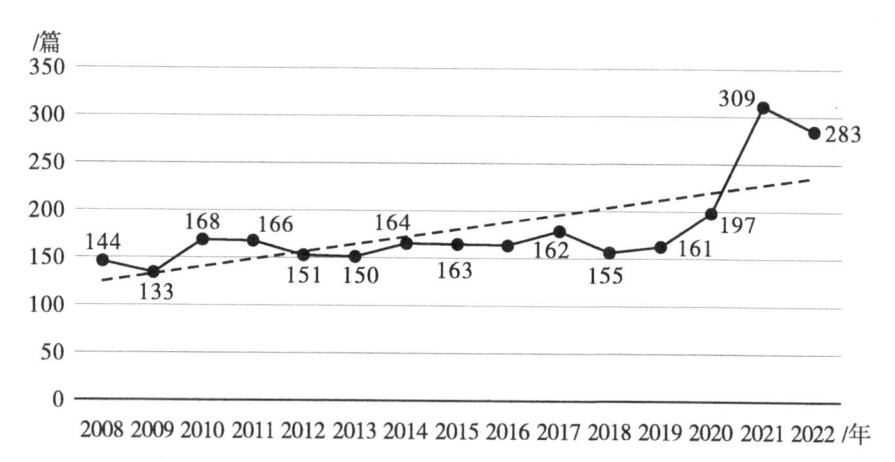

图9-2 中国知网CSSCI教育评价发文量及分布情况

三、国家与机构发文分析

为明确教育评价研究发文国家和机构的分布特征，利用CiteSpace对country和institution两个变量进行处理，获得不同国家发文量（表9-1）以及国家间合作的知识图谱（图9-3）。根据表9-1可知，发文量最高的十个国家依次为美国、中国、英国、西班牙、澳大利亚、加拿大、巴西、德国、新西兰、意大利，其中美国和中国的发文量遥遥领先于其他国家，15年间的总发文量分别为615篇、305篇。

表9-1 国家年发文量统计表

序号	国家	发文量/篇	平均年份/年
1	美国	615	2008
2	中国	305	2008
3	英格兰	131	2008
4	西班牙	106	2008
5	澳大利亚	100	2009

续上表

序号	国家	发文量/篇	平均年份/年
6	加拿大	85	2008
7	巴西	60	2008
8	德国	56	2008
9	荷兰	40	2008
10	意大利	33	2009

根据可视化分析图谱可以看出，在国际教育评价研究当中国家之间的合作也非常紧密。尤其是美国、英国、澳大利亚等英语国家之间有着更为密切的合作关系，中国与日本、德国等国家有一些合作成果发表，但是总体来看还偏少。总的来说，以中美领衔的研究队伍为国际教育评价研究做出了重要的贡献（见图9-3）。

图9-3 国家发文量可视化分析

从数量上看来自美国的研究机构在国际教育评价研究当中占据了主导地位，在发文量排名前十的机构中占据了五个席位，其中加州大学系统（University of California System）、俄亥俄大学系统（University System of Ohio）、佛罗里达州立大学系统（State University System of Florida）、伊利诺伊大学系统（University of Illinois System）是发文量最高的美国机构，分别为54、28、26、25篇；英国研究图书馆（RLUK-Research Libraries UK）以36篇的发文量位列榜二，同样来自英国的 N8 大学联盟①排名第九，多伦多大学（University of Toronto）则以 22 篇的发文量排名第六。根据以上统计分析可以看出国际教育评价研究主要产出自美国、英国和加拿大的研究机构（见表 9-2）。

表 9-2　WOS 核心合集数据库机构发文量统计表

序号	机构	发文量/篇	平均年份/年
1	加州大学系统	54	2009
2	英国研究图书馆	36	2009
3	俄亥俄大学系统	28	2009
4	佛罗里达州立大学系统	26	2009
5	伊利诺伊大学系统	25	2009
6	多伦多大学	22	2008
7	哈佛大学	20	2012
8	美国教育考试服务中心	19	2014
9	N8 大学联盟	19	2008
10	德克萨斯大学系统	16	2010

为了厘清国内研究的作者与机构发文量情况，本研究对作者和机构间的合作情况进行了统计和可视化分析。计量统计发现北京师范大学在教育评价研究当中占据了绝对的主导地位，以北京师范大学教育学部、北京师范大学、北京师范大学中国基础教育质量监测协同创新中心为单位发表的文献数量分别为 40 篇、31 篇、28 篇，分别位列第一、第三和第四位；除北京师范大学以外，西南大学在教育评价研究当中贡献也很大，以 38 篇论文的发文量位列第二。根据表 9-3 可知，教育评价研究的 CSSCI 论文主要由部属六所师范院校发表，除此以外，中国教育科学研究院、上海师范大学教育学院、清华大学教育研究院也在前十之列。

表 9-3　国内机构和学者 CSSCI 发文量统计表

序号	机构	发文量/篇	作者	发文量/篇
1	北京师范大学教育学部	40	邱均平	21
2	西南大学教育学部	38	辛涛	13

---

①　B8 是指英格兰北部的 8 所世界著名研究型大学：杜伦大学、曼彻斯特大学、谢菲尔德大学、兰卡斯特大学、约克大学、纽卡斯尔大学、利兹大学、利物浦大学。

续上表

序号	机构	发文量/篇	作者	发文量/篇
3	北京师范大学	31	宋乃庆	12
4	北京师范大学中国基础教育质量监测协同创新中心	28	刘志军	8
5	华东师范大学教育学部	26	冯刚	7
6	东北师范大学教育学部	19	宗晓华	6
7	华中师范大学教育学院	19	李鹏	6
8	中国教育科学研究院	19	朱德全	6
9	上海师范大学教育学院	18	俞国良	6
10	清华大学教育研究院	18	刘振天	6

在作者发文量方面，统计发现2008—2022年期间发文最多的前三位学者分别为邱均平、辛涛、宋乃庆，分别发文21、13、12篇。可视化分析可以直观体现作者之间的合作情况，其中字体大小代表文献贡献量，作者间线体代表合作的强度，根据图9-4可知，在教育评价研究领域形成了一些主要的合作团队，比如邱均平团队、刘志军团队、俞国良团队、胡咏梅团队等，但是也可以看出高发文量作者之间的合作并不多，比如辛涛、宋乃庆、冯刚等未与图谱中的作者有合作成果发表。

图9-4 高发文量作者可视化分析

四、研究热点分析

关键词是对研究主题的高度凝练和概括，通过对关键词的频次、关联度进行分析可以了解教育评价研究领域的研究热点。基于 CiteSpace 的关键词模块对外文文献关键词进行处理，得到国际、国内教育评价研究的关键词共现网络图谱。关键词节点越大，表示其出现的频率越高，节点间的连线表示不同时间内建立的联系，连线的粗细表示关键词共现的强度，从图 9-5 来看，国际教育评价研究当中表现（performance）、学业成就（academic achievement）、能力（competence）、行为（behavior）、质量（quality）、高等教育（higher education）等获得了很高的关注，说明当前的国际教育评价研究较为关注学生发展的研究。国内研究方面高等教育、基础教育、增值评价、过程评价、指标体系等关键词出现频率都较高，其中也不乏大数据、立德树人、综合评价等新近政策词汇。从关键词来看，国际研究更关注学生、国内研究更贴近政策。

图 9-5 国内外教育评价文献关键词共现图

第二节 教育评价研究的趋势分析

一、教育评价研究主题的演进图谱

为了分析教育评价研究的发展脉络，本研究对关键词进行聚类分析并生成时间线图谱，呈现研究热点随时间发展的情况，其中横轴代表的是热点涌现的时间，纵轴是 CiteSpace 的聚类结果，每个节点代表一个研究主题，圈层和色彩代表该主题文献的丰富程度，连线则表示主题之间的联系。可以看到，2010 年之前，国际教育评价的研究主题集中在学业成就（academic achievement）、行为（behavior）、形成性评估（formative assessment）、课堂（curriculum）、反馈（feedback）、能力（competence）等方面；2015 年以后，大数据（big data）、人工智能（artificial intelligence）、同伴评价（peer assessment）、机器学习（machine learning）、创业教育（entrepreneurship education）等研究主题受到关注（见图 9-6）。根据图谱可知，一些关键主题始终是在研究当中占据重要地位，如学业成就评价研究、能力评价研究、模型研究等持续了较长的时间。

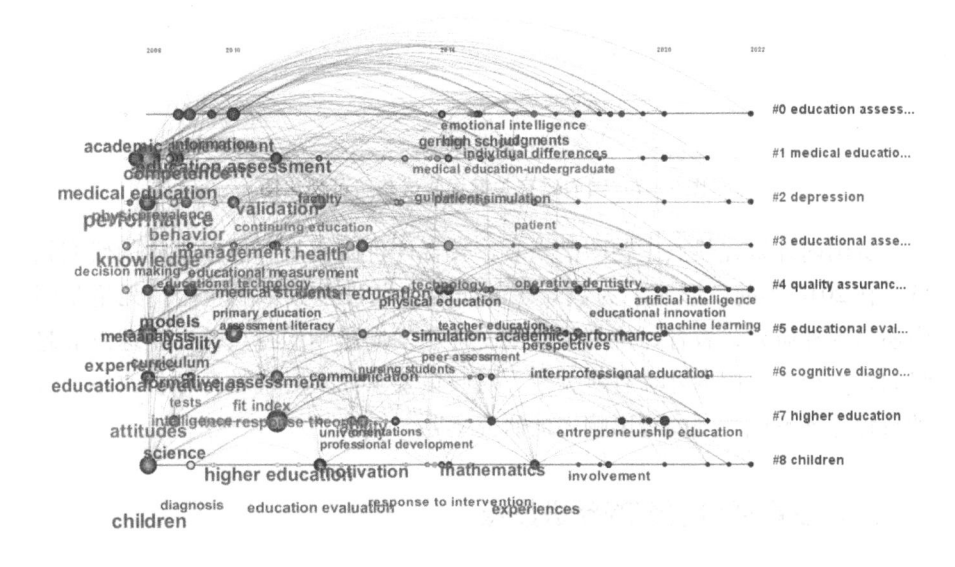

图 9-6　国外研究关键词演进趋势可视化图

国内教育评价研究中许多主题起源于 2008 年前，例如大学排名、课堂评价、学生发展、评价指标、多元评价等；2010 年左右，增值评价、综合评价、大数据评价等主题开始涌现；受新高考改革的影响，2015 年高考改革成为研究热点主题，人工智能、智慧教育等体现社会发展趋势的话题也引起了教育评价研究者的关注；2020 年新时代教育评价改革启动以后，评价改革、过程评价、结果评价、劳动教育、智能技术等主题出现，体现了教育评价研究对政策热点以及社会热点的及时跟进（见图 9-7）。

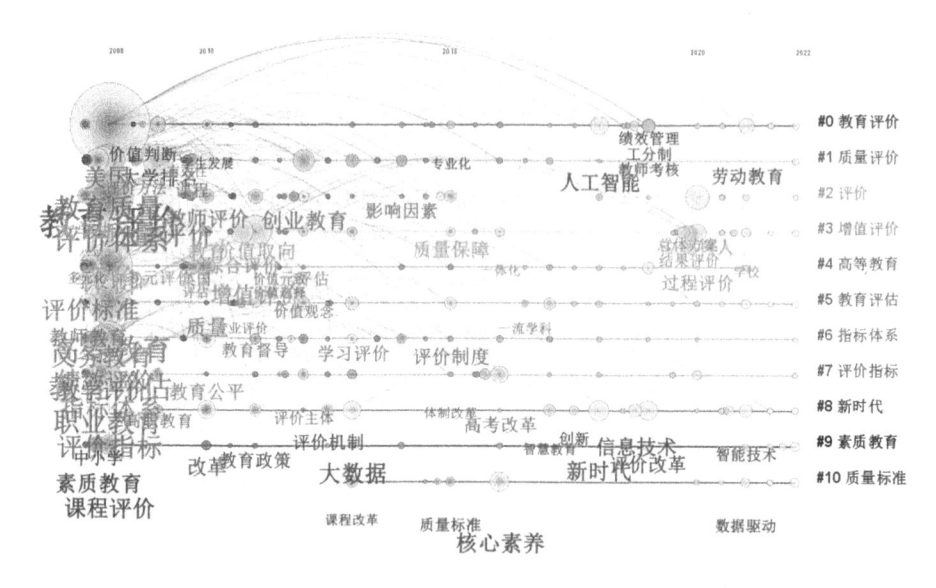

图 9-7　国内研究关键词演进趋势可视化图

从国内外研究热点主题图谱来看，教育评价研究是有深厚基础的研究领域，在 2010 年前就形成了为数众多的研究主题且多数影响至今。无论是国内还是国外研究，教育评价都呈现出受社会发展影响的特点，对全球发展趋势如人工智能等国内外均有所关注，对政策要求如新时代教育评价改革、劳动教育等逐渐成为国内有影响力的研究主题。

二、教育评价研究的新进热点

关键词在特定时间的频次剧增表示该话题已经或者正在引起学者的关注，因此关键词突现被认为是判断新兴趋势的一个重要证据。为了深入分析教育评价研究的发展态势，本研究对关键词进行了突现词分析。Begin 代表开始年份，Strength 代表突现强度，End 表示不再突现的时间，而红色条则对应突现词的持续时间。从出现时间来看，国外研究在关键词上没有呈现出持续时间较长的研究热点，成人教育评价、诊断性评价、高等教育等关键词在 2015 年之前热度较高，随后逐渐减弱，近年来技术（technology）、政策（policy）、数学（mathematics）、在线教育（online education）等关键词突现强度较高，说明近几年教育评价研究更为关注以上领域。在国内研究当中，或是受课程改革影响，课程评价、多元评价、义务教育评价等在 2012 年之前占据主导地位。随着新高考改革的启动、学生核心素养体系的发布以及立德树人要求的提出，2014年起核心素养评价、立德树人、高考改革等关键词突现强度较高，其中核心素养研究的持续时间不长，但高考改革的热度持续至今。2018—2022年保持较高曝光率的关键词有人工智能、综合评价、增值评价、过程评价、总体方案，其中从突现强度来看，增值评价的强度是最高的，达到10.92，其次是新时代和综合评价，突现强度分别达到6.76和6.44，说明增值评价、综合评价、新时代教育评价研究有可能成为未来最具有潜力的研究领域。

Top 18 Keywords with the Strongest Citation Bursts

Keywords	Year	Strength	Begin	End	2008 - 2022
decision making	2008	4.22	2008	2009	
adolescents	2008	3.84	2008	2014	
diagnosis	2009	3.09	2009	2012	
risk	2009	3.03	2009	2013	
management	2010	3.13	2010	2014	
environmental education	2010	2.96	2010	2014	
higher education	2011	3.53	2011	2012	
continuing education	2012	3.17	2012	2016	
learning outcomes	2013	3.88	2013	2016	
children	2008	3.26	2013	2015	
quality assurance	2014	3.96	2014	2016	
technology	2015	2.99	2015	2018	
school	2011	3.62	2017	2019	
policy	2018	3.47	2018	2020	
mathematics	2016	3.52	2019	2022	
online education	2020	3.84	2020	2022	
simulation	2015	3.2	2020	2022	
graduate medical education	2020	3.11	2020	2022	

Top 18 Keywords with the Strongest Citation Bursts

Keywords	Year	Strength	Begin	End	2008 - 2022
课程评价	2008	4.17	2008	2011	
多元化	2008	3.36	2008	2012	
远程教育	2008	3.36	2008	2014	
中小学	2008	3.44	2009	2014	
评价	2008	8.69	2010	2014	
绩效评价	2008	5.43	2010	2012	
义务教育	2008	4.25	2010	2013	
创业教育	2012	3.53	2012	2018	
美国	2008	6.15	2013	2015	
影响因素	2014	3.83	2014	2017	
核心素养	2016	4.03	2016	2017	
高考改革	2016	3.66	2016	2022	
人工智能	2018	4.86	2018	2022	
综合评价	2011	6.44	2019	2022	
增值评价	2011	10.92	2020	2022	
新时代	2018	6.76	2020	2022	
过程评价	2020	5.3	2020	2022	
总体方案	2020	4.31	2020	2022	

图9-8 国内外教育评价研究的关键词突现图谱

综上所述，国际教育评价研究呈现稳中有进的发展趋势，在国际教育评价研究的国际话语体系当中，欧美国家占据主导地位，我国学者也做出了一定的贡献；从研究趋势来看，有关学生发展的评价手段如形成性评估、学业表现评价、教育质量评价等受到关注，大数据、人工智能评价、机器学习等新兴领域近年也成为了研究热点。国内教育评价研究则呈现出一些不同之处，从发展趋势来看国内教育评价研究受政策的影响较大，于2020年后出现爆发式增长；研究热点方面也与政策注意力的配置密切相关，如新时代教育评价、增值评价、综合评价、新高考改革等主题热度较高，推测是未来需求较大、关注度较高的领域。

第三节 政策启示

理论研究对教育评价体系的完善起到预示和引导作用，借鉴国内外教育评价研究现状与发展趋势，未来我国基础教育评价体系建设应注重以下几点。

一、彰显中国特色

理论研究可以跨越国别，但是评价体系具有明确的施行边界，需要基于一定的社会环境建立。从以上分析来看，国内外教育评价研究确实存在一定的差异，表现在演进趋势、主流话语、研究热点有所不同，而在国际研究当中是以美国为主的西方研究机构掌握了话语权，因此对于国际主流话语我们需要保持批评态度，要批评接收国际教育评价研究理论，用以指导我国基础教育评价体系的完善。新时代基础教育评价体系是服务于中国教育发展的体系，中国国情是构建和完善基础教育评价体系的根本基础，未来基础教育评价体系要以彰显中国特色为导向，体现为以适用于中国情境的教育评价理论为指导，以回应中国教育发展实际需要解决的问题为目的，以构建适配于中国现代化发展政策体系的话语为基调，切实服务于学生全面发展与教育现代化发展需要。

二、重视顶层设计

从国内教育评价研究的演变趋势来看，我国教育评价体系与理论研究之间是双向互动的关系，理论进展影响教育评价体系的建设、教育评价体系的政策导向又反过来牵制着研究主题的选取，可以说理论与实践体系之间是相互制约相互成就的关系。由此看来，教育评价体系的顶层设计一方面源自相关理论的价值内涵，另一方面又促进理论的演变，同时还直接规定了体系建设基本导向和要求。基础教育评价体系的建设要尤其重视顶层设计工作，注重顶层设计的理论逻辑与实践逻辑的融合，从而引导教育评价理论研究，促使更多优质研究成果为实践、为政策出谋划策，又为下位政策的制定与完善提供正确指引，从而构建完善的、良性互动的教育评价体系。另外，还应加强核心研究团队之间的交流与合作，形成高水平智力团队，共同攻克教育评价重大难题，完善教育评价体系。

三、回应社会发展趋势

行政管理是服务于社会发展的公共管理行为，社会发展趋势是影响公共管理模式演变的重要因素，正如科学管理模式、科层管理模式、公共治理模式的产生无一不受社会发展需求的驱动一样，作为行政管理手段的教育评价也无法脱离社会发展趋势的影响。从理论综述来看，教育评价研究已经较快地反映了社会发展的前沿需求，比如大数据评价、智慧评价、机器学习等领域成为近年研究热点；但从实践层面来说还缺乏相关的关注和引导，教育评价需要加快步伐跟进社会发展。建议教育评价体系建设顺势而为，敏感地捕捉影响教育发展的最新要素，将其纳入教育评价体系建设议程，提高我国教育评价体系的前瞻性，引导基础教育发展水平与社会发展相适配，培养能够面向未来、面向世界的时代新人。

参 考 文 献

一、中文文献

［1］刘云生. 教育评价研究［M］. 北京：社会科学文献出版社，2023.

［2］经济合作与发展组织. 为了更好的学习：教育评价的国际新视野［M］. 上海：上海教育出版社，2019.

［3］储朝晖. 中国第三方教育评价探路［M］. 福州：福建教育出版社，2020.

［4］桑代克. 教育评价：教育和心理学中的测量与评估（第八版）［M］. 8版. 北京：商务印书馆，2018.

［5］韦伯. 怎样评价学生才有效：促进学习的多元化评价策略［M］. 北京：中国轻工业出版社，2016.

［6］陈玉琨. 教育评价学［M］. 北京：人民教育出版社，2019.

［7］胡中锋. 教育评价学［M］. 4版. 北京：中国人民大学出版社，2023.

［8］胡中锋. 教育测量与评价［M］. 广州：广东高等教育出版社，2006.

［9］余奇. 地方政府教育管理绩效评价研究［M］. 广州：广东高等教育出版社，2021.

［10］孙崇文，伍伟民，赵慧. 中国教育评估史稿［M］. 北京：高等教育出版社，2010.

［11］杨涛，李曙光，姜宇. 国际基础教育质量监测实践与经验［M］. 北京：北京师范大学出版社集团，2015.

［12］泰勒. 科学管理理论［M］. 胡隆昶，冼子恩，曹丽顺，译. 北京：中国社会科学出版社，1984.

［13］陈孝斌，高洪源. 教育管理学［M］. 3版. 北京：北京师范大学出版社，2008.

［14］奥斯本，盖布勒. 改革政府［M］. 周敦仁，汤国维，寿进文，等译. 上海：上海译文出版社，2006.

［15］巴泽雷. 突破官僚制：政府管理的新愿景［M］. 孔宪遂，王磊，刘忠慧，译. 北京：中国人民大学出版社，2002.

［16］丁煌．西方行政学说史［M］．武汉：武汉大学出版社，2004．

［17］陈向明．质的研究方法与社会科学研究［M］．北京：教育科学出版社，2000．

［18］琼斯．再思民主政治中的决策的制定：注意力、选择和公共政策［M］．北京：北京大学出版社，2010．

［19］周雪光．组织社会学十讲［M］．北京：社会科学文献出版社，2003．

［20］蒋逸民．社会科学方法论［M］．重庆：重庆大学出版社，2011．

［21］孙绵涛．教育管理学［M］．北京：人民教育出版社，2006．

［22］朱新秤．教育管理心理学［M］．北京：中国人民大学出版社，2008．

［23］褚宏启．教育管理与领导：第2卷［M］．北京：教育科学出版社，2009．

［24］孙培青．中国教育史［M］．上海：华东师范大学出版社，2000．

［25］陈元晖．中国近代教育史资料汇编（教育行政机构及教育团体卷）［M］．上海：上海教育出版社，2007．

［26］方晓东，等．中国教育十大热点问题［M］．福州：福建教育出版社，2011．

［27］安秀梅．政府绩效评估体系研究：从政府公共支出的角度创设政府绩效评估体系［M］．北京：中国财经经济出版社，2019．

［28］孟华．政府绩效评估：美国的经验与中国的实践［M］．上海：上海人民出版社，2006．

［29］范柏乃．政府绩效评估与管理［M］．上海：复旦大学出版社，2007．

［30］陈振明．理解公共事务［M］．北京：北京大学出版社，2007．

［31］广东省教育研究院．广东省教育评估发展报告［M］．广州：广东高等教育出版社，2013．

［32］广东省教育研究院．广东省普通高中教育质量标准体系与监测评价［M］．广州：广东高等教育出版社，2019．

［33］王焕勋．实用教育大词典［M］．北京：北京师范大学出版社，1995．

［34］顾明远．教育大辞典：上［M］．上海：上海教育出版社，2002．

［35］王汉澜．教育评价学［M］．开封：河南大学出版社，1995．

［36］陈玉琨．教育评价学［M］．北京：人民出版社，1999．

[37] 陈永明. 教师教育研究 [M]. 上海：华东师范大学出版社，2002.

[38] 胡中锋. 教育评价学 [M]. 北京：中国人民大学出版社，2008.

[39] 傅道春. 教师的成长与发展 [M]. 北京：教育科学出版社，2001.

[40] 沈亚平. 服务型政府及其建设路经研究 [M]. 天津：天津人民出版社，2017.

[41] 林高标，林叶舒. 浅论科层管理理论在学校管理中的应用 [J]. 肇庆学院学报，2006（8）：91-92，96.

[42] 王汉斌，方守林. 西方管理学人性假设的逻辑进程 [J]. 商业时代，2011（30）：75-76.

[43] 张小永. 激励理论的综述及其启示 [J]. 当代教育科学，2004（6）：48-49.

[44] 郭惠容. 激励理论综述 [J]. 企业经济，2001（6）：32-34.

[45] 文晓立，陈春花. 领导特质理论的第三次研究高峰 [J]. 领导科学，2014（35）：33-35.

[46] 李治. 从新公共管理到新公共服务的理论发展 [J]. 湖北社会科学，2008（5）：28-32.

[47] 李雁冰. 论教育评价专业化 [J]. 教育研究，2013（10）：121-126.

[48] 史耀芳. 国外学校教育评价的历史沿革 [J]. 外国中小学教育，1997（4）：20-23.

[49] 秦建平，陈晓松，周亚，等. 科学进步视野下教育评价理论的代际发展审思 [J]. 教育导刊，2022（12）：5-12.

[50] 杨光富. "八年研究"的贡献及其对我国教育改革的启示 [J]. 外国教育研究，2003（2）：17-20.

[51] 张伟. "泰勒模式"述评 [J]. 辽宁教育学院学报，1995（3）：34-36.

[52] 一帆. 教育评价的目标游离模式 [J]. 教育测量与评价（理论版），2013（2）：64.

[53] 杜瑛. 西方教育评价理论发展的社会文化基础探析 [J]. 教育测量与评价，2012（10）：22-27.

[54] 李雄鹰，张瑞宁. 教育评价理论发展视角下的高考评价改革审视 [J]. 石家庄学院学报，2018（9）：141-145.

[55] 刘景江，王文星. 管理者注意力研究：一个最新综述 [J]. 浙江大学学报（人文社会科学版），2010（2）：80.

[56] 叶良海,吴湘玲. 政策注意力争夺: 一种减少地方政府政策执行失效的分析思路 [J]. 青海社会科学, 2017 (2): 82-87.

[57] 周珂,乔石磊. 我国学校体育政策注意力配置的现状与优化 [J]. 体育学刊, 2022 (1): 76-83.

[58] 李文平. 我国政策话语对高等教育质量的关注及演变: 基于 1987—2016 年《教育部工作要点》的文本分析 [J]. 教育发展研究, 2016 (11): 21-29.

[59] 王换芳,林一钢. 我国教师教育政策的检视与反思: 基于 1987—2019 年《教育部工作要点》的文本分析 [J]. 教师教育研究, 2021 (3): 57-64.

[60] 涂端午. 教育政策文本分析及其应用 [J]. 复旦教育论坛, 2009 (5): 22-27.

[61] 王晴锋. 框架分析: 作为一种社会研究方法 [J]. 湖南社会科学 2020 (3): 151-159.

[62] 段培新. 政策分析研究方法文献综述 [J]. 社会科学管理与评论, 2013 (1): 88-93.

[63] 涂端午. 教育评价改革的政策推进、问题与建议: 政策文本与实践的"对话" [J]. 复旦教育论坛, 2020 (2): 79-85.

[64] 向玉琼. 注意力竞争的生成与反思: 论政策议程中的注意力生产 [J]. 行政论坛, 2021 (1): 74-81.

[65] 姜艳华,李兆友. 多源流理论在我国公共政策研究中的应用述论 [J]. 江苏社会科学, 2019 (1): 114-121.

[66] 王春福,孙裕德. 政策目标的理性分析 [J]. 理论探讨, 1999 (2): 85-87.

[67] 张应强,黄捷扬. 培养大学生核心素养与深化高等教育评价改革 [J]. 厦门大学学报(哲学社会科学版), 2021 (6): 62-71.

[68] 庞春敏. 英国教育评价特点与启示 [J]. 上海教育评估研究, 2021 (10): 57-68.

[69] 石灯明. 我国教育督导制度的发展历史及其经验教训 [J]. 教育督导, 2005 (10): 5-9.

[70] 郑令德,金同康,李亚东. 开创上海教育评估事业新局面 [J]. 中国高等教育评估, 2005 (2): 17-20.

[71] 施青军,司康德. 政府绩效评价: 一种新的再认识 [J]. 中国行政管理, 2016 (4): 23-26.

[72] 肖勇. 论政府评价的标准 [J]. 乐山师范学院学报, 2002 (1): 9－15.

[73] 罗敏, 张佳林, 陈辉. 政府职能转变与政府建设的三维路向 [J]. 社会科学家, 2021 (5): 145－149.

[74] 朱光磊. 中国政府职能转变问题研究论纲 [J]. 中国高校社会科学, 2013 (4): 145－155, 159.

[75] 沈荣华. 关于转变政府职能的若干思考 [J]. 政治学研究, 1999 (4): 54－60.

[76] 刘作翔. 市场经济条件下政府职能的几个问题: 兼议政府职能的法制化 [J]. 政法论坛, 1994 (1): 73－77, 87.

[77] 马英娟, 李德旺. 我国政府职能转变的实践历程与未来方向 [J]. 浙江学刊, 2019 (3): 74－84.

[78] 柏维春, 邵德门. 试论政府评价问题 [J]. 东北师大学报, 1994 (5): 12－16.

[79] 包国宪, 周云飞. 英国政府绩效评价实践的最新进展 [J]. 新视野, 2011 (1): 88－90.

[80] 包国宪, 曹西安. 我国地方政府绩效评价的回顾与模式分析 [J]. 兰州大学学报 (社会科学版), 2007 (1): 34－39.

[81] 杨缅昆. 政府绩效评价: 理论和方法再研究 [J]. 统计研究, 2010 (12): 39－45.

[82] 郑方辉, 黄怡茵. 法治政府评价的国际经验 [J]. 华南理工大学学报 (社会科学版), 2016 (3): 53－62.

[83] 杨诚. 服务型政府评价问题探讨 [J]. 行政论坛, 2010 (1): 33－36.

[84] 佚名. 电子政府评价体系的构建 [J]. 电子政务, 2005 (Z3): 87－97.

[85] 袁海军. "两基" 三部曲: 分区规划、西部攻坚、均衡发展 [J]. 小学校长, 2008 (1): 13－15.

[86] 龚春燕. 教育质量监测＝考试? [J]. 人民教育, 2016 (2): 39－42.

[87] 庞春敏. 义务教育质量监测结果运用需求分析及建议: 以广东省为调查对象 [J]. 教育测量与评价, 2017 (10): 15－19.

[88] 肖萍. 在数据中前行: 福田区基础教育质量监测的实践探索 [J]. 课程教学研究, 2015 (4): 87－90.

[89] 郑若玲,陈为峰. 大规模高利害考试之负面后效:以科举、高考为例 [J]. 华中师范大学学报(人文社会科学版),2013 (1):147-154.

[90] 庞春敏. 关于广东省义务教育质量监测实施困境与对策的思考 [J]. 上海教育评估研究,2016 (5):72-75.

[91] 陈慧娟,辛涛. 我国基础教育质量监测与评价体系的演进与未来走向 [J]. 华东师范大学学报,2021 (4):42-52.

[92] 田洪明,肖萍. 以教育质量监测推动区域教育治理现代化 [J]. 教育家,2020 (28):48-50.

[93] 杨文杰,范国瑞. 教育督导制度改革:1977—2020——改革开放以来我国教育督导改革的回顾与展望 [J]. 教育发展研究,2017 (21):1-12,23.

[94] 刘云华,段世飞. 德国基础教育质量监测:结构、实施与功用 [J]. 比较教育学报,2021 (2):62-76.

[95] 严文法,刘雯,李彦花. 全球基础教育质量评估变化趋势及其对我国基础教育质量监测的启示:以 PISA、TIMSS、NAEP 为例 [J]. 外国教育研究,2020 (9):75-86.

[96] 李勉,张平平,张彩,等. 国际大型教育质量监测项目中教师因素的监测现状、特点与启示 [J]. 教师教育研究,2020 (3):121-128.

[97] 徐建华,周跃良,殷玉新. 过程本位:教师教育质量监测的路径选择 [J]. 教师教育研究,2020 (1):8-13.

[98] 刘玥,游森. 教育质量监测工具的公平性研究 [J]. 中国教育学刊,2019 (8):24-28.

[99] 李勉. 基础教育质量监测结果的应用路径 [J]. 教育科学,2018 (3):1-6.

[100] 赵学勤. 学校内部教育评价系统分析 [J]. 教育科学研究,1999 (3):55-58.

[101] 杨海燕. 美国中小学评价的一个新视角:内部评价与外部评价共存 [J]. 教学与管理,2002 (25):75-77.

[102] 田莉. 校本评价的理论内涵、实践样态与分析框架 [J]. 全球教育展望,2009 (11):55-58.

[103] 李凌艳,苏怡. 欧洲学校自我评估研究 [J]. 比较教育研究,2022 (9):30-39.

[104] 李晓. 爱尔兰学校自我评估探析与启示 [J]. 现代教育科学,2013 (10):33-36.

[105] 万永奇. 好的教育评价及其实现 [J]. 湖南师范大学教育科学学报, 2021 (6): 109-115.

[106] 许芳, 李化树. 基础教育质量标准及评价体系探讨 [J]. 教育与教学研究, 2011 (3): 48-50.

[107] 莫玉音. 国内普通高中评估现状与教育质量监测体系的比较分析 [J]. 教育导刊, 2014 (8): 39-42.

[108] 徐瑾劼, 申昕. 重塑以学习者为中心的教育评价生态: 基于教育评价智能化发展的全球观察 [J]. 开放教育研究, 2023 (3): 40-46.

[109] 余蓉蓉, 张宁娟. 2022 中国教育评价改革热点研究 [J]. 教育学术月刊, 2023 (5): 89-97.

[110] 陈吉鄂, 丘艳娟. 教育评价变革助推人工智能时代新文科建设 [J]. 教育学术月刊, 2023 (5): 106-112.

[111] 鹿星南, 高雪薇. 人工智能赋能教育评价改革: 发展态势、风险检视与消解对策 [J]. 中国教育学刊, 2023 (2): 48-54.

[112] 钟秉林. 加强教育评价改革与质量保障体系建设 [J]. 中国教育学刊, 2023 (2): 1.

[113] 常生龙. 教育评价改革的难点和对策 [J]. 上海教育科研, 2022 (12): 1.

[114] 陈亮. 高质量教师教育评价: 内涵特征、逻辑架构与推进策略 [J]. 陕西师范大学学报（哲学社会科学版), 2022 (6): 25-35.

[115] 闫志明, 朱友良, 刘方媛. 新一代信息技术支撑的教育评价: 价值诉求、现实问题与建设进路 [J]. 现代教育技术, 2022 (11): 34-41.

[116] 石鸥, 何孟珂. "双减"背景下中考改革的目标诉求与行动框架 [J]. 现代教育管理, 2022 (11): 1-9.

[117] 孔令帅. 美国优秀高中评选探析 [J]. 上海教育科研, 2010 (12): 38-40.

[118] 钱俊瑞. 当前教育建设的方针 [J]. 人民教育, 1950 (1): 10-16.

[119] 张学敏, 赵国栋. 由离散求耦合: 教育结果评价与增值评价的分合取舍 [J]. 教育研究与实验, 2022 (5): 65-73.

[120] 杨九诠. "什么评价"与"谁的评价": 教育评价的现代性反噬 [J]. 北京大学教育评论, 2022 (4): 173-183.

[121] 陈安琪, 关丹丹. 几种增值评价方法的对比分析及实证研究 [J]. 中国考试, 2022 (9): 54-62.

［122］张和生，周维，于非非. 新高考多元评价选拔机制的逻辑建构与实践进路［J］. 中国考试，2022（8）：12－21.

［123］刘志军，徐彬. 新课标下课程与教学评价方式变革的挑战与应对［J］. 课程·教材·教法，2022（8）：4－10，24.

［124］丁念金. 论教育评价的根本伦理准则［J］. 湖南师范大学教育科学学报，2016（6）：38－43.

［125］张磊. 发展性数学教育评价的实施策略探究［J］. 教学与管理，2016（18）：119－121.

［126］吴扬，高凌飚. 后现代主义思潮与教育评价观念的演变［J］. 教育科学研究，2012（3）：27－31.

［127］王军红，周志刚. 复杂性视野下的教育评价探析［J］. 国家教育行政学院学报，2012（3）：69－72.

［128］温雪梅，孙俊三. 论教育评价范式的历史演变及趋势［J］. 现代大学教育，2012（1）：51－55.

［129］核心素养研究课题组. 中国学生发展核心素养［J］. 中国教育学刊，2016（10）：1－3.

［130］柳博. 选择性：高考制度改革的机遇与挑战［J］. 教育研究，2016（6）：72－80.

［131］胡中锋，董标. 论我国高考改革的十大困境：基于复杂性理论视角［J］. 教育研究与实验，2018（3）：70－74.

［132］苗学杰. 英国"高考"科目自选的制度设计、现实难点与警戒意义［J］. 比较教育研究，2018（9）：26－34.

［133］张雨强，顾慧，张中宁. 普通高中生高考选考科目现状及影响因素研究：以浙江省5所高中首批选考学生为例［J］. 教育学报，2018（8）：29－38.

［134］吕华. 让学生在多元评价中健康发展［J］. 山东教育，2002（34）：23－24.

［135］周萍. 多元评价，共同关注学生成长［J］. 上海教育，2004（5）：67.

［136］辛涛，张文静，李雪燕. 增值性评价的回顾与前瞻［J］. 中国教育学刊，2009（4）：40－43.

［137］荀洪梅，马云鹏. 美国教师效能理论的发展阶段与应用［J］. 外国教育研究，2013（11）：89－96.

［138］刘范美. 中小学教师专业发展评价现状与对策探析：基于广东省

粤北地区的调查［J］．教育理论与实践，2019（2）：34－36．

［139］叶澜．一个真实的假问题："师范性"与"学术性"之争的辨析［J］．高等师范教育研究，1999（2）：10－16．

［140］王国明．从业绩考核到专业发展评价：中小学教师评价机制研究［J］．贵州师范大学学报（社会科学版），2019（3）：72－80．

［141］卢谢峰．做好教师评价需着力思考和解决四个问题［J］．教育测量与评价，2021（1）：15－17，48．

［142］周文叶．试论"学为中心"的教师评价框架［J］．教育研究，2021（7）：150－159．

［143］胡咏梅，施世珊．相对评价、增值评价与课堂观察评价的融合：美国教师评价的新趋势［J］．比较教育研究，2014（8）：44－50．

［144］李子建，宋萑．建构主义：理论的反思［J］．全球教育展望，2007（4）：44－51．

［145］陈孙延，张端鸿．我国教育督导的现状、困境与对策研究［J］．上海教育评估研究，2020（4）：11－15．

［146］李亚东，俎媛媛．我国第三方教育评价的核心问题辨析及政策建议［J］．教育发展研究，2018（21）：1－5．

［147］邬向明．教育评价：复杂的人与薄弱的评价理论——新课程改革背景下选拔性教育评价要素与原则的选择［J］．课程·教材·教法，2006（9）：18－23．

［148］陈丽平．我国累计实现"两基"县市区已达到2845个［N］．法制日报，2010－01－18（007）．

［149］蒋晓婷．行为科学管理理论在互联网企业人力资源管理中的应用研究［D］．杭州：浙江大学，2017．

［150］陈君．英国特色学校发展研究［D］．石家庄：河北大学，2012．

［151］龚孝华．走向具体个人：教育评价的生存论建构［D］．武汉：华中科技大学，2005．

［152］王俭．基于价值尊重与价值认同的教育评价研究［D］．上海：华东师范大学，2007．

［153］彭莎莎．新高考下普通高中学生综合素质评价政策认同研究：基于上海六所高中的调查［D］．上海：上海师范大学，2019．

［154］黄顺．高中生生涯辅导需求调查研究［D］．南昌：南昌大学，2016．

［155］毛利丹．中小学教师评价研究：基于教师的视角［D］．上海：

华东师范大学，2016.

[156] 教育部. 2019 年全国义务教育均衡发展督导评估工作报告发布［EB/OL］.（2020－05－50）［2023－02－01］. http://www.moe.gov.cn/fbh/live/2020/51997/mtbd/202005/t20200520_456693.html.

[157] 教育部. 国家西部地区"两基"攻坚知识问答［EB/OL］.（2005－08－19）［2023－02－02］. http://www.moe.gov.cn/jyb_xwfb/s271/201010/t20101013_109047.html.

[158] 教育部,发展改革委,财政部,国务院西部开发办. 国家西部地区"两基"攻坚计划（2004—2007 年）［EB/OL］.（2004－02－06）［2023－02－02］. https://www.ndrc.gov.cn/xxgk/zcfb/ghwb/201402/t20140221_962060.html.

[159] 教育部. 县域义务教育优质均衡发展督导评估办法［EB/OL］.（2017－04－26）［2023－02－03］. http://www.moe.gov.cn/srcsite/A11/moe_1789/201705/t20170512_304462.html.

[160] 全国政协. 中国人民政治协商会议共同纲领［EB/OL］.（2021－12－29）［2023－03－06］. http://ylzx.yuelu.gov.cn/1886676/gwzl/zdhb/202112/t20211229_10419887.html.

[161] 教育部,国家体育总局. 关于印发《学生体质健康标准（试行方案）》及《〈学生体质健康标准（试行方案）〉实施办法》的通知［EB/OL］.（2002－07－04）［2023－03－06］. http://www.moe.gov.cn/s78/A17/twys_left/moe_938/moe_792/s3273/201001/t20100128_80825.html.

[162] 教育部. 关于印发《中小学生艺术素质测评办法》等三个文件的通知［EB/OL］.（2015－05－26）［2023－03－06］. http://www.moe.gov.cn/srcsite/A17/moe_794/moe_795/201506/t20150618_190674.html?eqid=ff9bd7210001d7b600000006642a2503.

[163] 中国网. 全国 29 个省份已启动高考综合改革,前三批已平稳落地［EB/OL］.（2022－09－15）［2023－03－08］. http://www.moe.gov.cn/fbh/live/2022/54835/mtbd/202209/t20220915_661458.html.

[164] 广东省人民政府. 广东省人民政府关于深化考试招生制度改革的实施意见［Z］. 2016－03－03.

[165] 国务院. 国务院关于深化考试招生制度改革的实施意见［Z］. 2014－09－04.

[166] 教育部. 中国教育概况［EB/OL］.（2020－08－31）［2020－12－10］. http://www.moe.gov.cn/jyb_sjzl/s5990/.

[167] 中共中央, 国务院. 深化新时代教育评价改革总体方案 [EB/OL]. (2020 - 10 - 13) [2020 - 12 - 08]. http://www.moe.gov.cn/jyb_xxgk/moe_1777/moe_1778/202010/t20201013_494381.html.

二、英文文献

[1] SCHIMITT N, BORMAN W C. Personnel selection in organizations [M]. San Francisco: Jossey-Bass, 1923.

[2] SIMON H A. A Behavioral model of rational choice [J]. The Quarterly Journal of Economic, 1955 (69): 99 - 118.

[3] SUPER D E, NEVILL D D. Work role salience as a determinant of career maturity in high school students [J]. Journal of Vocational Behavior, 1984, 25 (1): 30 - 44.

[4] BANDURA A. Self-efficacy: toward a unifying theory of behavioral change [J]. Psycholiogcal Review, 1997 (84): 191 - 215.

[5] BUCHANAN H H, MCDERMOTT P A, SCHAEFER B A. Agreement among classroom observers of children's stylistic learning behaviors [J]. Psychology in the Schools, 1998, 35 (4): 355 - 361.

[6] CHEN C. Citespace ii: detecting and visualizing emerging trends and transient patterns in scientific literature [J]. Journal of the American Society for Information Science and Technology, 2006 (3): 359 - 377.

[7] BRAUN H I, SINGER J D. Assessment for monitoring of education systems: International comparisons [J]. The Annals of the American Academy of Political and Social Science, 2019 (1): 75 - 92.

[8] ZHAO Y, LLORENTE A M P, GóMEZ M C S. An empirical study of students and teaching staff's digital competence in western china: Based on a case study of gansu agricultural university [C] //Proceedings of the Seventh International Conference on Technological Ecosystems for Enhancing Multiculturality, 2019: 1012 - 1019.

[9] JOSE SERVAN M. External assessment of school learning: Introduction [J]. Cultura Y Educacion, 2011, 23 (2): 165 - 169.

[10] O'NEILL O. Intelligent accountability in education [J]. Oxford Review of Education, 2013, 39 (1): 4 - 16.

[11] MISLEVY R J. Evidence and inference in educational assessment [J]. Psychometrika, 1994, 59 (4): 439 - 483.

[12] JINFENG L, BO Y. Design of evaluation system of physical cducation

based on machine learning algorithm and SVM [J]. Journal of Intelligent & Fuzzy Systems, 2021, 40 (4): 7423 - 7434.

[13] GARDNER J, O'LEARY M, YUAN L. Artificial intelligence in educational assessment: "Breakthrough? Or buncombe and ballyhoo?" [J]. Journal of Computer Assisted Learning, 2021, 37 (5): 1207 - 1216.

[14] ELWOOD, J, MURPHY P. Assessment systems as cultural scripts: a sociocultural theoretical lens on assessment practice and products [J]. Assessment in Education: Principles, Policy & Practice, 2015 (2): 182 - 192.

[15] KALDARAS L, AKAEZE H, KRAJCIK J. A methodology for determining and validating latent factor dimensionality of complex multi-factor science constructs measuring knowledge-in-use [J]. Educational Assessment, 2021 (4): 241 - 263.

[16] HAILAYA W, ALAGUMALAI S, BEN F. Examining the utility of assessment literacy inventory and its portability to education systems in the asia pacific region [J]. Australian Journal of Education, 2014 (3): 297 - 317.

[17] CAPPERUCCI D. Self-evaluation and school improvement: the issemod model to develop the quality of school processes and outcomes [J]. IJAEDU-International E-Journal of Advances in Education, 2015 (2): 56 - 69.

[18] BORMAN G D, HEWES G M, OVERMAN L T, et al. Comprehensive school reform and achievement: a meta-analysis [J]. Review of Educational Research, 2003 (2): 125 - 230.

[19] BROMLEY P, OVERBEY L, FURUTA J, et al. Education reform in the twenty-first century: declining emphases in international organisation reports, 1998 - 2018 [J]. Globalisation, Societies and Education, 2021 (1): 23 - 40.

[20] GRAHAM S, HEBERT M, HARRIS K R. Formative assessment and writing: A meta-analysis [J]. The Elementary School Journal, 2015 (4): 523 - 547.

[21] CHANDLER-GREVATT, A. The wilderness years: An analysis of goves's education reforms on teacher assessment literacy [J]. The Buckingham Journal of Education, 2021 (01): 101 - 117.

[22] WYSE, D, & TORRANCE, H. The development and consequences of national curriculum assessment for primary education in England [J]. Educational research, 2009 (02): 213 - 228.

[23] UK Legislation. Higher Education and Research Act 2017 [EB/O].

(2017 – 12 – 29)［2020 – 01 – 15］. http://www.legislation.gov.uk/ukpga/2017/29/contents/enacted.

［24］OFS. What We Do［EB/OL］. (2018 – 11 – 12)［2020 – 01 – 15］. https://www.officeforstudents.org.uk/about/our-strategy/.

［25］QAA. How We Are Funding.［EB/OL］. (2019 – 12 – 06)［2020 – 12 – 06］. https://www.qaa.ac.uk/about-us/how-we're-run/how-we're-funded.

［26］OFSTED. Education Inspection Framework［EB/OL］. (2023 – 07 – 14)［2023 – 08 – 10］. https://www.gov.uk/government/publications/education-inspection-framework/education-inspection-framework.

［27］QAA. QAA Code of Best Practice［EB/OL］. (2018 – 10 – 06)［2020 – 10 – 06］. https://www.qaa.ac.uk/.pdf.

［28］QAA. The revised UK Quality Code for Higher Education［EB/OL］. (2019 – 09 – 17)［2019 – 09 – 27］. https://www.qaa.ac.uk/quality-code.pdf.

［29］DFE. Teaching Excellence and Student Outcomes Framework Specification［EB/OL］. (2019 – 09 – 29)［2020 – 03 – 21］. https://www.gov.uk/government/publications/teaching-excellence-and-student-outcomes-framework-specification.pdf.

［30］HEFCE. Panel Criteria And Working Methods of REF2021［EB/OL］. (2020 – 01 – 15)［2020 – 07 – 15］. https://www.ref.ac.uk/media/1084/ref-2019_02-panel-criteria-and-workingmethods.pdf.

［31］National College for Teaching and Leadership. Teaching Schools：The School Perspective［EB/OL］(2015 – 03 – 12)［2020 – 03 – 20］. https://www.gov.uk/government/publications/teaching-schools-the-school-perspective.

［32］Department for Business & Skills (BIS). Success as a Knowledge Economy：Teaching Excellence, Social Mobility and Student Choice［EB/OL］. (2020 – 01 – 13)［2020 – 07 – 13］. https://www.gov.uk/government/uploads/system/uploads/attachment_data/file/523396/bis-16-265-success-as-aknowledge-economy.pdf.

［33］OFS. English Higher Education 2019［EB/OL］. (2020 – 09 – 22)［2020 – 03 – 22］. https://www.officeforstudents.org.uk/media/53fd78d2-6388-4540-b622-3e73be0434c8/ofs-annual-review-2019.pdf.

后　记

在过去十一年的职业生涯当中,教育评价始终是我的"主责主业"。2012年研究生毕业后进入广东省教育研究院教育评估室(前身为广东省教育发展研究与评估中心)工作,协助开展国家示范性高中评估、广东省一级高中/幼儿园评估、广东省教学水平优秀学校评估等基础教育评价工作,同时参与筹建了广东省教育评估协会,在此过程中获得了对教育评估实践工作的初步理解。2014年10月至2016年8月间,我被借用于广东省教育厅督导室(广东省人民政府教育督导室),深度参与了广东省教育创强、推进教育现代化、义务教育发展基本均衡县等督导工作,并连续三年作为省级联络员组织实施了广东省的国家义务教育质量监测工作。十一年的工作经历使我对教育督导、评估、监测三位一体的中国特色基础教育评价体系有了亲身体会,这是本书的灵感来源。

作为一名专职研究人员,我在业务工作之余一直坚持开展教育评价研究。主持、参与的项目包括广东省教育科学规划课题"义务教育学校内部评价体系研究"、广东省基础教育课程改革项目"普通高中教育质量标准体系及评价公告制度研究"、广东省深化教育领域综合改革试点项目"加强第三方评估机构建设深入推进教育管办评分离"、广东省教育厅业务课题"广东省教育评估规范化、制度化建设研究"、广东省教育厅基础教育信息化融合创新项目"基于大数据的区域教育教学评价与质量监测"等;在《高教探索》《上海教育评估研究》《教育测量与评价》等学术刊物发表相关论文多篇,参编著作《广东省普通高中教育质量标准体系与监测评价》《广东省普通高中教学水平评估实践探索(2007—2013年)》《广东教育评估发展报告》等多本,为本书的撰写奠定了良好的研究基础。

2021年我考入华南师范大学政治与公共管理学院攻读学术博士学位,研究方向为教育测量与评价。读博期间修读了"公共管理前沿理论""公共政策分析""教育管理专题研究"等课程,使我对基础教育评价的社会背景和理论逻辑有了新的理解,也让我意识到讨论基础教育评价有必要回溯其理论和社会根源,以更宏大的视野去看待基础教育评价改革。基于此,形成了本书从理论基础到实践体系再到理论展望的篇章结构和写作思路。

  本书得以出版，要感谢广东省教育研究院的大力支持，感谢傅湘龙院长、耿景海副院长以及同事们的指导和帮助，特别感谢教育评估室前主任、现广东省教育厅办公室张伟民副主任的支持；感谢我的导师胡中锋教授的教导以及同门兄弟姐妹的关心；本书参考了许多前辈同行的研究成果，在此一并表示感谢。感谢我的家人，感谢我的孩子，感谢自己在每一次动摇时都选择了坚持。

  本人才疏学浅，书中定有不妥之处，恳请大家批评指正。

庞春敏
2023 年 12 月 1 日于广州